10 YEARS IN MARKETING
营销十年

未来十年品牌营销的风口在哪里

王海宁 著

企业管理出版社
ENTERPRISE MANAGEMENT PUBLISHING HOUSE

图书在版编目（CIP）数据

营销十年 / 王海宁著——北京：企业管理出版社，2018.6
　ISBN 978-7-5164-1725-6
　Ⅰ．①营… Ⅱ．①王… Ⅲ．①市场营销 Ⅳ．① F713.3

中国版本图书馆 CIP 数据核字 (2018) 第 110318 号

书　　名：营销十年
作　　者：王海宁
责任编辑：张羿
书　　号：ISBN 978-7-5164-1725-6
出版发行：企业管理出版社
地　　址：北京市海淀区紫竹院南路 17 号　邮编：100048
网　　址：http://www.emph.cn
电　　话：编辑部 (010)68701661　发行部 (010)68701816
电子邮箱：26814134@qq.com
印　　刷：北京金彩印刷有限公司
经　　销：新华书店
规　　格：148 毫米 ×210 毫米　32 开本　9 印张　200 千字
版　　次：2018 年 6 月第 1 版　2018 年 6 月第 1 次印刷
定　　价：39.80 元

版权所有 翻版必究·印装有误 负责调换

献给我的父亲

自序一：
父亲的工匠精神向上生长成了……

父亲，是个木匠。

听父亲的师兄弟讲，他从18岁做学徒起，就非常要强。起早，贪黑。师父教的每一项技能，如果不能用最短的时间学会，他决不罢休。他们都觉得，父亲身上有使不完的力气。

不仅如此，父亲对于细节的认真，已经到了近乎苛刻的地步。好比制造一把椅子，大面上几乎都能做好，但是木头的连接处，很多木匠做起来就会草草了事。在这些细节方面，父亲就处理得很好。他会用包裹着木块的粗砂纸打磨，然后，用细砂纸打磨。于是，从大面上到细微处摸上去都很顺滑。能做到这种程度的并不多。其次，椅背后面、椅子腿的处理方面，一般的木匠通常会马马虎虎。当我们把椅子翻过来后，看底下，就各式奇葩的模样都有了。有的有毛刺，有的两条拼接的板子都不一般高，还有别的奇形怪状。而父亲对自己的要求是，"跟正面一样"。

前些年，我接触到一个叫"奢侈品"的词语，我发现奢侈品的一个重要属性，就是每一个你想不到的细节都会处理得很好，很好，很好。

25岁的时候，父亲成家了。26岁，有了第一个孩子，男孩，就是我。我是家里的长子。到我七八岁的时候，父亲去城里承包了一家100多人的木器加工厂。包了三年。这家木器厂是部队下属的企业。后来，木器厂随部队南迁。父亲为了照顾一家老小，就没有跟过去。紧接着，他自己出资成立了一个一二十人的木器厂。

现在想来，父亲不仅仅是父亲，他更是中国千千万万名杰出工匠的一

自序一

个缩影。父亲最初的十年，就是一个默默地"向下扎根"的过程。他精益求精的"工匠精神"，使得他与周围的普通木匠有所区别。正是父亲的"工匠精神"，适时地向下扎根，并向上生长为"企业家精神"，父亲才有机会成为中国改革开放之后，第一批承包国营工厂的厂长，第一批个体户和私营企业主。

今天的媒体，总是不厌其烦地去报道日本和德国的工匠精神。其实，工匠精神中国自古就有。而且，就在我们身边。别忘了，中国有句老话就叫"匠心独运"。

说到工匠精神，三百六十行，行行都一样。中国食品行业也不例外。不断有经销商批评我们的厂家，模仿太多，原创太少。模仿表面的太多，比如品牌、包装、大小、形状、口味等，抓住真东西的少。其实老老实实地把自己有特点的、原创的产品抓好，比什么都强。

时间已经进入21世纪的第二个十年，工匠精神不应该只停留在生产部门，其他部门，如管理、行政、人事、财务、营销、品牌、售后服务，等等，哪个部门缺乏精益求精的工匠精神，又能做好呢？就连坊间一个普通的家庭主妇，带着爱心做出来的饭，跟糊弄糊弄就出锅的饭菜，味道都能差很远。

可见，只有拥有把事情做好的愿望并把事情做好，才有可能成为真正的匠人。工匠不一定都能成为企业家，但大多数成功企业家身上都有这种工匠精神，就如同我的父亲一样。

自序二：

我用十年时间为你写一本书

最近十余年，我平均每个月都会写一到两篇文章，大多是关于品牌传播和营销管理的。

其中，有的写品牌。我有篇文章的题目就叫《一切优势资源向品牌集中》。"物有本末，事有终始。"我认为，企业的本质就是"品牌"。就好比一棵树，如果它枝繁叶茂，靠的一定是根深蒂固而不是其他。企业的品牌虽然貌似看不见摸不着，但实际上就像树根一样重要。所有的商誉，都会集中到一个叫作品牌的符号上，叫人们去记忆和传播，并最终落实到产品的消费上。

有的写市场。我认为"企业之大不在于大楼，而在于大市场"。这些年，我到全国各地两三百家企业去实地考察并深度调研过，有的企业去过不止一次，十次八次的都有。这些企业分为两种。一种是有大楼，不光楼大，院子也大。楼一大了，就要用很多人和物把它装满。或者人浮于事，效率低下；或者各种卖不掉的产品占满了仓库，表面上是产品，实际上是成本，是库存，是费用。另一种是有大市场。人未必多，楼未必大。单品数量一个巴掌都能数过来。但是企业总的体量大，销售额高，市场占有率高，当然竞争力也强。

有的写管理。很多人重"管"，不重"理"。"管"这个字，从形象上看就是一个当官的，拿个竹鞭子在驱赶和抽打下属。"理"这个字，从玉，本意是加工雕琢玉石，引申为物质本身的纹路、层次，客观事物本身的次序、规律。就好比前人治理水患，用的方法都是"堵"，结果洪水肆虐，

自序二

民不聊生，久久不能解决。而大禹则用的是"疏"的方法。结果治水成功，留名千古。企业管理亦是如此，"方法总比问题多"。企业管理的关键点就这么多，问题解决一个少一个。不仅要赏罚分明地"管"，更要注重"理"，治理。

有的写营销。我的专业读的就是"市场营销"。什么是营销呢？我的理解是，站在市场的角度，站在需求的角度，站在对方的角度，去研发产品。同时，不断地动态地完善我们的产品，以顺应顾客不断变化的需求。如果真能做到这样，你的产品再差也差不到哪里去，怎么可能卖不上一个好价钱，得不到一个好销量呢？这一点，苹果手机就做得不错。2007年1月10日，在MacWorld大会上，苹果公司正式发布了首款苹果智能手机iPhone。每一两年更新换代一次硬件，不断升级软件。目前，已经到iPhoneX。2017年上半年，苹果公司的现金储备2615亿美元，已经超过英国和德国、意大利的现金储备，不折不扣的富可敌国。

有的写传播。为什么要做传播呢？很多人不理解为什么可口可乐这样世界排名第一的饮料品牌，仍然要大做特做广告。因为，这是一个信息爆炸的时代，三天不露脸，就会被消费者所忘记。随着智能手机的普及和移动互联网时代的到来，品牌传播将显得愈发重要。我们中华民族是一个含蓄内敛的民族，这或许是大多数企业不重视企业宣传的文化层面的深层次原因。但是，既然我们要从事商业，就要按照商业的规律去做事。况且，我们的传统文化，从来讲的都是"做人要低调，做事可以高调"。做企业，显然属于做事的范畴。有人认为，只有大企业才需要做宣传。其实，这是一个"倒因为果"的逻辑错误。因为一个企业，有把好产品传播出去的"过程"，所以"结果"是这家企业做大了。而不是企业做大了，老板就傻了，拿着钱四处打广告"水漂"。

有的文章，刚刚写就，似乎还能闻到墨香。有的文章，很可能写在

营销十年 10 YEARS IN MARKETING

10年前，现在读来，似乎并不过时。那个年代，我们企业走过的弯路，似乎现在还有很多人在走。不断有出版社找到我，希望我能够把这些文章放到一本书里，出版出来，以分享给更多的人。是的，是时候了。在这些文章当中，我精选了10万字，再创作10万字，遂成此书。感恩大家的支持，请笑纳。

至于我本人创作这本书的初心，就是要从战略的高度来研究营销管理和品牌传播，以期帮到更多的职场精英、创业者和企业家。

微信号：channelhai

目 录

【PART1 营销十年战略篇】

第一章 消费者需求 ················· 3
- 第一节 消费者变化着的需求················ 4
- 第二节 满意度——再次成交的不二法门······ 6
- 第三节 消费者的转介绍····················· 9
- 第四节 爱占小便宜的消费者就不可爱了吗··· 12
- 第五节 消费者为什么爱抱怨产品的不足····· 14
- 第六节 消费者对新产品不热衷,怎么破····· 16

第二章 产品战略 ················· 19
- 第一节 好产品是不是都在别人家············ 20
- 第二节 产品是越多越好,还是越少越好····· 22
- 第三节 新《买椟还珠》故事能否在商业社会再度上演··· 25
- 第四节 散装与定量装的区别大吗············ 27
- 第五节 小企业将80%的资源放在产品上,合理吗 ········ 30
- 第六节 为什么你的新产品怕让更多的同行知道······ 32

目 录

第三章 渠道精耕 ……………………………………………… 37
第一节 一家没有业务员的亿元企业总裁仍在沾沾自喜…… 38
第二节 领导者是企业的第一个推销员………………………… 40
第三节 经销商是企业广义的营销团队的成员………………… 42
第四节 无边界市场：互联网营销……………………………… 44
第五节 为什么有人愿意专注于海外市场……………………… 46
第六节 销售团队的培养………………………………………… 48
第七节 恒阳：牛肉遇见"冰" 互融创双赢 ………………… 51

第四章 定价定市场 …………………………………………… 55
第一节 价格高低是由竞品决定的吗…………………………… 56
第二节 我的企业高中低档产品全都有………………………… 58
第三节 中高端产品与消费升级………………………………… 60
第四节 中小企业要做超低端还是超高端……………………… 63
第五节 线下与线上价格不一致的启发………………………… 66
第六节 窜货导致的价格混乱…………………………………… 69

第五章 促进销售 ……………………………………………… 73
第一节 免费试用是最好的促销方式…………………………… 74
第二节 花1000万请明星代言，到底值不值 ………………… 76
第三节 靠什么媒体和90后、00后互联网原住民进行沟通…
　　　　……………………………………………………………… 79
第四节 厂家如何配合经销商进行促销………………………… 81
第五节 会员制的好处是什么…………………………………… 84
第六节 无形的品牌怎样才能真的住进客户心里……………… 86

第六章 品牌规划 ... 89
第一节 一切优势资源向品牌集中 ... 90
第二节 企业分为两类：生意导向型与品牌导向型 ... 92
第三节 市场部让企业活在明天 ... 95
第四节 公关部让企业活好今天 ... 97
第五节 主品牌、副品牌和子品牌的关系 ... 100
第六节 品类名称要不要注册商标 ... 102
第七节 经销商自有品牌怎么做 ... 104

第七章 总裁与员工 ... 107
第一节 为什么"总裁天天在做执行，员工天天在谈战略" ... 108
第二节 总裁三件事：定战略、用人、分钱 ... 109
第三节 什么样的员工是好员工 ... 111
第四节 七大姑八大姨在企业做事好还是不好 ... 113
第五节 打胜仗靠的是士气 ... 116
第六节 全世界人与人之间的关系分为这三种 ... 119

【PART2 营销十年进步篇】

第八章 优胜劣汰 ... 123
第一节 利润寒冬，中小企业出路何在 ... 124
第二节 要市场还是要利润 ... 125
第三节 中国创造＞中国仿造 ... 126
第四节 垃圾食品是个伪概念 ... 127

第五节　旺季时间集中，企业风险倍增……………………………… 128
第六节　下一个闪亮的明星品类是什么…………………………… 129
第七节　产销间的沟通为什么总是很难…………………………… 130
第八节　产品创新与流程创新……………………………………… 131
第九节　市场经济的本质就是"优胜劣汰"………………………… 132
第十节　招牌式的香味……………………………………………… 133

第九章　国际化躁动 ……………………………………………… 135
第一节　开源之道：消费升级……………………………………… 136
第二节　当国家不再免检…………………………………………… 137
第三节　由"谈奶色变"到"糖奶色变"…………………………… 138
第四节　三元牛奶的 6 个涨停板…………………………………… 139
第五节　做多食品制造……………………………………………… 140
第六节　"到海外建个工厂去"…………………………………… 141
第七节　最大新闻：将重心转向国内……………………………… 143
第八节　世界糖果市场规模达 1500 亿美元………………………… 144
第九节　屯糖：世界是平的………………………………………… 146
第十节　美元贬值与技术壁垒将双重考验中国食品出口………… 147
第十一节　三大关键词伴随新中国食品产业 60 年大发展………… 149
第十二节　全球糖果市场格局重塑与中国对策…………………… 151

第十章　敬畏市场 ………………………………………………… 153
第一节　正确的产品策略与企业的方向性问题…………………… 154
第二节　"年糖"集中供应与糖果企业的"跟风习惯"…………… 156
第三节　山寨食品升级行动………………………………………… 157

第四节　股市与糖果铺子网上商行……………………… 159

第五节　中资企业的草根式全球并购新思维……………… 161

第六节　从"糖果冷食厂"到成本推动型冰企的优胜劣汰
　　　　……………………………………………………… 163

第七节　出口型食企艰难转身：中国式品牌与代工的双赢
　　　　……………………………………………………… 165

第八节　涨价分为两种…………………………………… 167

第九节　什么是冰淇淋市场的持久战…………………… 169

第十节　到网上去买卖食品……………………………… 171

第十一节　渠道创新的王道是向小店回归……………… 173

第十一章　盈利加减法 ……………………………………… 175

第一节　趋势：有人开始用微博做品牌传播…………… 176

第二节　大姜创业史……………………………………… 178

第三节　减项目与砍产品往往是企业快速发展的开始…… 179

第四节　未来 20 年中国食品产业将呈现三大新特点 …… 181

第五节　昨天叫"冷冰冰"，今天改"甜冰冰"……… 183

第六节　由女性制造的口碑传播力量…………………… 185

第七节　东北地区：中国冰淇淋产业的希望之所在…… 187

第八节　金水木火土与企业营销管理…………………… 189

第十二章　产品微创新 ……………………………………… 191

第一节　赢在旺季，抓牢销售后面的基础环节………… 192

第二节　什么样的企业最值钱…………………………… 193

第三节　重视经营思维创新带来的发展动力…………… 195

目 录

  第四节　冠军类的冰淇淋单品，源于营销微创新…………　197

  第五节　史上最牛的协会就叫"卖篮子协会"……………　199

  第六节　永远不要有 B 计划　………………………………　201

  第七节　一货公司、百货工厂与百货商店………………　203

  第八节　生产能有多简单，就要多简单…………………　204

  第九节　一万小时定律与一个人正确的前进方向………　206

  第十节　是让少数几个产品茁壮成长，还是眉毛胡子一把抓

  ………………………………………………………………　208

  第十一节　以市场为导向的冰淇淋产品微创新…………　210

第十三章　厚利多销 ……………………………………　213

  第一节　从冻柿子到冬季冰淇淋消费习惯的养成………　214

  第二节　颠覆式创新还是产品微创新……………………　216

  第三节　你的企业不赚钱，要么远离了员工，要么远离了顾客

  ………………………………………………………………　217

  第四节　渠道是个筐，什么都能往里装…………………　219

  第五节　营销向远方，还是渠道精细化…………………　220

  第六节　为什么很多企业会"选择式"诚信……………　222

  第七节　比武招员工，还来自世界 500 强，为何不灵……　224

  第八节　成为顶级推销员的三个步骤……………………　225

  第九节　新活路：小企业推高端产品……………………　227

  第十节　旺季不旺，从淡季找原因………………………　229

  第十一节　"以销定产"，你学不到………………………　231

  第十二节　4 元以上高价位冰淇淋市场已经形成…………　233

  第十三节　迎来"厚利多销"时代…………………………　235

第十四章 精进法则 ································· 237
　第一节 从王菲经纪人，到"精进产品战略" ·············· 238
　第二节 这个展览会为何能成为天津商业大学教学案例··· 239
　第三节 关于"食品资本圈"的故事···················· 241
　第四节 如何成为 200 岁的企业························ 243
　第五节 两国元首开启中国冰淇淋大市场················ 244
　第六节 "天时、地利、人和"与企业迅速崛起之路······ 247
　第七节 我发明了一个"最佳工作态度奖"·············· 249
　第八节 中小型企业迅速成长的"250 法则" ············ 251
　第九节 从股权投资看企业迅速做大的逻辑·············· 252

【PART3 彩蛋】

PART 1
【营销十年战略篇】

第一章 消费者需求

商家真正的竞争对手并不是同行，而是瞬息万变的顾客需求——这既是 7-eleven 创始人铃木敏文的口头禅，也是铃木语录中极具代表性的一句话。我们都在关注产品差异化，有时甚至为了差异而差异，却恰恰忽略了消费需求，没有充分考虑到整个销售链中最末端、也是最重要的消费者。一厢情愿地生产出消费者并不需要的产品，这场仗如何能赢？

第一节 消费者变化着的需求

日本7-Eleven的创始人兼CEO铃木敏文先生曾在其《零售心理战》一书中指出，企业在经营时，不是要"为顾客着想"，而是要"站在顾客立场"思考问题。这两个概念看似大同小异，但"为顾客着想"终究是以卖方的立场为前提，脱离了消费者的生活，而"站在顾客立场"思考则跳出了工作和历史经验的框架，找到了贴近生活的角度。

无论是市场营销的4P还是4C理论，本质上都是以消费者需求为核心，以此来倒推出产品的研发设计和营销传播，这样才能确保产品有销路。可是偏偏有企业信奉"没有卖不出去的产品，只有不会做销售的人"，以自身为导向，生产出产品后，再去找渠道，找消费场景，找消费者，结果收效甚微。

现在的市场环境已经发生了翻天覆地的变化，和20年前、10年前甚至5年前都迥然不同，尤其是在产能过剩的今天，消费者的选择太多了，对于品牌方来说，一味从自身出发，罔顾消费者需求将难以立足。不同区域、不同职业、不同收入、不同年龄段的消费者需求各有侧重，甚至具体到个体又有些许差别，那厂商该如何把握呢？

虽说消费者需求看似捉摸不定，但其实有迹可循。在我看来，消费者需求取决于两大因素：购买力和消费习惯。

先从购买力说起。购买力是决定消费者购买任何商品和劳务的最直接因素，厂商在了解到消费者需求的市场空白点后，其实已经锁定了目标消费群体，以此作为产品研发的依据。从理论上来讲，契合消费需求的产品一定有市场，但考量现实，还要考虑到基于消费者购买力的真正需求。这就关系到产品的定位，尤其是渠道和价格带。是定位中高端市场的高价格产品，还是低端市场的便宜产品？这都是需要深思熟虑的问题。某些产品确实抓住了消费者的部分需求，但定位失当，厂商定价高于消费者的购买力，销量始终不温不火，平平淡淡。中国高端水市场就是如此，多少品牌相继推出富含各种健康元素，针对细分市场定位的饮用水，但价位定得并不合理，真正能够让消费者叫出名字的品牌，也就那几个。可见，购买力对消费需求的影响不容小视。

再来谈消费习惯。就主食的消费而言，黄河流域由于盛产小麦，于是老百姓都习惯吃面食，面条、烙饼、烧饼、烧麦、饺子、包子、盒子、饸饹，等等。而长江流域由于盛产大米，于是老百姓的习惯是吃大米饭。我一位老家在江西的同事，每次聚餐，我们都要帮他点一碗米饭。否则，他就觉得没有吃饱。这种消费习惯，是一代一代历史形成的，可不可以改变呢？当然可以。南京有一家美润水饺，将市场锁定在以上海为中心的华东市场。因口味适应当地市场，仍然吸引了大量的消费者。厂商恰恰可以通过适当的引导，来培养消费者的消费习惯，形成品牌忠诚度，甚至挖掘出消费者潜在的需求。

有一个小故事很有意思，大意是两家鞋厂的推销员到太平洋上的一个小岛推销鞋子，但岛上居民一年四季光着脚，一家鞋厂的推销员很失望地离开。而另一家鞋厂的推销员把99双凉鞋送给了岛上有名望的人和一些年轻人，留下了1双自己穿。岛上居民穿上之后都觉得舒服，不愿再脱下来。时机已到，推销员马上从公司运来大批鞋子，很快销售一空。一年后，岛上居民就全部穿上了鞋子。这个故事有多重解读，但确实说明消费习惯能够被引导以挖掘出潜在的消费需求。

消费者的需求具有很明显的层次性，不同的消费者具有不同的需要，不同需要层次会产生不同的消费心理。借助马斯洛需求层次理论，通过对消费者多层次需要的分析，可以帮助营销人员正确引导消费者，并以此为依据针对消费者需要层次的不同制订营销方案。

马斯洛需求层次理论表明，人的需求有五个层次，第一层次是生理的需求，包括衣、食、住、行、用等方面；第二层次是安全的需求，包括生命的安全、财产的安全等方面；第三层次是社会的需求，是个人从事社会活动、社会交往的各种需求；第四层次是自尊的需求，即有关个人自尊、自我表现方面的需求；第五层次是自我价值实现的需求。以此观之，消费者的需求总的来说是由低层次向高层次发展的，但并不是低层次的需要全部得到满足之后才产生高层次的需要，而是低层次的需要有所满足之后，高层次的需要就产生了，即消费者的需求处于不断变化之中。

针对消费者变化中的需求，产品可以做适当的调整。一个非常典型的例子就是可口可乐在包装层面的调整，从玻璃瓶到塑料瓶，再到易拉罐，材质在不断丰富以满足消费者在不同情境下的饮用需求。同时包装也更贴近消费者，包装标签以可口可乐字体印上"文艺青年、高富帅、白富美、天然呆、喵星人、纯爷们"等网络流行语，以吸引年轻消费群体的关注。产品诸如此类的调整都是在紧跟年轻消费群体的步伐，因为在互联网时代，主流消费群体对产品的文化内涵颇为看重，他们的消费观强调彰显个性，物美价廉不一定是吸引其购买的主要因素。所以，厂商应分析消费者对同一种产品的各层次的需求所构成的动机强度，力求抓住消费者的强势需求，因此而动态调整产品，方能占领消费者心智资源。

第二节 满意度——再次成交的不二法门

消费者的满意度先从婚礼说起。

世界著名推销大王乔·吉拉德在做汽车销售时，出于业务的关系，时常去参加亲朋好友的婚礼。时间一久，他发现每次参加婚礼的人数都在

250人左右。那么，葬礼呢？也差不多是平均250人。也就是说，平均每个人能影响身边的250个人。职业的敏感性启发了吉拉德，使其获得了一个赚钱的商业法则：一个人一生中与其往来的大约是250人，这意味着只要你气走一位顾客，你将会失去250位顾客。同理，如果你服务好一位顾客，你将会拥有250位顾客。

时至今日，乔·吉拉德早已誉满全球，在15年的汽车推销生涯中，他一共卖出13001辆汽车，平均每天卖出6辆。连续12年荣登世界吉尼斯汽车销售第一的宝座，获得"世界上最伟大推销员"的称号，也是迄今唯一荣登汽车名人堂的销售员。

从乔·吉拉德所总结出的250法则中可以看出消费者满意度的重要性。尤其是在如今自媒体时代，每个人都是媒体，可以在微信、微博、论坛、贴吧等各种公共领域中发出声音，表达观点，并被越来越多的人看到，一个人的影响力早已超越250人的范畴。心理学中的"六度空间"理论认为，你和任何一个陌生人之间所间隔的人不会超过六个，也就是说，最多通过六个人你就能认识任何一个陌生人，由此足见移动互联网时代传播范围之广，影响力之大。放到商业来说，顾客满意度的重要性愈发突显。

20世纪80年代初，美日等国开始研究"顾客满意度"。当时的美国市场竞争环境日趋恶劣，美国电报公司为了使自己处于有利的竞争优势，开始尝试性地了解顾客对目前企业所提供服务的满意情况，并以此作为服务质量改进的依据，取得了一定的效果。与此同时，日本本田汽车公司也开始应用顾客满意度作为自己了解情况的一种手段，并且更加完善了这种经营战略。

当今，顾客满意度已成为每一个企业努力的目标，人们深刻认识到，顾客满意是一个企业综合努力的结果，这包括其品牌概念、产品和服务的质量、管理的有效性、改进和创新的能力、企业的理念和形象等。

在日渐激烈的市场竞争中能够赢得顾客的满意，成功便指日可待。消费者对卖场的满意度越高，卖场的人气越高，创造的利润就越大。反之，消费者对卖场的满意程度越低，卖场的人气就越低，甚至可能会面临倒闭的危险。由此可见，消费者的满意度对市场营销是多么重要。

提高消费者满意度的措施可能有很多方面，但万变不离其宗，均可归纳为售前服务、售中服务和售后服务三部分。

售前服务：这是提升消费者满意度的重要功课，但往往容易被忽略。当前产品同质化严重，要想在诸多同类品之中脱颖而出，在产品正式推出之前，就要和别人"不一样"。这就要回到前面讲到的消费者需求，只有充分调研消费者需求，确定消费者人群和消费场景，倒推回产品的研发设计和营销推广，才能搞出点大不同。当产品做不到差异化时，营销手段是可以做到的。通过实地走访、调查，获得终端市场的第一手资料，了解消费者最真实的需求，并推出能够切实满足消费者需求的产品，这就是在做售前服务。这看似简单，其实并不容易。市面上"没必要"的产品难以计数，看着竞争对手做什么，自己赶紧跟着做什么，在终端上以低价战竞争，搞得大家都没饭吃。有些老板常年坐在办公室，一年下来，也没跟现在的主流消费群体——80后、90后甚至00后聊过几回，压根不懂消费者需求，售前服务更别提了。

售中服务：在产品出售过程中，消费者对产品的了解是一个逐步递进的过程，而这期间就需要品牌方和销售人员能够逐步释放产品信息，加深消费者对其的了解。从宏观来说，品牌方可以通过促销、广告投放、海报招贴等方式加深品牌曝光率，突出产品的卖点，使品牌形象更立体，而不仅仅是一个标记。从微观来说，终端的销售人员能够对产品如数家珍，在售卖的过程中解答消费者的疑问，最终促进产品的销售。当然，现在售中服务还要尽量满足消费者个性化需求，其中一项就是定制。就拿婚庆市场来说，通过糖果巧克力的外形，甚至包装来满足消费者私人订制的需求，这就是厂商提升消费者满意度的一项重要举措。

售后服务：售后服务就很常见了，但真正能做到被人交口称赞的企业并不多。相反，在售前对消费者千般好，而一旦产品出现问题，售货员那张爱搭不理的冷脸相信很多消费者都见过。完善售后服务，让顾客满意是促成再次成交的重要筹码。在这方面，汽车 4S 店的售后服务相对完善，安装调试、维修维护等工作一应俱全，品牌信誉的营造不仅能够增强彼此间的黏性，甚至能够通过一位顾客而挖掘出潜在的 250 位顾客。对企业来说，产品通过营销到达顾客手中，顾客享受退换货、维修等售后服务，并可随时提出咨询或改进等需求建议，在此过程中企业提供投诉受理、信息支持、零配件支持等服务。客户需求信息返回企业后，企业其他部门就可以结合市场综合客户需求进行生产计划制订或变动、质量提升、技术改进以及新产品开发等相关调整。

随着越来越多的外国企业进驻中国和地方品牌走向全国，市场竞争日趋激烈。一家企业要想在顾客资源的争夺战中处于优势地位，就必须让消费者满意。如此才能培育出顾客忠诚度，从而为企业带来长期的收益。稳定的收益又为企业在竞争中站稳脚跟奠定了坚实的基础，所以消费者满意度对企业的发展至关重要。

第三节 消费者的转介绍

250 定律揭示了 1 个顾客背后，大约有 250 个潜在顾客，而如何将潜在顾客转化为真实顾客就涉及转介绍。其实，80% 以上的企业都有很大一部分业务，来自老顾客的转介绍。有数据表明，维护好一个老顾客的费用，仅仅是开发新顾客费用的 1/10~1/5，事半而功倍。

转介绍源于社会交换理论中的关系营销。这是美国营销学者杰克逊于20世纪80年代中期提出的创新型营销理念，其要义是将企业的所有营销活动看作是企业与关系者，如客户、同业竞争者、中间商、政府机构及其他社会公众的互动作用过程，在所有关系中企业与客户之间的长期稳定关系是核心关系，建立、保持和发展这种关系是关系营销的主要内容。

　　在关系营销理论中，要想实现消费者转介绍，扩大再销售，推销符合消费者需求的产品是至关重要的。如果产品不过硬，转介绍就没有根基。当然，产品推销不仅包括有形的内容物，无形的附加值更重要，比如品牌文化的认同和超值服务的提供，不仅能够提升产品价值，而且能够促使老客户做我们的义务宣传员、推销员，使消费者满意度达到最大化，建立起黏性的买卖关系。关系在社会交换理论中被视为一种隐含着恩惠持续不断且相互转换的友情，隐含着透过恩惠与礼物的交换来建立或加强的个人关系，其目的是获取财货与服务、发展相互依赖的网络，以及创造义务与恩惠的效益。维系关系的基石是相互之间的信任。信任代表消费者认为品牌是可以依赖的，相信品牌会为消费者提供长期的利益和服务。在关系营销领域中，许多研究人员主张情感的联结优于经济上的交易，这也就是为什么现在的产品在凸显物理属性的同时，情感属性也日益强化，品牌文化独具一格，以引起消费者内心共鸣，主动帮你转介绍。

　　从具体实践的角度讲，关系营销策略大抵分为四种。

　　一、超出预期的购买体验。这种方法，多用于网购。很多消费者都有这种体验：比如，你在淘宝上订购了一样东西，结果收货时，打开一看，居然赠送了很多精美赠品，并且具有非常特别的创意，让你意外欣喜，这就是超出预期的购买体验。人对于让自己惊喜的事总是希望能跟人分享。此时，消费者会忍不住拍照分享到微博、朋友圈，甚至和身边朋友提及此事，形成自动自发的推荐。身边朋友在购买同类产品时，也会受其影响选择该品牌。

二、赠送 2 张以上的优惠券。这个方法，在餐饮行业使用广泛。在消费者消费完，买单之时，服务员会一次性赠送 2 张以上的优惠券，有面值 10 元的，有面值 20 元的，也有面值 50 元的。顾客在收到这些优惠券之后，自己一个人肯定是用不完的，所以就会转赠给同事朋友。这些人就会拿着券前来消费。这就是赠送 2 张以上优惠券的操作方法。同样的，这个策略不仅仅局限于餐饮行业，还可以应用到许多行业。

三、借势事件营销。市场竞争愈发激烈，好产品越来越多。单靠产品本身，不足以让消费者津津乐道。此时，厂商须借势热点事件进行营销，不时有新话题，给消费者转介绍的机会，让消费者之间有话可聊。在意大利米兰，国际米兰与 AC 米兰每年都火拼得不可开交，狂热的球迷们也各自为阵，见到对方更是分外眼红。对此，一个代表和平主义的可口可乐贩卖机在圣西罗球场亮相了。贩卖机分别放置在球场两侧的入口处，只有这一方按下去，另外一方才会吐出可口可乐，通过贩卖机上的视频和音频连接，能直接与对方球迷对话，如此使国际米兰和 AC 米兰的球迷握手言和，不仅进一步传播了品牌形象，更为广大消费者提供了一个可聊的话题。

四、优惠红包分享。这可以称得上是移动互联网时代应用最广泛、最热门的转推销策略。各种外卖软件成功订餐之后，有红包分享；各种出行软件也有红包分享，以抵扣部分费用；分享路由器闲置带宽就能领取微信红包；部分食品企业在电商、微商推出每日拼实惠的活动，只要邀请好友到一定人数，就能以优惠的价格购得产品等，诸如此类的方式无不在延展转介绍的外延，扩大消费群体。

当然，转介绍的策略难以尽数，我只是列举几个比较典型，便于快消品行业采用的方式以做分享，在诸多营销策略中，转介绍堪为迅速积累有效顾客、提升业绩平台、取得开门红的策略，值得厂商深入思考。

第四节 爱占小便宜的消费者就不可爱了吗

2018年春节,支付宝推出的集"福"活动着实火了一把,集齐五福可分享2亿红包的噱头让人趋之若鹜。超市促销时,促销品堆头周围总是围着一圈又一圈的人。年轻人热衷网购,除了时髦便利之外,价格比线下实惠也是重要的考量因素。这一切的一切,可以理解为五千年的文化传承,让中国消费者养成了勤俭持家的传统,换一个角度,还可以理解为作为礼仪之邦,中国人更愿意把钱给大大方方、有格局的商家去赚。不过,为了切题,我们姑且站在企业和商家的角度,称之为"爱占小便宜的消费者"。

爱占小便宜或许是人的本能,当然,占个小便宜,也不是什么大事。人性往往都是趋利避害的。同样的一件衣服、一袋零食,如果我能用稍低一点的价格买到,那意味着节省下来的钱就可以干点别的事情。

在产品的价格战略制定的过程中,很多企业不假思索地定位为平价或低价,面向中低端收入水平的消费群体。俗话说,"薄利多销"。价格,在很多时候是影响消费者购买决策的重要因素,特别是在经济萧条、市场不振的情况下,价格更是消费者做出购买决策的重要依据。正是在这样的背景下,商家往往把价格当成应对竞争的利器,这在买方市场和同质化竞争中表现得更为明显。当然,时过境迁,随着生产力的发展,定位于中低端的产品越来越多,成了红海市场。于是,国家才开始倡导"供给侧改革"。这一点先按下不表,我们慢慢说。

在市场中我们经常遇到各种各样、形形色色的消费者,从某种程度上来说,他们都是企业和商家的衣食父母,是世界上最可爱的人。在促销的过程中,我们最怕遇到的一种消费者,就是他们根本不在乎占这些小便宜。厂家新品上市,前期需要各种宣传推广活动造势,往往就是想利用消费者爱占小便宜的心理。买赠也罢,开展免费试吃活动也罢,都是利用消费者的这一心理。

据麦肯锡调查显示：平均每三个想要购买名牌产品的消费者中，仅有一个目前实际使用该品牌，消费者总是在最后一刻改变主意。本来想去买果汁，结果买了冰红茶，因为正在促销；本来想去买某品牌的电子产品，却临时更换品牌，因为价格接近，却有更多功能；本来没想买这箱水果，可还是去柜台结账，因为可以免费送货上门。这一切都是因为消费者爱占小便宜。

仅在价格上低于同类产品，往往难以打动消费者，毕竟"便宜没好货"。这也就是为什么小贩抬高价格，在消费者一通杀价后忍痛成交的手段屡试不爽的原因。因为，消费者在这一过程中体会到了占便宜的快乐。

单纯依靠广告拉动消费者的时代已经过去，因为现在广告太多，大品牌太多，产品相似的太多，消费者在选择时寻求优惠的想法占了上风。就是这一点点小便宜，足以让消费者在最后一秒改变主意。

但是，需要搞清楚的一点是：消费者不是爱买便宜的商品，而是喜欢占小便宜。当打折促销无处不在，当讨价还价成为一种流行的风气，当砍价在一些人心目中成为时尚的时候，许多顾客身临其境，耳濡目染，在交易中就有了一种本能反应，会发生各种各样占小便宜的行为。这也足以说明消费者喜欢购买物美价廉的商品，即消费者不仅关注商品的质量，更关注商品的价格，重视商品的价值和使用价值。对此，厂商完全可以通过买赠、打折促销、会员积分等活动，吸引终端消费者的关注，增强彼此间的黏性，完成销售行为。

第五节 消费者为什么爱抱怨产品的不足

"褒贬是买主，奉承是闲人"。集市上，围着一大帮看产品的人，有夸产品好的，也有抱怨产品不足的，而最后真正掏钱买的往往是抱怨产品不足的人。为什么会这样呢？

这就要回到前文讲的消费者爱占小便宜，就是通过抱怨产品的不足，来换取一定的优惠，抱怨的人才是真正的目标消费者。如果本来就对产品没兴趣的话，轻描淡写地夸一两句就走了。为何？因为若是真的要跟你合作，才会提意见，提要求。如果不想跟你合作，还不如表扬两句，转身走人。无论买还是不买，都能落得个皆大欢喜。

很多时候，客户会以反对意见的形式表达他们的成交意向。比如他们对产品的性能有所疑问，对产品的价格提出质疑，对产品的某些细微问题表达不满，等等。实际上，此类喜欢抱怨的客户往往已经产生购买意向，在抱怨背后的真实意图是希望你能自己降低产品价格。虽然没有任何产品是完美的，但是，面对消费者的抱怨，推销员一定要对产品的性能了然于胸，认真倾听消费者的意见，在沟通之中发现消费者最真实的需求。当然，对产品的缺点也不用刻意掩盖，只要突出优势、扬长避短就可以了。

某些消费者可能真的很能抱怨，希望在抱怨之中为自己争取更多的利益，正如没有完美的产品，也没有完美的顾客。销售人员所能做的就是跟消费者最大限度地沟通，寻找共识，最终达成交易。

当然，爱抱怨产品不足的消费者到底出于什么意图，要依具体情境而论。上文所举的例子为购买行为发生前的抱怨，消费者多对产品有意。但如果购买之后，消费者已经对产品性能有深入了解，此时再抱怨产品不足，就说明产品没有达到消费者的期望，没有满足消费者的需求。同时，也表示消费者仍旧对你的品牌、你的产品抱有期待，希望能够改善产品或提高服务水平。

很常见的场景是，顾客抱怨你的产品设计不尽如人意，或者出现个别次品；服务态度不佳，罔顾消费者需求强行推销；广告夸大其词，实际功用与效果差距悬殊，等等。此时，销售人员应该首先分析消费者所抱怨的问题是否属实，如果确实如此，少解释、多行动，着手解决消费者所提出的问题，必要时可以给予消费者一定的赠品赔偿。同时，对消费者的抱怨和问题解决的情况要及时总结，积极与消费者沟通，追踪调查消费者对于抱怨处理的反映，增加买卖双方的黏性，化危为机，避免类似的问题出现。

从 20 世纪 70 年代开始，消费者抱怨行为一直是市场营销学研究的热点话题。过去，在经营者的观念中，顾客一抱怨，就总是认为他们在找麻烦，而且只认识到了抱怨给经营者带来的负面影响。但实际上这种观念有失偏颇。有研究结果表明，只要对客户的抱怨处理得当，70% 的客户还会继续成为忠实客户。如果能够当场解决客户的抱怨，将有 95% 的客户会继续成为忠实客户。可见，提出抱怨的顾客，若问题获得圆满解决，其忠诚度会比从来没遇到问题的顾客要来得高。因此，顾客的抱怨并不可怕，可怕的是不能有效地化解抱怨，最终导致顾客的离去。反之，若没有顾客的抱怨，倒是有些不对劲。哈佛大学的李维特教授就曾说过这样一句话："与顾客之间的关系走下坡路的一个信号就是顾客不抱怨了。"

另有研究表明，一个顾客的抱怨代表着另有 25 个没说出口的顾客的心声。对于许多顾客来讲，他们认为与其抱怨，不如取消或减少与经营者的交易量。这一数字更加显示出了正确、妥善化解顾客抱怨的重要意义。只有尽量地化解顾客的抱怨，才能维持乃至增加顾客的忠诚度，保持和提高顾客的满意度。

现在产品太多，消费者可选择的余地太多，尤其是对于进驻电商平台的产品，从打开到关闭网页仅动动手指的时间，就在心里对一款产品判了"死刑"。倘若厂商只是单单去介绍产品，很难有绝对的优势，除非产品的技术壁垒达到他人难以企及的高度。这是一个物质极其丰富的年代，我们更应该去考虑消费者精神层面的东西，强化差异化的服务，提升产品的附加值。这就是为什么主打服务牌的海底捞火锅，店内外消费者总是排大长队的原因。

简言之，消费者对产品的抱怨是常有之事。作为产品的经营者来说，首先要做到正视这些抱怨。只有在接受和理解的基础上，才能挖掘消费者最真实的需求，也才能让这些抱怨成为消费者体验改良的重要依据。

第六节 消费者对新产品不热衷，怎么破

开发新产品是企业生存和发展的重要途径，一个成功的产品决策不但可以为企业带来丰厚的经济回报，而且可以显著提高企业的市场地位。要想新品上市一炮而红，就要想方设法让消费者第一时间了解并购买新品。但是在现实的市场中，由于新产品决策失误导致企业经营失败的案例非常多。虽然消费者第一时间了解到了产品，但偏偏没有产生购买行为，即消费者对新产品并不热衷，那怎么办？

数以万计的消费品企业，基本上每家企业每年都开一两场招商会，推一款或几款新品。数不胜数的新品上市，一来消费者难以在最短的时间内认知如此多的新产品，二来新产品将直面令消费者熟知和喜爱的老产品的惨烈竞争。

从企业的角度来说，当然希望新品大卖。因此，很多企业往往只在推新品的时候，才愿意投入。有的企业甚至是每年都推不同的新品，都投入一番，如此循环往复。现实却是新品不为所知，勉强存活，步履维艰，随即销声匿迹，难觅踪影。于是，很多企业老板问我，怎么让消费者不热衷

的新品火起来？

每当回答类似的问题之前，我总是先反问他们一个问题：所谓新品，分为两种，一种是在畅销老产品基础之上进行微创新的新品，另一种是跳出公司原有畅销老产品的颠覆式创新的新品。你的新品，属于哪种？

我遇到过太多太多企业推新品的目的只是拉动现有产能，冲冲销量，提高市场占有率。甚至往往是产品卖点不明显的跟风之作，根本就给不了消费者一个购买的理由。这类产品在研发之际就已经预示了惨淡的结局。他的初心，就不是他擅长做这个产品，而是市场上缺这个产品，他推这个新品可以帮到更多需要这个产品的消费者。

企业在推新品之前，前期市场调研工作一定不能少，要搞清楚哪些消费者是自己的目标消费人群，他们有哪些需求，有没有竞争对手已经抢占或正要抢占这块市场，自己将以什么样的产品卖点来与其形成有效区隔。

对消费者的需求进行了把握，也对竞争对手的空白点进行了圈定，下一步就对自身进行SWOT分析，明确自身的优势、劣势，外部环境的机会、威胁。针对细分市场，如果存在空白点，自己能否有实力抢占？自身的研发力量、人力资源、资本实力是否具备？开始之后，是否有足够的资源来支撑，从而可持续性发展？是否能够应对后来者的追击和抢滩？这些都是需要思考的问题，如果这些问题都没想清楚，就贸然推新品，试图依靠后期营销推广来打造市场，难免事倍而功半。

有一位企业家告诉我，现在产品生命周期大有缩短的势头，一款产品从导入期，到成长期，再到成熟期，最后到衰退期的时间越来越短。我告诉他，你应该在产品前面加一个"新"字。市场上所有短命的新品，似乎都有一个共同特点：导入期大张旗鼓，成长期裹足不前，没有成熟期，直接进入衰退期，宣告结束。

新产品从导入期到成熟期需要经历一个过程，入市之初难免遇冷，要想在当前商品种类繁多、竞争激烈的市场里抢先占领消费者心智，其中一个有效的策略就是选择重点市场、缩小目标市场、细分消费市场，但新产品在前期的宣传上不可避免地要依赖老品牌背书。在快节奏的当下，消费者不一定肯投入时间、精力去了解新产品，而原有产品有一个牢固的立足点，他们对老品牌的信赖会远远大于对新产品的兴趣。所以，通过新老产品的搭赠，使新产品和消费者建立直接的联系，减少沟通成本，逐步实现在消费者心中的占位。

当然，举行新品发布会和参加行业特大型展览会，也是企业的必不可少的动作之一，将全国各地的经销商朋友邀请过来，郑重其事地将产品推而广之，向经销商表达一种信心和决心。在进行新品的详细讲解后，企业推出相应的优惠政策，部分经销商有兴趣可以现场订购产品，厂商共同努力开拓市场。所以新品发布会或参展不仅仅是发布新品，更重要的是新品订货。用新品来跟经销商沟通、交流、建立渠道。

此外，在公司畅销老产品基础之上进行各种微创新的产品，似乎更有生命力。举个例子，可口可乐诞生于1886年，这是一款风靡全球130余年的饮料。事实上，它每年都在各个不同的国家和地区市场，在做包装、品牌形象、促销活动等基于消费者沟通层面的微创新。于是乎，每个时代的年轻人都会觉得可口可乐是属于自己这个时代的饮料，而不会觉得这是一个老产品，是爷爷的爷爷才能喝的老掉牙的饮料。

第二章 产品战略

一部分厂商忙着将自己的产品推销出去，一部分厂商在不停地寻找畅销的产品。每一个人对于产品的理解都不同，有人喜欢好卖的，有人喜欢利润大的，有人喜欢包装好的。所以，企业迷茫了，不知道应该生产什么产品。如果厂商能够站在战略的高度去规划产品，而不只是把这件事随意地放在战术层面，则结果大不一样。企业越大，面临的外界诱惑越多。所谓战略，不是做什么，而是不做什么！

第一节 好产品是不是都在别人家

在消费品行业，好产品是不是都在别人家，说得更确切点就是为什么总觉得别人家的产品都那么好卖。因为你放大了自己的缺点，因为你对你的产品并不了解，说白了就是你对你的产品没有信心。

时至今日，各行各业，几乎每天都有新品诞生，这些新品经过一段时间的市场检验后，或成为爆款，或销声匿迹。作为企业来说，推出一款产品当然希望能够火起来；站在经销商的角度，则希望代理一款好卖的产品来提高自己的江湖地位。但是，一些企业和经销商总感觉自家的产品和自己代理的产品都不如别人。尤其在销售遇到瓶颈，业绩增长乏力的时候，他们总会抱怨为什么产品卖不动，而后会生出一种疑惑：好产品是不是都在别人家？

"知己知彼，百战不殆"。营销员想把产品卖好，首先要做的一点就是要了解自己的产品，相信自己的产品。任何问题的答案，都在问题本身。不了解自己的产品，是不可能找到真正需要这款产品的客户的。作为厂家，要了解产品的市场定位、针对哪一类消费群体、都有哪些适合渠道，以及对应哪类经销商、我们预期的定价是多少、适时推出哪些促销活动、产品差异化优势在哪。作为经销商，不能偏信厂家业务员华丽的介绍，也不要看着隔壁卖得好自己赶紧跟，而是要亲身了解产品的特点，和既有产品是互补还是冲突，是否适合自己的渠道和消费者。只有充分了解产品的特性，才能做到适销对路。

在信息爆炸的时代，酒香也怕巷子深，因为消费者没时间去寻找最适合他们的产品，而是"我那么忙，遇见差不多的我就用"。是的，无论是厂家还是经销商，我们都希望客户的目光在我们的产品上多停留一会儿，希望我们的品牌能够深入人心，那么这就需要推广，推广，再推广。

第二章 产品战略

有些企业认为产品推广就是做做促销，聊聊政策，对消费者打折，给经销商返利。这样做的结果只有一个：大家会认为你的产品不值钱，然后就会认为不值钱的产品肯定质量不好，不然为什么总是打折促销。所以，企业在推广产品的时候一定要有计划，推广活动都有哪些政策，通过推广预期达到什么目标。无论是场外试吃还是张贴宣传海报，都需要团队共同来完成，甚至需要经销商的配合。经此推广，可以更加贴近消费者，拉近彼此间的心理距离，也许你会发现原来消费者对我们的产品还是很认可的。

如果你觉得好产品总是在别人家，那么原因只有两点，要么你根本就没做推广，要么别人的推广比你更优秀。

农夫山泉用一句"我们不生产水，我们只是大自然的搬运工"，特仑苏用"不是所有的牛奶都叫特仑苏"，成功让消费者记住，于是在消费者心智中，农夫山泉和特仑苏就是他们心中矿泉水和牛奶的代表品牌。

无论是 20 年前供不应求的年代，还是如今供给侧改革的消费升级时代，谁能够抓住消费者的心，谁就能成为别人家心目中的好产品。消费需求随着时代的进步在不断变化，有人喜欢怀旧，有人喜欢创新，那么企业在推广产品的时候一定要针对不同的消费群体制订不同的推广方案。我们不希望让所有消费者记住我们，但是我们一定要让目标消费者记住我们。

其实每家企业的产品都有自己的特点和卖点，即便是略有同质化，也不会有一模一样的产品（除非你是抄袭他人的）。我相信不同的营销手段，也会有不一样的结果。我们首先要有这样的底气，就是我的产品一定是好产品。其次要有强大的信心，我的产品一定很优秀。当然，别人家也会有好产品，因此我们要对竞品持有敬畏心，因为每个产品都有各自的优点，我们要学会取长补短，不能骄傲自大，这样才能不断进步。经销商在代理产品的过程中要结合自身的渠道特点，充分了解产品的特性，到底适合不适合自己。因为在别人家畅销的产品在自己家不一定畅销，反之也如此。

对厂家来说，消费者喜欢的产品就是好产品。对经销商来说，卖得动的产品就是好产品。当我们怀疑好产品是不是都在别人家的时候，也许对方正在羡慕好产品都在我们这。做好营销员的第一步，就是相信自己的产品。这里有两层意思：第一，相信自己即将推销的产品有价值，性价比高，会有消费者需要；第二，即便自己的产品也有一些缺点和不足，通过自己和团队的努力，也可以使之得到改观，从而变成消费者更需要的产品。

第二节 产品是越多越好，还是越少越好

无论你的企业现在已经发展壮大还是正在成长，我相信都是从小开始一步一步做起来的。那么在企业成长过程中，一定有一款看家的单品帮助企业迅速发展，当企业成长到一定程度的时候，也许这个赖以看家的成功单品已经被业内模仿跟随，市场出现许多同质化产品。企业发展得越快，面临的外部机会越多，面临的诱惑也越大。此时，企业往往大干快上推陈出新，以海量产品抢占终端。此时就会面临一个问题：产品是越多越好，还是越少越好？

我们知道，厂家扩充产品数量的目的，一是增加企业销量，获得更多的利润；二是补充产品线，使其在市场中更有竞争力；三是依靠丰富的产品吸引更多的经销商，抢占渠道终端。那是不是产品数量越多，就越能立于不败之地呢？

当然不是！倘若厂家产品过于单一，首先，在市场上并没有很强的竞争力，一旦这类产品出现波动，没有替补产品跟上，就会导致企业产生生存危机；其次，无法有效地抢占渠道，毕竟没有产品适合所有渠道，产品太少很难掌控市场；最后也是最重要的一点，就在于无法使企业的销售额

持续增长。我们知道企业生存的价值就是获得利润,如果企业产品太少的话,一旦产品市场饱和那么势必会影响企业的销量。说到这里很多人可能会说,那我就不断推出新品,增加产品数量就好了。真的是这样吗?

多一款产品,多花一分精力。产品一多,企业在管理上会投入更多的人力物力,无形中增加了企业的开支。虽然过多的产品可以在一定程度上增加企业的销售额,但并不是任何产品市场都买账。同时,经销商不可能对所有的产品都了如指掌,而是更多依靠企业销售人员的介绍,如果业务员给经销商一下子介绍了十几种产品,那么经销商很难搞懂重点产品是哪款。此外,企业产品越多,就需要更多的经销商来开发市场,这样会导致原有经销商不安。毕竟一个地区的市场资源总是有限的。

很多人不明白加多宝为什么一个罐装凉茶单品可以一年卖 200 个亿。而某甲饮料厂一家有三个品牌,18 个 SKU(Stock Keeping Unit 的缩写,库存量单位),居然年销售额不超过 1 个亿。我曾经用概率帮几个企业家算过。企业只卖一个单品,卖好的自然概率是 50%。同时卖两个单品,都卖好的概率是多少呢? 50% 乘以 50%,等于 25%。同时卖 3 个单品呢,都卖好的概率是多少呢? 50% 乘以 50% 乘以 50%,等于 12.5%。同时卖 4 个单品呢,都卖好的概率是多少呢? 6.25%。大家看,企业同时卖的产品越多,都卖好的概率越小。一个企业同时把 7 个单品都卖好的概率是多少? 0.78%。这意味着,非常难。

如果这家企业规模庞大、实力雄厚,如何做才容易把上述 7 个产品都卖好呢?把企业管理架构设计成事业部制,每个事业部一个产品。大企业可用这个做法,小企业就省省吧。因为你的人力、财力和物力资源都有限。

这就是为什么我在做投资的过程中,更愿意投资已经成功做完减法的企业的原因。根据二八定理,80% 的产品,只能创造 20% 的价值,20% 的产品创造 80% 的价值。企业做减法,表面上减掉的是产品,实际上减掉的是库存，减掉的是成本，减掉的是费用。轻装上阵，才能打大胜仗。

我在走访经销商的时候发现，不少经销商都代理了一个或多个厂家的很多产品。货架上、仓库中都满了。看到货物充足，陈列有序。同样一个现象背后，有的经销商利润高，有的则举步维艰。为什么？其实，经销商代理的产品数量与营业规模、利润多少并不成正比。我们发现，那些做得很大的经销商，产品数量并不是特别多，但一定很精，这样他们才有足够的精力和资源去开发市场。

作为经销商，首先要有一两款一线品牌产品。一线品牌抗风险能力强，容易出量，可以让渠道客户产生黏性，同样利用一线品牌可以带动其他有利润的产品进行铺市和销售。

其次，任何一个产品都有它的生命周期：导入期、成长期、成熟期、衰退期。就好比人的生老病死一样。经销商一定要走出来，多学习。要了解不同产品的生命周期，多参加行业展览会和行业论坛，了解行业前沿信息。多跟业内大咖交流，精选处于成长期的产品，然后引入一小部分处于导入期的新品进行培育。

最后，就是要有合理的品类空间。品类空间决定市场容量，市场容量决定产品容量，产品容量决定经销商的销量。首先，选择代理品类空间大的产品，对于经销商来说，是一个大的方向。其次，商业就是买卖，最大的特点就是买和卖。因此，产品数量不宜过少。有句老话叫"货卖堆山"，百货商店，就是这个道理。

第三节 新《买椟还珠》故事
能否在商业社会再度上演

最近逛超市，发现很多饮料都换了新包装。远远望去，我以为又是哪个新品出来了，走近一看才发现那些竟是酷儿、脉动、美年达，最后逛到肉制品区域，发现火腿肠也"改头换面"，不再拘泥于原有的包装形态。

不知道你是否还记得《买椟还珠》的寓言故事。讲的是古代有个人买了珠宝后，只取装珠宝的盒子，而把珠宝还给了卖者。这则寓言告诉我们这位消费者不识货，但是抛开寓言的本意，我们似乎可以推断出，装珠宝的盒子无论是用材还是做工一定是非常考究，盒子比珠宝更夺人眼球，就像不少小朋友搜集糖纸的兴趣似乎要大于糖果本身。

任何商品，首先映入人眼帘的是它的包装，而非商品本身。有创意的包装自然会吸引消费者的目光，至少能让他们停下脚步来了解这款包装个性的产品到底是干什么用的。随着消费升级和主流换档，一款好的包装，不仅仅起到保护产品和提升消费者购买欲望的作用，它也彰显出产品背后所宣扬的企业文化。包装，就是货卖一张皮。

包装真的有那么重要吗？相信有的朋友会疑惑，产品质量好、口感好就可以了，没必要在包装设计上花费太多成本，也有一部分朋友有这样的想法，认为包装就是承载商品的壳，可有可无。其实这都是对包装的误解。

首先，包装最直接的作用就是对商品的保护。一款商品从生产出厂进入流通领域，要经过运输、仓储、搬动、装卸、上架等一系列环节，在此过程中必然会经受挤压、碰撞，有时候也会受到天气、温度、光线等影响。因此包装必须要最大限度地对商品进行有效的防护，尤其是食品饮料等易损易变质产品，包装就显得尤为重要，可以说包装就是产品的盔甲。

其次，包装是产品无声的促销员。我们知道，要想产品卖得好就要时刻掌握消费者的需求，借助文字和图案为产品营造视觉冲击力，把消费需求完美地展现在包装上，能够有效吸引特定人群的目光，从而让消费者轻松地找到符合自己需求的产品。例如，儿童食品包装一般以颜色亮丽的卡通造型为主，这样就可以吸引儿童的关注。

除此之外，包装最重要的意义就是提升产品附加值。知名品牌无一例外都十分重视包装。农夫山泉推出的高端水系列，一套可卖到几百元，其包装采用的是玻璃瓶，设计简单大气，喝完了还可以当装饰品用，这就是包装的魅力。

什么样的包装能够吸引人呢？既然一款产品不能满足所有消费者，那么我们就要主动吸引有需要的消费者。这时候就要靠包装了。一款好的包装首先是对产品基本信息的传递，让消费者知道这款产品是干什么的，是吃的还是喝的，是常温的还是低温的。在产品信息传递清晰的基础上，让产品包装更加美观大方，简约突出产品的个性，使其在同类产品中脱颖而出。

其次，选用特殊的材料可以提升产品外观视觉效果，如果再配上当下流行的二维码，可以增加消费者的互动体验，让消费者接触到更多的内容。同样，在全民环保的时代，作为企业来说节能减排也是其主要承担的社会责任，因此环保的包装受到越来越多企业的青睐。减少包装件数，那些和产品保护功能以及外观展示无关的包装可以减掉，这样也可以提高生产效率。减少单件包装的重量，可以更加环保。包装的循环使用例如食品的硬包装与软包装相互配合，也可以节约材料。包装工艺的优化既可以为环保做出贡献，又可以为你省下一部分银子。

标签，承载着完整的产品信息和展示效果，也彰显着产品本身的气质和个性，可谓对产品包装起到画龙点睛的作用。对于成品包装上标签的要求，一个是质量上的要求，即无褶皱、无气泡、无划痕、无毛边，印刷套印精准，无叠影，无漏墨，无油墨杂质等；另外一个是信息时代的新要求，即承载更多的产品介绍资料。用二维码等形式展现，链接到更多产品背后的品牌故事、同类产品介绍等促销信息。通过 AR 技术，消费者扫描产品标签而将之前录入的视频照片文件播放，让消费者感到身临其境，融入品牌中，提高消费者的现场感。当然，标签从来不是价格越贵或者成本越高就越好，而是越符合品牌定位、突出品牌个性越好。当然，标签的选择也被产品的利润率指标所束缚，需要在有限的成本空间内寻求材料、工艺、设计等方面的平衡。未来标签将是大数据的收集载体，可利用它将消费者的使用数据、全渠道的物流数据整合起来，成为品牌公司的重要资源，便于进一步开拓新市场。

自商品诞生以来，包装往往都是产品不可缺少的一部分。如今，越来越多的企业重视产品包装，也愿意在产品包装上投入更多的精力，令人欣慰。因为时至今日，包装已经不再是包装，而是产品的一部分。

第四节 散装与定量装的区别大吗

在很多年轻朋友的心里，散装总是和低端、没档次、拿不出手等词汇挂钩。在年轻人渐成主力消费群体的市场环境下，散装产品看似不受欢迎。可是后来我发现，很多品牌的散装产品卖得并不差，销量跟定量装有一拼。这是为什么呢？

小时候，物资相对匮乏，每逢过年，家里大人们总会从市场上采购一些散装糖果零食。直到现在，散装食品依旧会出现在大卖场，我每次逛超市总是会路过散装食品区，看到成堆的糖果、果冻、巧克力，还有坚果炒货，以及现在流行的豆制品，终端陈列错落有致，也很吸引人。尤其是儿童和老年人，他们似乎更加钟爱散装食品。

其实，散装食品由于具有可挑选性、自助程度高，既可以满足购物时参与的乐趣，又符合个性化消费时代的消费需求，因此散装产品并不过时。相反，一些企业还成为散装产品的受益者，例如徐福记、喜之郎、雅客、金冠、马大姐等，甚至有的经销商朋友表示，散装食品会一直流行下去。

在一些展会上，我发现许多经销商对于包装精美的定量装产品很少感兴趣，相反他们对散装产品更加青睐。这几年，消费越来越趋向于理性化、实惠、多口味、携带方便的产品成为关注的热点。例如这几年很火的猴菇饼干，一盒重量720克的猴菇饼干保质期大概半年左右，售价却高达100多元。而散装的猴菇饼干720克才70多元，理性的消费者都会选择散装猴菇饼干。

而线下实体零食店的快速发展，进一步助推了散装食品的繁荣销售。各类实体零食店为这一品类的发展提供了广阔的空间和舞台，尤其是在南方一线市场，无论在机场、地铁站、公交枢纽，还是大型社区、旅游景点、写字楼等地方都可以看见各类零食专卖店，销量十分可观。

其实抛开年轻消费群体，一些中老年消费人群在选择糖果、饼干、果冻等产品时，他们也会和定量装产品的价格进行对比，在同品类同品牌的条件下，这类消费者偏向于选择散装产品。而如果是年轻消费群体，他们会认为散装食品很没面子，也不方便携带，更重要的是颜值不及定量装。如果是送礼，很多消费者也会首选定量装产品，即便价格要贵得多。

与国外市场相比，国内定量装产品和散装产品的价差最大可以达到300%，而国外却不会超过80%。巨大的利润空间使得越来越多的企业投入到定量装领域，而且企业也会给予经销商更高的利润空间。在消费升级时代，随着年轻消费群体的崛起，网购、便利店为我们提供了丰富、便利的产品，无论是糖果零食还是酒水饮料，我们都可以通过任何渠道购买。作为90后、00后的年轻消费群体，他们不太关注价格实惠与否，而是更重视消费体验，定量装产品似乎成为这个时代的主流。

　　定量装产品的重点其实不是产品本身，而是它的包装。定量装产品的好处就是方便，生产者通过预包装的标签直接提供给消费者产品信息，消费者可以直观地了解产品品质和品牌信息。为了吸引更多的年轻消费者，越来越多的企业开始在包装上下足功夫，无论是创意的包装，还是采用新颖的材料，或者承载容器，企业的目的就是通过这些包装来向消费者传递产品的品牌信息和企业文化，在消费者看来，包装已经不再是保护产品的容器，而是能够满足他们需求的商品。无论是造型可爱的，还是高大上的，或者是可以重复利用的包装，更多的时候，消费者似乎并不会记住产品品牌，而是记住了它个性的包装。

　　因此，定量装产品价格相对于散装产品来说要贵，但是年轻消费者对于价格并不敏感，在他们可接受的范围内，只要产品够吸引人他们就会买单。相对企业而言，将一部分资源投入到产品包装上，主要是为了让消费者记住，记住品牌和产品，更要记住品牌文化。

　　那么，散装产品和定量装产品区别大吗？可以说有区别，也可以说没有区别。因为从产品本身来看，散装和定量装并没有太大的区别，毕竟都是一条生产线上出来的。那么它们的区别又在哪里呢？首先是价格，散装产品的价格相对于定量装产品价格要低，可以吸引理性消费者，其次散装产品可挑选范围要比定量装产品更广，消费者可以选择不同的口味，对于喜欢的口味可以多买，不喜欢的口味可以少买，这是定量装产品所做不到的。当然，如果是送礼、拜访朋友的话，定量装产品就显得十分有优势了。同时，便利店、夫妻店、收银台等渠道和陈列区域，更适合的只有定量装产品。

　　总之，无论是散装还是定量装，它们都各有特点。面对不同的消费群体，无论是散装还是定量装，最根本的还是产品质量，就拿大白兔奶糖来说，无论是礼盒装的还是散装的都受到消费者的喜爱，它已经不仅仅是奶糖了，而是承载一代记忆的代表。我相信在未来，散装产品市场还会扩大，而定量装产品则越来越贴近消费者，私人定制包装也许不久之后也会出现。散装产品满足了消费者的基本需求，那么剩下的就交给定量装产品吧。

第五节
小企业将 80% 的资源放在产品上，合理吗

  凡事都要抓重点，企业老板做事更要先分析清楚重点在哪儿。随着社会的不断发展，许多人开始了自己的创业生涯。尤其在食品行业，这几年一些中小企业迅速崛起，并且取得了不俗的成绩。当然，一个企业从无到有、从小到大也并非一帆风顺。食品企业也一样，在新品辈出的时代，如果有一款好产品可能成为企业制胜的法宝，于是，几乎所有的小企业在开始都能集中一切资源，从新品研发到成品生产，再到包装设计、产品创新一气呵成。

  许多企业在成长过程中确实创造出了一两款好产品，也确实火了一把，但仅仅是火了一把而已。最后要么默默无闻，仍旧裹足于产品同质的泥潭中，要么在市场竞争中丧失产品先发优势，企业破产倒闭。由此，我们不禁起疑：小企业将 80% 的资源放在产品上，合理吗？

  合理，但产品并不是全部。为什么这么说呢？因为产品是企业盈利的工具，企业之所以存在就是由于它有一款能够满足消费者需求的产品。因此许多小企业都会在产品上下足功夫，企业创始人一定知道市场需要什么，他能为消费者提供什么，这是最基本的。如果连这个都做不到，那这个企业就不可能成功。

第二章 产品战略

很多企业刚研发出一款产品，就想立刻红遍市场，于是围绕产品提供了大量的人力、物力、财力。打广告、做宣传、搞促销，以及招商会等手段无所不用其极。满大街随处可见的广告，以及各大商业区的促销活动确实吸引眼球。然而随着广告的淡去，促销活动的结束，企业忽然发现，怎么产品销量又下去了？过不了多久经销商就会找上门，说产品卖不动。然后，就没有然后了。

怎么会这样？那是因为你将大量的资源投入到产品上，消费者记住了你的产品，同时竞争对手也记住了你的产品。于是，同质化产品出现了，消费者自然就分流了。

我们千辛万苦研发产品，我们想尽一切办法讨好消费者，满足他们的需求，我们的目的就是要赚钱，要盈利，要完美的财务报表。但，真的是这样吗？自然不是，我们看所有的大型企业，它们都有自己的愿景，而不是只想着赚钱。它们不仅重视产品，更要重视企业文化和品牌的打造。如果消费者想到某一品类就联想到你的品牌的话，那么恭喜你，你成功了。提到糖果巧克力，我们首先想到的是大白兔、德芙；提到冰淇淋，我们首先想到的是蒙牛、伊利、可爱多；提到速冻水饺，我们首先想到三全、思念、湾仔码头。至于具体到哪款产品，我想没几个人能够记得住。所以说，要重视品牌建设，如果说产品是企业的骨骼的话，那么品牌就是企业的灵魂。

其实，品牌形象就是企业的生命线，它关系着一个企业的发展速度、发展方向和发展前景，所以精准的品牌定位和树立良好的企业形象会让你的企业发展得更加顺利。

让品牌在本行业有一定的威望，提高品牌的可信度；然后提升品牌美誉度，品牌的口碑将得到大幅提升，最终消费者的口口相传也将扩大品牌影响力；接下来是提高曝光度，使品牌产品长时间地在网络各大社区曝光，让更多的潜在客户看到企业产品，增加品牌的销量。通过这一系列的操作，品牌的各方面都得到提升，有良好的数据支持，品牌价值自然随之提升。

其次，我们还要拿出一部分资源进行团队管理，麻雀虽小，五脏俱全，该有的都得有，毕竟花钱雇员工来就是要员工创造利润，因此要有完善的管理机制和规范的员工培训。我们需要员工有独立思考能力，而不是凡事都要问领导，因此必须打造团队驱动管理模式，这样才能在变幻莫测的市场竞争中存活下来。

许多小企业，一旦有一款爆红的产品，于是自信心爆棚，就想扩散经营了，在不知不觉中就把战线拉长。很多企业主都没有认真考虑过，当企业一帆风顺的时候是该扩散经营业务还是聚焦经营业务。我想如果你没有一定的沉淀，就先聚焦经营业务吧，在你擅长的领域做到世界第一，其实也不简单。

其实，小企业需要做的事情很多，当然将资源投入到产品上是十分必要的，同时我们在品牌建设、渠道建设和团队建设上一样也要舍得投入，因为这些都是支撑企业发展壮大的基础，如果我们仅仅将目光放在产品上，那么我们的目光也仅仅停留在销量层面。所以，如果小企业将 80% 的资源放在产品上，那么请你拿出一些来建立品牌，让消费者和市场记住你，再拿出来一些建设我们的渠道，让卖货的经销商多一点，最后拿出一些资源打造我们的团队，让你的产品在市场上更有竞争力。

第六节
为什么你的新产品怕让更多的同行知道

如果说 20 年前厂家生产什么消费者就购买什么，那么如今的时代变成了消费者需要什么，厂家就生产什么。"私人定制"时代或者说为不同消费需求定制不同产品的时代到来了。即便消费需求千差万别，私人定制各有差异，但同质化市场竞争仍无法避免，专利侵权案屡见不鲜。我们经常在展览会上看到，一部分参展商似乎是在偷偷地展示新品，因为怕被同行抄袭。其实，怕被抄袭无非是你的知识产权没有做好保护工作。这里主要涉及两种知识产权的保护：专利权和商标权。

你的产品被抄袭了吗

市场细分不断加深，越来越多的企业开始注重产品的研发和个性化包装的打造，目的就是能够在竞争愈发激烈的市场上站稳脚跟，使自己的品牌更加深入人心。于是企业投入了大量的人力、物力和财力来研发新品，在此过程中不少企业发明和创造了新的产品技术或者个性环保的包装形式，新品上市后受到很多消费者的喜爱，爆品相继而出。然而，经过一段时间后，企业发现市场上同类产品仿佛一夜之间全都涌现，从产品质量到外观，再到包装，几乎一模一样。原来，自己的产品技术和包装形式被抄袭了，更可悲的是，直到这一刻企业才发现自己的产品和包装技术根本就没有申请专利。

专利一般包括发明专利、技术专利和外观专利，还有一块就是包装专利。这里的每一项都包含着企业研发人员的汗水和智慧，也包含着企业文化的延伸和渗透，这也是发明人所拥有的一项权利——专利权。专利权指的是国家依法在一定时期内授予发明创造者或者其专利继受者独占使用其发明创造的权利，这种权利具有独占的排他性，非专利权人要想使用他人的专利技术，必须依法征得专利权人的授权或许可。

企业为何要申请专利

一款新品上市后，大家几乎将目光都聚集在新品推广和市场开拓上，而恰恰忽略了或者压根就没有申请专利。当然这主要出现在一些中小企业身上，因为它们对产品保护意识比较淡薄。那么企业为什么要申请专利呢？

如果一个企业在该行业的关键技术上具有专利，那么它在该行业内必然树立了较高的技术壁垒。除了产品专利，还有一项重要的专利就是包装专利，无论是个性的包装，还是新颖的图案或者是环保的包装材料，都成为企业产品参与竞争的有利条件，因此包装专利也十分重要。很简单的道理，区域大商在挑选合作伙伴时，更倾向于挑选具有行业核心技术的企业，因为同质化的市场需要专利壁垒形成产品区隔。

专利能给企业带来什么

首先，申请较多的专利，无论是产品还是包装，都能提升企业在客户心目中的形象，让客户能够更加信任你。更重要的是专利受到国家法律的保护，未经持有人同意，任何个人和单位都不能使用。

我们都知道"三流企业卖产品，二流企业卖技术，一流企业卖标准"，而专利作为企业标准的重要指标之一，正成为企业打造核心竞争力的法宝。随着社会的进步，越来越多的企业开始重视专利，因为它们知道无论是产品技术专利还是包装专利，都是企业参与竞争，维护自身利益的重要武器，甚至它已经成为决定企业兴衰成败的关键。

其次就是保持产品升级，跑得比别人快，当我们的产品被人抄袭后，我们的二代、三代产品已经出来了，使对方难以跟上你的步伐。随着市场细分加剧，企业的专利产品自然是针对不同的销售市场，因此我们要在指定市场推广，这样即便对手知道你的产品并且模仿时，我们已经在这个市场打开了局面，站稳了脚跟。

总之，产品技术专利和包装专利很重要，无论企业大小，我们都要学会自我保护，这样才能在市场竞争中立于不败之地。

不能被忽视的商标

如果说品牌对于企业来说十分重要，那么商标呢？若要用一句话来概括品牌和商标之间的关系，那就是品牌是企业的灵魂，商标则是企业灵魂附着的肉体。在现代市场营销中，人们往往把商标比作"商品的脸""无声的推销员""顾客的向导""企业声誉的象征"。

"嘀嘀打车"由于没有在早期及时注册商标，在2014年下半年因为商标侵权被索赔8000多万元，并被迫更名"滴滴打车"，商标，顾名思义就是商品、服务信誉和企业信誉的最好标识。商标对于企业在市场竞争中的影响力至关重要，一个有信誉的商标对于吸引消费者、提高商品竞争力、打开商品销路都起着十分重要的作用。

商标比专利还重要

商标对于经销商、中小企业比专利还要重要。但是，我们在现实当中，看到有的企业一个品牌用了半年了，甚至都没有注册商标。还有的刚刚提交了商标注册，就迫不及待地印刷在包装上，一旦商标注册失败，还要重新更换包装，等等。

因此，无论是经销商自有品牌，还是中小企业的区域品牌，及时注册商标，对商标进行保护十分重要。不仅有利于树立企业的品牌形象，更有效避免了商标纠纷。

对于大众而言，商标就像是一种商品，是企业的一种标志。我们在购买商品的时候，往往会认准某一个商标。由此可见，口碑优良的商标能在消费者选择商品或服务的时候获得优势。所以，当某个商标在消费者的心中树立了良好的形象后，自然就容易获得较大的市场占有率。因此，企业通过注册商标，对商标进行保护，生产优质产品，树立良好形象，才能赢得消费者的信赖，才可以更好地开拓市场，实现更多的利润。

拥有自己的商标，也有利于吸引投资者，轻松做大做强。如果你的产品很好，口碑也不错，那么商标可以帮你获得更多的资源，这并不是天方夜谭。

商标最重要的一个作用就是维护企业合法利益，避免知识产权受到侵害。作为市场竞争中的重要武器，企业理应做好商标的保护工作，才能防止混淆商标、搭便车、抢注商标等不法侵权行为，避免企业声誉受到影响，造成损失。

总之，产品技术专利和包装专利以及商标对于企业来说都很重要，无论企业大小，我们都要学会自我保护，这样才能在市场竞争中立于不败之地。几乎百分之百怕被模仿的企业是因为商标保护不力或者专利保护不力，否则就不会害怕被模仿和抄袭。

第三章 渠道精耕

有人说，现在的产品既好卖也不好卖，为什么呢？因为渠道太多了。传统商超依然强势、连锁便利店和电商渠道蓬勃发展。做好产品只是第一步，完善的营销渠道才是你的好产品能否笑到最后的关键因素之一。所谓"渠道"，是个形象的说法，喻指好产品像水流一样，通过沟渠运送到消费者那里。

第一节 一家没有业务员的亿元企业总裁仍在沾沾自喜

最近,无人便利店颇受关注,从缤果盒子到马云的无人超市,一夜之间这个新兴业态成了热门话题。乐观者认为,无人超市最大的优点就是节省了人力资源;悲观者觉得,无人超市会抢了劳动者的饭碗,企业直接将产品铺到超市就好了,干吗非得挤压业务员的生存空间。那么未来的企业会不会也没有业务员呢?如果是的话,企业的渠道从何而来?

每一个企业都有自己的业务员,他们承担着新品推广、渠道开拓、市场维护和稳定客情等作用。作为团队重要的组成部分,优秀的业务员可以大幅提升产品的市场份额。但是当新兴渠道业态以出人意料的方式涌现之后,传统的渠道又将有哪些变革?

所谓渠道就是指商品销售路线,是厂家的商品通过一定的社会网络或经销商而卖向不同的区域以达到销售的目的,因此渠道又称网络。对企业来说,最重要的就是通过销售产品来获得利润。在计划经济时期,企业并没有多少业务员,那时候质量是企业生存的基础,只要质量过关,再加上广告就能很容易把产品卖出去,彼时的厂商被称为"坐商"。

进入市场经济时代,大量国际品牌涌入国内市场,市场竞争日益激烈。企业不论大小都在抢夺渠道,此时厂商必须依靠业务员来跑市场,是为"行商"。在激烈的市场竞争中,把产品销售出去只是第一步,为客户提供服务,增强彼此黏性,扩充渠道通路才是当务之急。甚至,有业内人士认为"产品为王"的观念稍显过时,"渠道为王"才是制胜之策。

在渠道越来越受关注的当下,业务员的作用愈发凸显。企业仅仅依靠卖货和提供服务并不能保持销量稳定增长。毕竟一个区域的市场总会饱和,因此企业需要不断开发新市场和新客户,而这就必须依靠优秀的业务员来完成。通过业务员对市场的开发,我们才能建立起牢固的市场地位,为企业积累重要的无形资产。

有人说电商平台就不需要业务员,其实是不对的。电商平台为我们提供了更加垂直的渠道和销售路径,而此时业务员扮演的角色已经转身为售后服务。试想下,企业利用互联网平台将产品卖出去,一旦出现问题需要企业解决,如果企业没有专职人员为其提供服务的话,那客户下次还会来吗?所以说,无论是传统方式还是互联网平台,都需要业务员来维护渠道。

在工作中,我接触过一家食品企业,并不重视业务员的培养。一家年销售额超过1亿元的食品企业,总裁还在以没有一个业务员而沾沾自喜。事实上,判断一家企业的未来,我往往不看它有多少生产工人,更多的是去看这家企业有多少业务员和理货员,以及他们的精神面貌。如果说商场如战场,你没有几个兵,又如何打胜仗呢?当然,士气爆棚的团队和无精打采的团队,几乎所有人都能够一眼看出,进而判断要不要跟你合作,以及怎么跟你合作。

没有业务员的企业谈不上精细化的渠道,因为渠道都是人跑出来的。所以企业无论大小都要打造一支优秀的业务团队,只有优秀的业务团队才具备强有力的执行力,能够快速准确地执行公司决策,高效开发渠道,通过不断拜访客户、服务客户,使客户对企业、对产品产生信赖。

当然,企业首先要有质量过硬的产品,在消费升级时代,满足消费者需求是企业生产产品的基础。在此之上,重视培养优秀的业务员,打造优秀的团队也不可或缺。也许没有业务员的企业不一定没有渠道,也许没有业务员的企业销量也不会很差,但是这样的企业一定不会长久,一定会被竞品打败。业务员不仅是渠道的开拓者,也是服务的提供者,更是市场的维护者。

第二节 领导者是企业的第一个推销员

有这么一个笑话，说的是一位企业主看见手下的一个员工干活很努力，于是就对他说："小伙子，好好干，之前我和你一样。"小伙子呵呵一笑，对企业主说："你也要更加努力，之前我也和你一样。"

前几天我和朋友聊天，谈到项羽之所以输给刘邦，是因为楚军是项羽一个人的，而汉军则是属于老百姓的。所以，项羽只是一个好员工而不是一个好的领导者。其实好的推销员不见得是好的领导者，但好的领导者一定是好的推销员。因为好的领导者他很会销售公司的愿景、使命感和目标，然后带动很多人为之一起努力。

领导者是企业的第一个业务员，这句话并没有错。无论大企业还是中小型企业，甚至刚刚创业不久的小微企业，要想发展下去，它首先要做的就是团队招募。作为领导者，此刻的你其实就是一位推销员，要向前来应聘者传递你的企业文化、产品信心、公司愿景和发展目标。其实，无论公司大小、品牌知名与否，在人才招募过程中，领导者的角色就是推销员。

要成大事靠的是团队，不是个人。所以，作为领导者，你必须具备为人处世的能力、把握市场的洞察力，以及专业决策的魄力，能够让更多人跟着你。项羽和刘邦的楚汉之争之所以刘邦笑到最后，就是因为他团结人的能力更强。

有人问，领导者要和推销员一样跑市场吗？当然不是，领导者之所以是企业的第一个推销员，除了之前说的推销企业之外，领导者最重要的一项工作就是向业务员推销产品。如果领导者都不能把产品推销给公司的推销员，那么谈何让推销员出去跑市场。这里说的推销产品并不是将产品卖给推销员，而是对推销员进行产品培训。一些中小企业，其实对于产品知识的培训并不全面，有的仅仅告诉推销员产品的价格是多少，活动力度多大，然后就把推销员放出去。于是推销员面对客户提出的价格和活动政策之外的问题，就不知道从何说起。

因此，作为领导者首先要做的就是将产品卖给你的推销员，让他们明白产品的特点、针对的消费群体、适合的渠道、市场上的竞品，以及应对竞品的方案。如果你管理的推销员对产品十分了解，甚至能够说出产品的十几种特点，那么他在面对客户的时候就一定能够从容应对。

如果说产品是企业的有形体现，那么优秀的团队则是企业的无形资产。一个企业管理水平如何、发展前景怎样，除了产品，客户最看重的就是你的团队。专业、高效、用心的团队一定是受欢迎的。有的企业团队出去后，三天打鱼，两天晒网，即便是跑客户往往也是三两句话，没有下文。一些大品牌的推销员甚至对客户态度恶劣，总以为我的货好卖，你爱要不要，这样的团队自然不会长久。作为领导者，要想把你的团队推销出去首先打铁还需自身硬。这就需要领导者对团队进行高效的培训，如何拜访客户、如何设计陈列、如何规划送货路线，等等。很多中小型企业其实并不太注重团队培训，后续容易引发一系列问题，经销商抱怨、陈列不到位、送货不积极、退货不及时，等等，导致经销商对企业丧失信心，产品滞销，最终吃亏的还是企业自己。所以作为企业头号推销员的领导者，要打造一支优秀的团队，然后再把他们推销给市场。

很多人认为，领导者就是搞管理的，跑市场什么的还是让推销员去做吧。从岗位职责上来说，并没有错误，领导者就是管理，员工就是干活。但是我们发现无论在国内还是国外，品牌企业的领导者都不仅仅是管理，而是经常参与到市场维护的过程中。我们知道，无论员工多么优秀，在竞争激烈的市场中难免会遇到很多困难，那么作为领导者或者是企业管理团队，就要对员工遇见的困难提出好的建议，能够让员工在最短时间内解决，必要的时候还需要和员工一起去面对。其次，领导者跑市场不仅仅是推销产品，而且可以了解产品在市场中的占有率、渠道覆盖率和终端门店的维护情况，从另一个角度检查员工的日常工作是否做到位，又存在哪些不足。在市场中和经销商聊天，一来可以增加经销商与企业间的感情，二来可以了解产品在市场上的动向，同时也是对推销员工作的一种肯定。而对客户来说，一个经常能见到领导者的企业当然值得信赖。

领导者是企业的第一个推销员，对内要培养一批优秀的业务和打造一支高效的团队，对外是向市场证明企业的实力和产品的价值，增强厂商之间的黏性，为今后的深入合作添加砝码。由此，客户就会觉得这家企业不仅产品好，业务服务好，更重要的是可以经常见到领导者。

第三节 经销商是企业广义的营销团队的成员

在消费升级的大环境下，市场竞争越来越激烈，每一个企业都使出浑身解数来讨好消费者。企业要想在市场上立于不败之地，不仅需要自身质量过硬，还要有一支优秀的营销团队。说到营销团队，相信大家脑海中首先出现的是那些整日奔波在市场上的推销员。当然，企业产品推广确实离不开这些业务员，但是从广义上来说，营销团队里还有一批非常重要的成员经常被忽略，那就是我们的经销商。

作为连接企业和终端的桥梁，经销商扮演着重要的角色。他们既是产品推广的执行者，也是终端信息的反馈者。经销商之所以能够存在，厂家之所以愿意在经销商身上投入资金和物料，最主要的原因就是经销商能够为厂家提供产品流通过程中的增值服务。

最明显的表现就是交易成本的降低和品牌价值的放大。交易成本的下降主要体现在财务成本、时间成本、沟通成本等环节，而增值服务主要体现在经销商不仅协助厂家对产品进行流通，同时还能够有效地助销产品，通过生动化陈列、广宣品的张贴、终端销售指导、促销活动、新品推广及植入等方式，为客户提供增值服务。这些看似是经销商的分内之事，其实也是企业维护终端客户的延伸。经销商的助力能够让厂家的产品和广告频繁出现在二批商、终端以及消费者眼前，大幅提升了产品的曝光率。

每一个企业在和经销商签订合同时，都希望经销商能够把企业产品当作自己的孩子来对待，因此经销商除了产品流通之外，如果能够提供其他商家没有提供的服务，那么对于企业来说这个经销商就是营销团队中的一员。作为厂家，在市场上有很多工作要做，例如产品推广、新品植入、品牌维护及老品的市场梳理，等等，这其中经销商为企业分担了许多压力，企业的营销团队才有更多的时间去开发新市场。

作为营销团队的一员，经销商要建立并管理好自己区域内的渠道，保证产品在下游分销商和终端消费者面前正常流通，提高整个区域对产品的满意度和忠诚度。主动推广厂家的产品和品牌甚至主动去开发当地市场，提高产品市场份额。经销商还要投入必要的人力、物力和财力，与厂家共同承担风险，一些优秀的经销商甚至会主动帮助厂家解决问题，搜集市场信息，并且及时传达消费者反馈，为企业决策提供有价值的建议。

经销商是营销团队的成员还体现在分销层面。经销商之所以愿意代理企业的产品，首先就是这款产品能够为其带来可观的利润，那么在此基础上经销商就会和厂家推销员一样，把自己手中的货卖出去的同时为分销商提供优质完善的服务以此来维护市场。无论是产品分销还是活动推广，经销商在获得利润的同时也是在为企业进行品牌宣传。这就是为什么企业喜欢有能力有市场的经销商的原因。

既然经销商是企业广义的营销团队的成员，那么企业除了为经销商提供促销政策之外，还要对其进行多方面的支持，为经销商提供一定的费用能够使经销商更好地进行产品推广、终端生动化陈列，提高其积极性。同时还要给予经销商一定的物料支持，使其能够为客户提供增值服务。企业对经销商定期培训，使其能够在瞬息万变的市场环境中更灵活地应对市场变化，更清晰地掌握市场动向，提高经销商的管理水平，为企业下一步发展提供有力的支持。大多数经销商的思想还停留在过去卖货、收账上，其实在新的市场环境下经销商也要有企业管理思想，不再是单一的管理货品和库存。

  企业要想了解产品发展趋势，去经销商那转一转比让自己的业务员跑市场更有效，因为业务员在市场上看到的可能仅仅是表象，而经销商则能看得更深入，将经销商称为营销团队的眼睛也不为过。

  从狭义上来说，经销商是借助企业产品而获得利润的商人。而从广义上来讲，经销商是企业营销团队最为重要的一员，因为他们时刻掌握着市场最新动向，他们掌控着渠道资源，他们为客户提供优质的服务，他们甚至是企业资金的重要来源，作为企业新品推广的重要执行者，通过产品频繁曝光，为产品分销提供最有力的支持。因此企业看待经销商要像对自己的员工一样，甚至比爱自己的员工还要更多一点。

  个别企业动不动就换经销商或者不兑现许下的承诺，片面追求自身利益最大化的方式并不可取。即使有庞大的体量支撑，更换一池一地的经销商短期内不会出现危机，但毕竟是因为有经销商的努力，你的产品才能在市场上大卖；有了经销商的支持，你的产品才能成为消费者眼中的品牌。

第四节 无边界市场：互联网营销

  写这篇文章的时候已经接近中午了，于是我在网上叫了一份美团外卖，在等待送餐的过程中，忽然发现，现在的我们越来越懒了，仔细想想，让我们慢慢变懒的原因竟然是互联网。

在互联网发展的这些年，我们对其依赖性也与日俱增。几年前我们买菜购物还得去市场，吃饭还得下饭馆，广告只能从电视、报纸及户外广告牌上看到。而今，无处不在的互联网让我们生活变得更便利。想购物时，动动手指就可以；吃饭也不必出门，只需在手机上下单；打开微信，无处不在的广告推广令我们眼花缭乱。可以说，互联网营销让市场不再有地区、时间、季节之分。

网络飞速发展，流量井喷式膨胀。微博、微信、今日头条等社交媒体的普及，为企业带来商业模式和营销推广的创新。越来越多的快消品企业开始利用移动互联网创变，获取服务、营销等竞争优势。企业对互联网营销越来越重视，它们制作精美的官网，在各大网站投放广告，借助微信吸引客户，举办丰富多彩的线上活动来吸粉。通过互联网营销，企业搜集了大量的潜在客户，拉动了粉丝经济。帮助企业扩展了视野，不再局限于本区域，而是放眼全国乃至世界。

互联网营销为企业带来丰厚回报的同时，也使企业面对很大的挑战。为什么呢？因为互联网营销并非简单地利用社交工具或者网站进行产品推送和品牌宣传。就拿微信来说，几乎所有人都在用，但企业成功将用户转化为客户并不容易。销售是企业的利润来源，一切营销都围绕销售。但很多企业只是了解自己销售的大体情况，具体的却不清楚，这就很难为企业今后的发展提供数据支撑。

如果企业充分利用互联网，就可以掌握产品的销量，确切地说是可以掌握企业产品的精准销量，从每月到每周再到每天，甚至是每个小时，通过系统后台掌握产品实时销量，哪款产品卖得好，哪个区域卖得好，甚至可以统计这款产品在哪个时段最受欢迎，同时搜集微信客户资料，分析他们的年龄、性别、学历，等等。这样可以了解关注这款产品的群体类型，他们处于哪个年龄阶段，他们消费水平如何。这样就为企业产品的推广和市场定位奠定了基础。

竞争激烈的当下，企业如果想要持续发展就必须不断地创新，而借助互联网营销，则可以为企业提供一个平台，在思维上打破传统客户边界，从而重新审视我们的产品和服务，企业要跳出固有的客户选择标准，并借助互联网在消费导向上引导、教育并培养他们。打破需求边界，借助互联网营销，企业的商业模式可以被创新，谁能更关注客户潜在需求或者谁能洞悉客户需求的变化，谁就可以获得先机。企业拥抱互联网，这是一个不可或缺的推广模式和营销模式，因为互联网思维更加发散，这和以往的营销区别很大。互联网营销给了我们一种无边界的思维，通过天猫、京东等互联网渠道获得更多的客户资源，通过企业业务人员的跟进达到最终的成交。

最后，无论规模大小，企业都需要有互联网思维，毕竟互联网只是一个工具，最重要的是有想法的人。

第五节　为什么有人愿意专注于海外市场

在食品业，我有一些只做外贸的朋友，他们专注于海外市场，产品卖给外国人。看起来很让人羡慕，在旁人眼中这些企业一定是高大上的，产品也一定是很高端的，因为是卖给海外市场啊。事实果真如此吗？

说起海外市场，就先来说说广交会吧。广交会是中国进出口商品交易会的简称，创办于1957年，距今已经有60多年的历史了，是中国目前历史最长、层次最高、规模最大、商品种类最多的综合性国际贸易盛会。不少企业就是通过广交会这个平台走向海外市场的。

三来一补

1978年，中国在改革开放初期尝试性地创立了一种企业贸易形式，这就是"三来一补"，它指的是来料加工、来样加工、来件装配和补偿贸易。"三来一补"型企业的主要结构是由外商提供设备（包括由外商投资建厂房）、原材料、来样，并负责全部产品的外销，由中国企业提供土地、厂房、劳力。中外双方对各自不作价以提供条件组成一个新的"三来一补"企业；中外双方不以"三来一补"企业名义核算，各自记账，以工缴费结算，对"三来一补"企业各负连带责任。

可以说三来一补政策出台为助力我国企业走出去功不可没。中国企业仅仅需要提供厂房和劳动力即可，它们没有品牌，只要有土地厂房就可以在家门口等客上门。

随着中国制造业的发展，2000年以后，"三来一补"企业的结构显现出越来越多的问题，逐渐不适应中国加入WTO后的发展。例如：（1）较多"三来一补"企业对中国政府"出口退税补贴"依赖较大而不注重外销利润的获取，产品出口价格很低，而外商卖到国外市场后售价却很高，巨额利润悉数由外商获得；（2）不少"三来一补"企业的中方股东逐步将经营管理权放手交到外方股东手中，缺乏创建自主品牌和"本地化""国产化"的动力；（3）企业在雇用员工方面违背中国劳动政策低价雇用员工，较多企业甚至不能提供基本的劳动保护，使得大量内陆到珠江三角洲打工的年轻人身患"职业病"，甚至遭受终身损伤；（4）对环境的破坏严重；（5）"三来一补"企业将产品超低价销售给外商引发外国政府征收巨额惩罚性关税。

为何有人热衷海外市场

即便如此，还是有很多企业热衷海外市场，因为相对国内市场来说，无论进入大卖场还是连锁超市都需要缴纳高额进店费，还要面对长账期和退货，而这些问题在海外市场基本不存在，因为我们只需要提供技术加工即可，不需要自己的业务团队，最重要的是外商不欠钱。

但是，海外市场就是指欧美发达国家吗？当然不是，大部分企业产品并没有销往发达国家，而是亚非拉等国家，这就使得产品价格不会很高，因此基本上以低端为主，这些企业通过外贸公司将产品卖向国外。同时，多类商品都能依据有关规定，享受出口退税政策。部分企业就是为了赚这个钱。

其实，出口海外市场的企业，如果没有自主品牌的话，那么它扮演的角色就是代工，不需要技术，没有专利，只要有人就可以，这种低成本的投资不需要承担多大风险，而且还可以打着出口海外的旗帜在国内市场大赚一笔，所以不少企业热衷海外市场。

但是随着我国市场经济逐渐完善，消费者越来越重视产品质量，企业也越来越重视产品的创新和专利，很多企业通过自主品牌打入国际市场，进军海外已经不是单纯的人力资源加工就可以了，而是需要品牌和产品双重保障，因此如今进入海外市场需要投入巨大的人力、物力和财力，当然所获得的收益也不是代加工费那么少了。

如果说曾经进军海外市场是为了赚钱，那么现在进军海外市场则是品牌实力的彰显。以前进军海外市场仅仅是将产品卖给外国人，而现在只有企业在国内市场立足后才能够进入国际市场，而且是欧美发达的国际市场。

第六节 销售团队的培养

一个企业能否发展，首先是看它有没有一款值得信赖的产品，这款产品是否有过硬的质量、符合消费需求。如果有，那么恭喜你，你已经成功了一半。一个企业能否持续健康地发展除了最基本的产品之外,还有一个重要的条件就是销售团队的培养。许多企业都非常重视销售团队的培养,它们不惜花费大量的人力、物力、财力来打造一支过硬的销售团队,因为优秀的销售团队可以提高企业的执行力,可以更好地协助产品占领市场,可以更快地取得经销商和客户的信任。

什么是团队销售

团队销售是指从企业内抽调业务纯熟的人员通过周密的规划和充分协调来围绕目标客户开展销售工作,目的是满足客户组织内一些决策者的各种需求。销售团队,是每一个企业生存的源泉所在,销售队伍的能力水平以及工作绩效对企业的影响举足轻重,所以销售团队的培养和能力提升成为人力资源部门培训工作的核心模块之一。

团队销售的好处

销售团队就是团队销售,而非一个人单打独斗,再优秀的个人也比不过一个团队。团队销售能为企业带来哪些好处呢?首先,团队销售可以为企业内部的各类专业人员提供后台支持;其次,团队销售可以增加单位客户的销售贡献;再次,团队销售是与竞争者争夺分销资源、更多地向现有客户和未来客户销售本企业产品的有效方法之一;然后,团队销售可以与客户组织内影响采购决策的各个经理建立并协调彼此之间的关系;最后,团队销售流程中所采用的平行销售技术可以最大限度地接触到客户组织内的更多决策者,从而缩短销售周期,加快客户购买决策的进程。

销售团队的培养

打造一支高效的销售团队能够使企业更好地掌控市场,而如何培养高素质的专业销售团队就显得尤为重要。其实我相信每家企业都有自己的培训方式，在这里我主要向大家介绍一下在销售团队培养过程中需要注意的几点。

首先就是执行力。所谓执行力就是要把企业好的理念、好的思想、好的战略方案落实到日常工作中的每一个环节、每一个方面。我们知道再伟大的想法、再完美的目标、再精彩的方案，如果没有落到实处就无异于纸上谈兵，它们都需要强有力地执行，落到实处并且付诸实践，这样才能充分体现它们的作用。好的销售团队就是负责落地的，也就是说一个好的销售团队最基本的体现就是执行力。作为销售团队领导者一定要身先士卒，亲自带头做出表率，而不是仅仅指挥下属，自己在一边旁观。只有这样才能带动整个营销团队的执行力，从而创造好的业绩。

对于团队执行力的培养，首先就是要明确团队人员的分工。根据团队成员不同的性格、不同的工作经历、不同的处事方式分配不同的任务，让每个人做自己擅长的事情，这样他们可以很快上手，而且还很喜欢这份工作。其次就是制定规则，有赏有罚。既然是团队那就会有自己的规则，我们都是这个团队的一员，自然要受到规则的约束，但是规章制度的制定一定要以人为本，对内来说，考虑到员工合理的要求；对外来说，考虑到客户的合理需求。

其次是目标管理。根据企业销售计划，为团队制定年度、季度、月度目标，团队根据整体销售目标进行目标分解，根据每个团队人员的特点，将目标分解到个人身上。分解目标一定要细，例如，每个人每周任务是多少，每天任务是多少，每天拜访路线是哪里，每天拜访客户数量又是多少，等等。同时队员的每个目标要及时修正，这样可以大大提高团队销售动力，避免吃大锅饭。团队管理者要经常对销售业绩好的人员进行奖励，对销售业绩不好的人员进行鼓励。有的企业对销售业绩不好的人员要么罚款，要么开除，其实这是不对的，因为每个人员都有他的优点。好的奖惩机制可以提升销售团队的士气和凝聚力，能够使团队成员产生荣誉感，增强团队成员的向心力，使工作事半功倍，形成良好的营销气氛，从而打造出一支高效优秀的团队。

最后，好的销售团队是要不断学习的，而培训是最有效的方式。那么培训什么呢？第一是公司的规章制度，第二是产品知识，第三是销售技巧。如何更好地拜访客户？如何向客户介绍产品？如何说服客户？培训能够让你更加了解你的团队，了解团队成员对产品知识的掌握，了解他们都会遇到哪些困难，了解他们需要什么帮助。

总的来说，优秀的销售团队是需要企业精心培育，在激烈的市场竞争中不断磨炼出来的。我们不可能将销售技巧教会团队每一个人，但我们可以培育他们的责任心和执行力。当我们能够及时解决团队遇到的问题，对他们的工作给予肯定和奖励、关怀与信任，这个团队一定会成为优秀的团队。

销售团队的培养其实也是企业文化的另一体现，企业对员工怎样也就意味着他会对客户怎样，一个人心所向的企业，我想应该是一家不错的企业吧。

第七节 恒阳：牛肉遇见"冰" 互融创双赢

跨界营销是很多企业和经销商实战中惯用的一招，也往往能产生意想不到的效果，但跨界也要讲究"门当户对"，要选对行、选对品牌，找准共性和互补性才会实现最大效益，实现双赢。黑龙江恒阳牛业有限责任公司（以下简称"恒阳牛业"）在营销实践中，巧妙"跨界打劫"，成功开发了很多冰品经销商，取得了非常好的效果。

恒阳牛业成立于 2005 年，现在已经发展成为进口牛肉领导品牌、全球品质牛肉供应商，是中国最大的牛肉加工、生产、供应企业。恒阳牛业坚持全产业链的经营模式，在黑龙江建立了自己的小公牛基地，2014-2016年连续三年先后收购大洋洲、南美洲8家牛肉生产企业，建立了海外两大牛源基地，年宰肉牛约40万头，产量已进入世界前列。同时为了加快国内市场开发，与庞大的产能相匹配，先后在黑龙江讷河、四川南充、河北安平、内蒙古呼和浩特、河北固安、江西高安、上海、广州等地建立了12家牛肉加工项目。旗下有牛肉鲜品、冻品、牛肉制品、清真烤肠、农产品等近千个产品，形成了牛排、清真烤肠等明星产品。恒阳牛业在全国市场展开了全网营销，推行"百万餐饮、百万终端、百万微商"等市场活动，产品已经覆盖批发、商超、餐饮、网络和线下终端门店，同时在高铁、终端也开始进行品牌的强势推广。

快速发展的企业、对路的产品、极具潜力的品牌，是冰品经销商跨界选择的首要条件，一个成长中的企业和品牌才会给我们创造更多成功的机会和成长的空间，而恒阳牛业无疑具备了这些条件。

接下来，我们再来分析一下冰品行业和牛肉行业的共性。首先，冰品行业和牛肉行业都是快消品行业，作为冷冻食品的通性，都需要冷链运销、冷库储存，又有几乎相同的销售渠道，像商超、门店、餐饮，都是两个行业重点发力的渠道，如果一家经销商同时经营这两类产品，充分挖掘这些渠道的需求，以植入的形式快速切入，可以充分利用现有的设备设施、人员、资金，以较小的成本实现价值最大化。

其次，冰品行业和牛肉行业都属于发展迅猛、前景广阔的行业。随着消费结构的升级和西式文化的影响，我国中高端冷饮产品的需求被进一步激发，产品在日渐丰富的同时，向中高端、健康以及更安全更好品质方面发展，销售渠道也逐步转向便利连锁、零售店、娱乐场所、餐饮企业等渠道。据相关数据分析，特别是经过近十年的行业快速发展，目前中国冰淇淋消费约占全球三分之一，中国也由此成为全球发展最快的冰淇淋冷冻食品市场，市场发展潜力无限。而中国的牛肉行业，进入 20 世纪 90 年代后，肉牛养殖快速兴起，特别是到目前已经经历了"十三连增"，随着消费升级，越来越多的人们从猪肉、禽肉转向了更有品质、更有营养的牛肉产品。2010-2015 年，全国牛肉人均消费量从 4.3 千克增长到 5.6 千克。16 年前 11 月，中国进口牛肉 52 万吨，比 2015 年全年进口还多 11 万吨，增幅达 27%。我国牛肉人均年消费量远小于发达国家 40~50 千克，未来随着人们生活水平的提高，牛肉的需求量还会继续增长，我国牛肉行业还有很大的成长空间，是一个值得挖掘的行业，也是一块万亿财富大蛋糕。两个快速成长的行业，高度的共性，是要"跨"的最好的"界"，最容易取得成功。

除了上述的特点外，冰品和牛肉行业还有很强的互补性。大家都知道，跨界对冰品经销商而言是经常做的事，原因就在于冰品经销商存在一个最大痛点，就是季节消费的影响，"忙三月，吃一年"的现象虽有好转，但冷饮行业仍存在资源浪费、从业人员流动性强等特点。而牛肉行业刚好是秋冬季是销售旺季，冰品经销的冷库、冷藏车等正好又是经营牛肉的必需的硬件，销售渠道又高度吻合，可以以最小的成本快速切入渠道。从这一点来讲，冰品经销商具有非常大的优势，同时这两个行业具有高度的互补性，使得两者之间的跨界经营可操作性非常强。

河北省雄县从事冰品经销多年的梁总，是"中国冰淇淋冷食金销商 100 强"之一，在行业内做得是风生水起。一个偶然的机遇，成为与恒阳牛业跨界合作最早的冰品客户之一，经营牛肉并且取得了不错的业绩。牛刀初试就小有成就，梁总对与恒阳加强进一步合作信心满满，他介绍与恒阳的合作颇有心得："以前我做冰品，一到冬天，员工就不得不放假，来年还得再招、再培训，人员流失快，培养成本高，培养好了冬天没活干人就走了，我们很苦恼。我购置的冷藏车、租用的冷库，还有资金，一到冬天就闲置，造成了很大的浪费。和恒阳牛业合作以后，我们一年四季都有生意做了，一个月销售额增加近百万元，收入也高了，人员也稳定了，设备也得到了充分的利用。和恒阳合作，我是一选对了行业，二选对了企业。"

  恒阳牛业在全国范围内已经与诸多冰品经销商形成了广泛的合作，保定雄县、高阳、定州、定兴、白沟、唐县、满城、廊坊大城、邯郸、天津、唐山、吉林松原、黑龙江齐齐哈尔、浙江宁波、上海、江苏南京、镇江等地有大量的冰品经销商已与恒阳合作，其中不乏有中国冷饮行业百强企业并取得了不俗业绩。

  也许未来十年，是中国商业领域大规模打劫的时代，所有行业的蛋糕都可能遭遇打劫！

  渠道为王，终端制胜，一场对终端渠道的掠夺之战即将打响。你是等着被打劫，还是主动出击，去打劫别人呢？

第四章　定价定市场

一款新品怎么定价？价格高了，怕卖不出去；价格低了，担心回不来本。本来价格挺稳定，突然同类产品打价格战，该怎么办？网购的人群越来越广，线上线下定价不一，会不会打乱产品价格体系？消费需求五花八门，到底是集中高价位的高端产品，还是高中低档都来点？虽然消费升级是趋势，但低端产品仍然大有市场，产品结构怎么平衡？

第一节 价格高低是由竞品决定的吗

在很多人眼里，价格决定着产品能否更顺利地进入市场。我接触过一些推销员，总是抱怨自己的产品比竞品贵，不好卖。尤其是一款畅销品上市后，会有很多争相模仿的竞品出现，价格要低很多，于是这个企业赶紧降价。或者是两个不同企业的产品通过竞争互相砸价，最终两败俱伤。

价格高低是由竞品决定的吗？当然不是，有这样一个故事：曾经有一个业务员问经理："市场上有一家小厂，价格很低，很难对付，怎么办？"

经理反问道："既然这家厂这么厉害，为什么一直是家小厂，而我们却是大厂呢？"

实际上，低价在市场上通常只是扮演着"搅局"的角色，成事不足，败事有余。在对抗性竞争中，高价经常被低价搅得心烦意乱，甚至胆战心惊，但低价最终总是难敌高价，甚至在高价面前一败涂地。价格高低不是一个纯粹的定价问题，更多是营销的问题。营销大师科特勒说："你不是通过价格出售产品，而是出售价格。推销是通过价格把产品卖出去，营销是通过产品把价格卖出去。"

价格以及围绕支撑价格所开展的营销活动，构成了营销体系。低价还是高价，其实是推销与营销的区别。

每一个产品在上市前一定都做过详细的市场调查，而产品的定价也是经过多方面核算后才出现的，并不是根据竞品的价格来确定我们产品的价格。

为什么奢侈品牌从来不打折，但是专卖店门口依然排队？因为品质制胜！为什么高级商业中心店面从不降价，客流却不受影响？因为价位决定地位！一些客户在选择产品时，最重要的并不是看产品质量，而是先问产品价格。当客户得知产品价格后往往会说，你看某某品牌和你们东西差不多，人家就比你便宜。这种想法是错误的，就拿矿泉水来说，同样都是水，有的卖一元，有的却卖到十几元。那些卖十几元矿泉水的品牌并没有倒闭。为什么呢？

因为不同的产品生产成本不同，原材料好的产品质量肯定要好，当然价格也较高，这样的产品虽然价格高，但是产品质量好，消费者喜欢，而且品牌也出名。更重要的是这些厂家也并没有因为竞品价格低而降低自己的价格。

所以价格高低并不由竞品决定，而取决于营销体系。低价还是高价，本质上是销售与营销的区别，也就是产品推广方式的区别。如果一款产品价格较低，那么它的渠道推动力一定也很低，因为价格低的产品其渠道利润空间一定不会高，那么在租金、人力成本越来越高的时代，这类产品能被经销商大力推荐吗？这类产品在市场上一定会慢慢被边缘化。因为经销商更喜欢那些利润高的产品。一款产品生命周期长短，不是由价格高低决定的，而是由产品渠道、利润空间、消费者关注度和产品品质决定的。

而价格高低是由消费群体决定的，价格决定消费群，消费群决定产品品位。真正决定消费者购买行为的是产品的价值。如果你的产品面向高端消费群体，那么你的价格一定会高。同样如果你的产品面向的是中低端消费群体，那么你的价格肯定会比较接地气。产品价值是通过消费体验和市场推广之后所产生的认同。例如苹果手机，虽然很贵但是人们依旧排队购买，苹果手机并没有因为其他品牌手机价格比它低而失去客户。

伴随着人们消费水平、认知能力和健康意识的提升，近些年消费者一个最明显的消费趋势就是"由感性消费向理性消费过渡，由共性消费向个性消费转变，由随机消费向品牌消费发展"。这是因为：第一，品牌产品质量更优、信任度更高、可追溯性更强、更有保障；第二，品牌产品可以满足人们的心理需求；第三，在快节奏的生活时代，品牌产品可以缩短人们的购物时间，提高购物效率。与此同时，我们必须要清楚企业打造品牌的根本目的，那就是企业要获取高于行业平均附加值的回报。换句话说，品牌产品的销售价格一定高于非品牌产品的价格。更重要的，品牌产品的销量至少是非品牌产品销量的 4 倍以上。

因此，产品价格高低和竞品无关，如果一个产品价格以竞品价格为参考的话，那么这款产品首先没有自信，其次一定不是一款好产品。在终端市场，有一个很特殊的现象：畅销的产品往往并非价格最低的商品，也不是品牌知名度最高的商品，而是市场表现最活跃的商品。

每个产品都有自己的优势，都有自身的价值。不要去和竞品比价格，只有做好自己才能立足市场。特劳特指出，应对价格战唯一的方法就是提高价格。是的，通过这个方法，告诉消费者，你的产品更有价值。

第二节 我的企业高中低档产品全都有

消费需求绝非一类产品或一个品牌能够满足，所以经销商会代理很多品牌，囊括多数品类，以强化产品覆盖面，打通不同的渠道通路，提供一站式采购服务，扩大网点范围。

当然，企业也一样，希望自己的产品能够尽量满足经销商朋友的需求，但在具体的产品定位上却与经销商大相径庭。经销商强调分散而丰富，企业侧重聚焦而单一。

在供不应求的年代，产品以低端为主。由于那时物资并不充裕，企业生产什么，市场就卖什么。说白了，国情如此，市场尚未开化，在纯粹的卖方市场，啥都不愁销路。企业也不用过多考虑市场定位和价格战略，只要物美价廉就够了。彼时，中、高端产品没有市场，很多消费者都会认为不值得，太浪费。

改革开放后，随着社会的发展、生活水平的提高和商业规则的完善，供求关系也发生了改变——供过于求的时代到来，逐步进入买方市场。产品种类愈发丰富，消费者对产品有了选择性。吃得饱的同时，还要吃得好，中、高端产品有了生存空间。再后来，随着年轻消费群体的崛起，我们迎来了消费升级时代。标榜个性化的年轻一族对价格不太敏感，他们更愿意购买符合自己需求的产品，一些中、高端产品也成为消费者的优选。

市场竞争加剧，消费需求的多维递增无疑将企业推向了十字路口。究竟该以什么产品满足哪类消费群体的需求，很多圈内人至今搞不明白。

我遇到过太多经营不善的企业主找我取经："我每周都走访市场，在产品研发上也费心尽力。而且产品高中低端都有，为啥业绩不行？"每次我都会给出一个统一的回复：答案就在问题里，正是因为高中低端都有，所以业绩不行。高端、中端、低端产品都做的企业，通常是小企业。因为不懂定位，做不到聚焦。最终，经销商、消费者对这家企业的品牌识别不清晰，进而放弃选择该品牌的产品。脚踏两只船，没有好下场，更何况三只。

历史上，派克钢笔以其优秀的品质、高端的象征一度位居高端钢笔市场老大的位置。后来，低端市场火爆，派克为了分一杯羹，便推出了只有高端派克钢笔价格1/7的低端钢笔，而且依旧沿袭原品牌，妄图以"派克"背书，打开低端市场。品牌过度延伸，扰乱了消费者的心智，对派克的高端品牌认知也出现动摇，不仅低端市场遇冷，甚至影响了高端钢笔的品牌形象，使高端市场大受损失，市场份额丧失了将近七成。

在如今的市场环境下，企业要想持续发展，首先就要定位清晰。如果一家企业，产品覆盖高、中、低三个档次，看似可以适应不同的渠道，能够满足不同层次的消费者，但消费者对品牌的认识很模糊。一个没有清晰定位的品牌又怎会受欢迎呢？

中国幅员辽阔，区域发展水平不均衡为不同档次的产品提供了生存的土壤。夫妻小店、连锁超市、便利店、大卖场、精品超市、高端商场等不同业态对标不同的消费群体，虽然中高端是未来的发展趋势，但消费人群毕竟有限。从商家规避风险的角度来讲，产品也不建议集中于某一类别。依靠低端产品走量维护渠道，通过中高端产品获得利润是目前经销商设定产品架构的主流形式。

虽然随着消费升级，一些企业已经放弃低端产品，转向中高端产品。但在新的市场环境下消费需求更加多元化、碎片化，不同定位的产品有不同的生存空间。就拿冰淇淋行业来说，至今仍存在5毛产品，而3~5元、6~8元的中高端冰淇淋也慢慢占据了冰柜。低端、中端、高端共存是市场细分的体现。不同定位的产品有不同的市场打法，中高端产品通过附加值为企业带来利润，低端产品以销量累积利润。一家企业涵盖三个类别，市场易于生乱。

从行业角度看，中小企业大量存在，行业新秀不断崛起，不同产品各有市场。而从企业自身分析，只有产品聚焦才能准确传达品牌理念，要么低端、要么中端、要么高端，三者择其一才有可能做大。看似全面的"高中低端都有"无异于眉毛胡子一把抓。贪多嚼不烂，全面发展最终的结果就是全面平庸。

第三节　中高端产品与消费升级

从2016年开始，"消费升级"这个词语已经从陌生走向熟悉，各行各业都在提消费升级，而消费升级也开始从厂家走向消费者，那么什么是消费升级呢？

从宏观上来说，我国一线城市人均月收入达到800美元或再高一点的水平，可称之为消费升级。原因很简单，到达这个收入水平以后，意味着居民可用来消费的资金变多，社会需要解决这些资金的去向，即供给问题；另一方面，也意味着国家的生产力水平提升，即更倾向于工业化和标准化，可以使得大众的购买范围大幅度增加。

消费升级的维度

消费升级可以分为三个维度，分别是品牌升级、品类升级和渠道升级。

品牌升级指的是，在不停演进的消费升级过程中，老品牌要适应现在消费者的新习惯和使用方式；品类升级是指，现在的一二线城市，粗略来看，产品品类更多倾向于健康引导和满足更高需求；渠道升级方面，以天猫为例，天猫的品类从轻度的个人和家庭生活用品向中度的个人家庭生活用品转变。

所以，消费升级引发品牌升级，也带动品类升级和渠道升级。同样，能抓住消费升级、最终能做好，从长期看核心原因是基于前端品类理解，且要回归到对供应链的管理，对质量的控制。

消费升级下的消费需求

在消费升级时代，年轻消费群体崛起，他们对于价格并没有上一代人那般敏感，但是新一代消费群体对于满足自身需求、符合自身个性的产品十分感兴趣，他们注重品牌，并且对品牌并不专一，他们崇尚个性，能够引起他们注意的产品都会尝试，新一代消费群体似乎更多的是"讨好自己"，希望产品能够为他们提供幸福感。

那么新一代消费群体眼中的消费升级到底是什么？

那就是消费者正在买越来越贵的东西，暗含的意思就是企业需要生产更加高端、更加大气、更加独特、更加满足消费者形象需求的产品。冰淇淋在老一辈消费者眼中，就是消暑解渴的附属品，5毛1块的产品足以让他们满足，况且在他们眼里，多喝水似乎比冰淇淋更能消暑。于是在很长一段时间，5毛1块的产品很受消费者欢迎，以至于大多数厂家就生产5毛1块的产品。

然而随着社会不断发展，新一代消费群体越来越专注于健康个性多口味的冰淇淋，他们并不在意价格，而且也不仅仅将冰淇淋作为夏天的专属产品，无论四季，无论是在商场中还是大街上，几乎都能看见吃冰淇淋的人，当然他们手中的冰淇淋已经不是5毛1块的产品了，而是3块5块甚至更贵。中高端冰淇淋已经成为新一代消费者的选择。

中高端产品和消费升级

那么中高端产品和消费升级有没有关系呢？我认为是有的，在消费升级时代，消费者不断变化的需求催生了企业生产中高端产品，从另一个角度可以认为，中高端产品催生了消费升级。中高端产品和消费升级是互补的，在供不应求时期，消费需求并没有被激发出来，对产品往往只是能用或者够用就行，因为市场上并没有多余的产品可供选择。而在供过于求的时代，市场产品丰富了，加上互联网电商平台的出现，消费者眼界开阔了，体验也更加完善，于是他们对产品的需求不再是以往的够用和能用，而是转变为更好用和适合我用。尤其对于食品，新一代消费者开始寻求口味更加丰富的产品和能够满足自身需求的产品，例如女性更加喜欢健康养颜排毒的产品，男性更加喜欢新奇重口味的产品，于是中高端产品开始流行起来。

愿意为额外的 1% 付费

前段时间我去买电视机，在家电大卖场庞杂的电视机群里面，一眼便看中了价格颇高的索尼Z9D。原因在于这款电视机的设计简洁、触感高端、色彩自然、对比鲜明，跟其他电视放在一起比较，画质可能更逼真细腻。哪怕后来有很多价格以及品质都不错的电视可以选择，我还是心心念念这一款。

其实，对我而言，并不是简单购买一台"好的电视机"，也不是为了所谓的"面子工程"虚荣心理寻求名牌，而是想要享受到最好的生活体验。

电视机的体验感，来自于它的画质，在没有体验过的时候，并不会觉得有什么差别，一旦用过更好的产品，即便差异相对于整体而言只有 1%，再让你回去用原来的那个，那是千难万难的不乐意了。为这 1% 多支付一倍价钱，是一件可以接受的事情。

额外的 1% 差异，就是所有企业在这场消费升级浪潮中要面对的。这 1% 的差异就足以让你的产品成为中端产品甚至是高端产品。

在速冻食品行业，速冻水饺可谓是竞争激烈的一个品类，现如今越来越多的速冻水饺企业开始在产品口味和工艺上下足功夫，他们采用新鲜的食材，精选肉食，为的就是增加那 1%，而这额外的 1% 足够让产品卖个好价钱。

中高端产品能为消费者带来更好的消费体验，无论是口感还是技术，无论是私人订制还是个性化打造，能够满足新一代消费者胃口的产品就是消费升级。企业需要中高端产品来保证自己的利润增长，同时能够在消费升级时代站稳脚跟，消费者需要中高端产品，因为需求更加明显，我喜欢什么你就得生产什么，价格越来越不敏感，只要符合他们的需求，消费者就愿意掏腰包。中高端产品和消费升级互相依存，中高端产品迎合了消费升级，而消费升级则给中高端产品提供了无限空间。

第四节　中小企业要做超低端还是超高端

有人问，我的企业不大，面对激烈的市场竞争该怎么办呢？是做低端产品，还是走高端路线？我们知道，目前市场竞争激烈，大型企业既有低端产品又有高端产品，那么作为既没品牌优势、又没资金优势的中小企业该怎么办呢?

超低端

中小企业要想在市场中存活下来，很大一部分企业会选择从超低端产品入手。为什么是超低端产品呢？因为低端产品在大企业那里已经占领了市场，占领了渠道，而且它们利用品牌优势将消费者目光牢牢锁定，而此时的中小企业唯有用超低端产品才能吸引一部分消费者目光。何为超低端产品？抛开质量问题，超低端产品的特点就是没有附加值，品质相对较差，此时的产品利润很低，主要依靠走量，对于这样的产品，经销商懒得去推销，因为对于他们来说，一没品牌，二没利润。

红海市场

红海市场就是现有的竞争白热化的血腥、残酷的市场。因为招招见红，所以叫"红海"。在红海中，每个产业的界限和竞争规则为人所知。随着市场空间越来越拥挤，利润和增长的前途也就越来越黯淡。各竞争者已经打得头破血流，残酷的竞争也让红海变得越发鲜血淋漓。低端市场就是红海市场，无论企业大小与否，无论产品价格如何，企业间竞争异常激烈，互相残杀，拼低价现象经常发生。这样下去的后果就是做超低端产品的中小企业拖垮了大企业的低端产品，而大企业则直接让中小企业遭受灭顶之灾。随着消费升级，消费者越来越注重品质，他们对价格也不敏感，因此低端产品将面临升级，而超低端产品则会被淘汰。既然这样，那么有人就说了，那我就做高端产品。

超高端

其实，和超低端产品一样，如果中小企业想避开大企业的锋芒，那么就必须要做超高端产品,而不是高端。我们知道,金字塔底层永远是竞争激烈,而顶层几乎没有对手。如果你的产品是超高端的,那么你的竞争压力势必会很小。当然超高端产品需要一定的技术,具有远见的眼光,能够为消费者提供超附加值,而且能够抓住消费者的目光。这些对于中小企业来说还是很困难的。因为中小企业并没有大企业雄厚的资金实力,也不可能有大企业的渠道优势。

这样看来,中小企业似乎做超低端也不是,做超高端也不行,那么该怎么办呢?其实,无论对手如何,只要做好自己,踏踏实实,避其锋芒,相信中小企业也一定会有出路的。

SWOT 分析法

对于中小企业,我们要学会利用自己的优势去针对市场的劣势,这样就能够突出我们的产品优点,提高我们的产品竞争力。而 SWOT 分析法可谓是企业的制胜法宝。SWOT 分析法是用来确定企业自身的竞争优势、竞争劣势、机会和威胁,从而将公司的战略与公司内部资源、外部环境有机地结合起来的一种科学的分析方法。所谓 SWOT 分析,即基于内外部竞争环境和竞争条件下的态势分析,就是将与研究对象密切相关的各种主要内部优势、劣势和外部的机会和威胁等,通过调查列举出来,并依照矩阵形式排列,然后用系统分析的思想,把各种因素相互匹配起来加以分析,从中得出一系列相应的结论,而结论通常带有一定的决策性。

运用这种方法,可以对研究对象所处的情景进行全面、系统、准确的研究,从而根据研究结果制定相应的发展战略、计划以及对策等。S(strengths)是优势、W(weaknesses)是劣势,O(opportunities)是机会、T(threats)是威胁。按照企业竞争战略的完整概念,战略应是一个企业"能够做的"(即组织的强项和弱项)和"可能做的"(即环境的机会和威胁)

之间的有机组合。

企业运用各种调查研究方法，分析出公司所处的各种环境因素，即外部环境因素和内部环境因素。外部环境因素包括机会因素和威胁因素，它们是外部环境对公司的发展有直接影响的有利和不利因素，属于客观因素。内部环境因素包括优势因素和弱势因素，它们是公司在其发展中自身存在的积极和消极因素，属主动因素。在调查分析这些因素时，不仅要考虑到历史与现状，更要考虑到未来发展。这样就可以发现企业的优势和劣势，以及企业在市场上的地位如何。那么就可以根据企业实际情况来确定产品策略。

中小企业到底要做超高端还是超低端产品呢？我想说的是，首先企业要认清自己的实际情况，结合前期的市场调研，突出自身优点。超低端产品能够使企业迅速占领市场，但是时间并不会长久，超高端产品在前期投入上会很大，虽然竞争较小，但是由于没有品牌优势，一般消费者不会考虑。所以作为中小企业要将超低端产品和超高端产品相结合，利用超低端产品打入市场，然后迅速对产品进行升级转为低端或者中端产品。其次利用超高端产品树立品牌形象，这样中小企业才能在红海市场中存活并发展下来。当然，随着资本市场的日益成熟，小企业做超高端，并且只做超高端并非不可能。只要你有独特的竞争力，市场上并不缺钱。

第五节　线下与线上价格不一致的启发

现在，年轻人都习惯网上购物，因为在电商平台上我们可以买到来自全球各地的商品。对于喜欢宅在家中的年轻人来说，网络可谓是他们的购物利器。随着电商平台的发展，许多消费者看中的不仅是便捷的购物方式，更是低于实体店的价格。

如果问消费者为何喜欢线上购物，相信很多人都会说便宜呗。随便打开一个电商网站，低廉的价格俨然成为电商压死实体店的最后一根稻草。

很多消费者已经习惯在线下看好商品然后去线上购买，那么为什么线上产品价格要便宜呢？因为线上产品没有线下需要的门店、人工等相关费用，因此价格相对于线下较低。线上的低价直接影响着经销商的出货，甚至有的二批直接从线上进货。

不过，虽然线上价格便宜，但不少产品质量得不到保障，很多人都是花钱买了假货，最后只能自己认栽。那么线上线下价格不一致能带给我们哪些思考呢？

线上线下同价是必须的吗

线上线下同价是必须的，也是未来新零售发展趋势。品牌对于消费者，O2O 的目的就是极致的客户体验，全渠道的目的就是一致的客户体验。只有同价，才可以忽略价格，不比价格，而是比较服务、体验和个性化。如果价格都是混乱的，那么消费者只能先比较价格，当注意力放在了价格上，就很难突出其他的体验和服务了，这对品牌而言是个悲哀。

价格统一了，才可能实现全渠道销售。无论是线上多个平台，还是线下不同渠道代理或者系统，价格统一才不至于因为价格混乱而让所谓的全渠道变成了乱渠道。价格统一了，才可能提供真正的统一客户体验。因为价格统一，不同渠道的接触点上不再以价格作为主要武器，那么势必要考虑突出服务和体验。这时比较适合品牌来打造统一的客户服务和消费者体验。在渠道中进行推广，也容易被渠道接受。价格统一了，才可能避免不同渠道的利益冲突。当价格统一时，可以利用客户归属和考核双计等方法，实现线下渠道与线上电商的利益平衡，而且也可以实现线上下单线下按分配原则进行派单，实现线上线下融合。价格统一了，才可能实现信息透明。如果价格不统一，企业不太可能透明信息，一透明各个渠道混乱的价格会给消费者负面的体验，而且价格不统一导致利益不一致，也很难实现同一价值评估体系下的统一 ID。价格统一了，才可以实现 O2O 的融合，可以线上线下移动无缝跳转。价格不统一，你就不敢随便乱跳，在线下看到的价格是这个，扫码跳到线上发现价格不一致，到了手机甚至产品信息或库存也都不一致了，这样消费者哪里还敢买呢？所以，不要再挖苦那些持续转型做线上线下同价的企业，你自己也要考虑清楚，什么时间实现线上线下同价。

线上线下价格同步并不容易

在电子商务并不发达的年代，消费者对食品的选购一般集中到传统大卖场。而在电商刚兴起的时候，由于信息传播对称，消费者对于食品的价格的敏感程度有了显著提高，他们更乐意于在网上搜索同款、同类的食品，对比价格等。

如今，线上渠道扁平化，减少了中间的流通环节，让价格更有竞争力。但是，这种扁平化优势，也侵蚀了传统经销商的利益。在传统的经销模式中，运输成本、销售成本、租金成本都是"硬成本"，当企业在互联网推出同款产品的时候，消费者更倾向于"线下体验、线上购买"。最终，经销商们沦为了线上的体验场地，这也是线上线下价格难以统一，不能统一的根源所在。实际上，很早之前一些电商平台就说过线上线下价格难以做到同步。其实在同一品牌体系内，线上线下若能保证价格统一、服务统一，能够让消费者对产品产生一定的信赖感。也有人认为同一品牌应该以明码实价为基础，来开拓市场。

与线上不同，线下交易所需要面临的渠道环节要复杂许多。运输、储存等一系列中间环节，都会产生高于电商的成本。线下零售与经销商同时也会因为门店地段、铺租、劳动力资源等所消耗的成本，对产品价格进行调整，线上线下同价是趋势，是出路，但真正做到这点并不容易。

第六节 窜货导致的价格混乱

总有畅销品的价格会出现不同幅度的波动，经销商总是抱怨市场价格混乱，以至于对其根源——窜货咬牙切齿，却束手无策。稳定的价格体系是保障企业和经销商可持续发展的基础，而扰乱价格体系的窜货行为严重破坏着商家的利益，使得经销商利润受到损害，甚至积压库存、无法出货。

什么是窜货

所谓窜货，就是由于经销网络中的各级代理商、分公司等相关方受利益驱动，使所经销的产品跨区域销售，造成价格混乱，从而使其他经销商对产品失去信心，消费者对品牌失去信任的营销现象。当然，某种意义上来说窜货是不可避免的，除非这家企业的市场根本就没做起来。目前，国内销售通路主要有三种模式，即经销制、代理制和分公司制，这三种销售模式各有所长，但对通路的管理也各有其难。通路的管理除了对渠道本身管理以外，还包括对产品质量，特别是对价格的管理或监控。

窜货的种类

按窜货的动机和窜货对市场的影响，可将窜货分为两类：恶性窜货和自然性窜货。恶性窜货是指为获取非正常利润，经销商蓄意向自己辖区以外的市场倾销产品的行为。经销商向辖区以外倾销产品最常用的方法是降价销售，

营销十年 10 YEARS IN MARKETING

主要是以低于厂家规定的价格向非辖区销货。恶性窜货给企业造成的危害是巨大的，它扰乱企业整个经销网络的价格体系，易引发价格战，降低通路利润，使得经销商对产品失去信心，丧失积极性并最终放弃经销该企业的产品。混乱的价格将导致企业的产品、品牌失去消费者的信任与支持。自然性窜货是指经销商在获取正常利润的同时，无意中向自己辖区以外的市场倾销产品的行为。这种窜货在市场上是不可避免的，只要有市场的分割就会有此类窜货。它主要表现为相邻辖区的交界处互相窜货，或是在流通型市场上，产品随物流走向而倾销到其他地区。这种形式的窜货，如果货量大，该区域的通路价格体系就会受到影响，从而使通路的利润下降，影响二级批发商的积极性，严重时可发展为二级批发商之间的恶性窜货。

窜货的危害

营销就是利用渠道将产品送到消费者手中的过程，渠道就好比人体的血脉，价格就是维持血液正常流通的血液因子。产品从营销的心脏——企业沿血脉输送到终端，一旦价格出现混乱，将会导致连锁反应。

首先，经销商对品牌失去信心。经销商销售某品牌产品的最直接动力是利润。一旦出现价格混乱，经销商的正常销售就会受到严重干扰，利润的减少会使经销商对品牌失去信心。当窜货引起价格混乱时，经销商对品牌的信心就开始日渐丧失，最后拒售商品。其次，混乱的价格和充斥市场的假冒伪劣产品会吞蚀消费者对品牌的信心。消费者对品牌的信心来自良好的品牌形象和规范的价格体系。窜货现象导致价格混乱和渠道受阻，严重威胁着品牌的无形资产和企业的正常经营。在品牌消费时代，消费者对商品指名购买的前提是对品牌的信任。由于窜货导致的价格混乱会损害品牌形象，一旦品牌形象不足以支撑消费信心，企业通过品牌经营的战略将会受到灾难性的打击。

从窜货的分类可知，并非所有的窜货都有危害性，也并非所有的窜货现象都必须加以控制。在企业处于发展的初级阶段，自身的市场占有率不高，并有主导品牌控制市场时，适度窜货，即可控状态下的窜货有助于企业市场占有率的提高。对于一些不太严重的窜货行为，企业只须关注即可，不必马上采取决策，有时问题自然而然就解决了。企业强行干预，只会适得其反。两个原本销售不景气的市场相互窜货，也未必是坏事。因为经销商在市场销售不景气时，一般投入程度会很高，运用各种手段竞争，结果坏事就会变好事，提升市场占有率。但在这个过程中一定要把握好一个"度"，将事态置于完全可控制的状态下方可，否则，后果将不如所愿。

恶性窜货事件，其危害是巨大的。严重时会使企业辛辛苦苦建立起来的营销网络毁于一旦。因此，对此类事件应有清晰的认识，发生窜货时认真研究，及时处理，凭借稳健的市场操作来减少窜货的发生。冰冻三尺，非一日之寒。窜货导致价格混乱并非一朝一夕导致，而是长期监管不力造成的。对于窜货行为企业要严厉打击，绝不姑息。

其实，窜货难以杜绝的主要原因在于企业自身。为什么呢？这是因为，某些企业一味要销量，当经销商的消化量小于企业任务量时，为了完成任务拿到返点，经销商就会窜货，此时企业也就睁只眼闭只眼了。长此以往，厂商关系难以持久。

在供过于求的当下，企业对窜货越来越重视，不再盲目压货，而是根据经销商的实际消化能力制定销量，厂商合力开拓市场。在布局全国市场时，尽量做到价格统一，防止低价区域的货流到高价区域。对经销商来说，首先要从自身做起，避免窜货发生，一旦遇到问题要及时和厂家沟通，此外经销商发现自己区域有窜货行为时，要主动收集证据及时向厂家反馈，督促厂家尽快处理。只有在厂家和经销商共同努力下，才有可能从根本上减少窜货。

稳定的价格是经销商获得利润的基础，也是市场公平的体现，当然导致价格不稳定的因素还有很多，但窜货一定是影响最大危害最大的那个，所以无论是企业还是经销商，面对窜货一定要积极主动去处理。

第五章　促进销售

很多厂商都有这样一种认知：只要产品品质过硬，根本无需促销，甚至将促销看作一种"自降身价"的行为；或者认为做促销的厂商是冤大头、白花钱。这对促销的理解未免有失偏颇，的确，市面上不乏临期产品促销处理，但促销对于新品推广、品牌宣传、形象建设、市场开拓和消费者培育都发挥着重要作用。现在同类产品那么多，不在促销上下点功夫，如何吸引人购买、再次购买、指名购买、重复购买？

第一节　免费试用是最好的促销方式

商场中，堆头货架前最吸引人的产品一定是免费试用的。是消费者缺钱吗？不是，而是购物的人或多或少都想省钱。促销的方式多样，买赠、打折、降价、积分、抽奖等花样百出的促销策略常见于各大商场，但其中最好的促销方式莫过于"免费试用"。俗话说"天下没有免费的午餐"，而免费试用看似打破了这条定律，将产品免费提供给消费者，但其实是在放长线、钓大鱼。厂家或者商家把一定数量的样品，免费赠送给目标消费者试用，其目的在于使消费者试用后切身体验到产品的质量和功效，进而从小量尝试到长期固定消费。

尤其对于一个全新的品牌，或者一款新上市的产品，在消费者对其没有任何认知的前提下，免费试用是拉近产品和消费者距离，促成后期购买行为的最佳方式。应用于免费试用的产品必须具有独特的卖点，能为消费者提供其他品牌无法承诺的利益，这样才能争取到有效消费群体。跟风之作即使免费试用，也难以出头，打开市场。

宝洁公司旗下的著名洗护发品牌"飘柔"是宝洁公司在中国大陆推出的第一款洗发水产品，该产品于1989年进入中国，在之后的十年时间里，飘柔一直是中国洗发水市场的第一品牌，无论是销量、知名度或是分销率都遥遥领先，成为中国家喻户晓的洗发水品牌。飘柔初入中国市场之时，为了推广产品，开拓市场，培养中国消费者的护理观念而采用样品试用的促销方式，在城市热闹街头、商场入口、公交车站等人流量汇聚之地，免费派发5ml袋装洗发水，并且一炮打响，使飘柔在国内市场站稳了脚跟，培养了一大批忠实的消费者。

同样，作为区别于市面上同类梅子的黑糖话梅，创造性地将黑糖与话梅肉按照比例搭配制成，创造了一种新的硬糖结构和口味组合，黑糖的养生功效又满足了大众对健康的需求，产品可谓独具卖点。在黑糖话梅开辟市场初期，金冠市场部曾拿出200吨的单子提供免费试吃，在以著名演员林志玲为代言人的广告轮番轰炸和产品免费试用的促销活动中，打响了新品知名度，引领众多厂家纷纷跟随黑糖话梅这一全新品类的风潮。

其实，快消品非常适合以免费试用的促销方式打开市场。现在快消品在满足消费者最基本物质需求的同时，往往主打某一功能诉求，以突显产品差异化，同时连接消费者更深层次的情感需求，糖果饮料作为一种即食即用的快消品，通过免费试用的方式，能够让消费者现场感知产品卖点，缩短"试用"和"反馈"的时间差，加深对产品的认知。而且快消品规格多样，免费试用非常便利，比如饮料类产品在促销时，只需打开一瓶分装成若干小杯，这样不仅能达到免费试用的效果，而且市场培育成本相对较低。

因免费试用而打响品牌知名度、新品得以畅销于市的案例很多，在此不一一列举。我更想分享的是，在产品本身优质的基础上，为什么这种促销方式往往能取得一定的效果？

在产品最初生产到最终销售的整个链条中，消费者起到至关重要的作用，而消费者心理分析也成为营销从业者的必修课。一方面，免费试用让我们和顾客首次合作的门槛降为零。顾客无需任何成本就能够接触到产品，只要有接触，就有购买的可能。顾客免费试用后，往往会有一种亏欠的心理，这在心理学上被称为"互惠原理"，即我们尽量以相同的方式回报他人为我们所做的一切。超市赠送的免费样品就是这样，表面上是为了让消费者了解他们的商品，实际在不知不觉间拉近与消费者的距离，让消费者心里产生些许的亏欠感，从而产生消费行为。

另一方面，即使免费试用后，并没有促成消费行为，顾客不买账，企业也并非一无所获，最起码得到了消费者对产品的反馈，这对企业调整产品研发方向，以精准适应消费需求多有教益。在竞争如此激烈的市场环境下，产品更新换代速度不断加快，名噪一时殊为难得，匆匆而过未免可惜，借免费试用这一契机，扩大产品接触消费者的基数，得到第一手反馈资料，这也不失为产品席卷市场的良策。

免费试用是一个锁定目标消费群体的过程，也是一个"试错"的过程，能够加快产品的入市速度，是培养品牌忠诚消费者的有效途径。当然，作为一项系统工程，只有高附加值的产品才能支撑起浩大的活动，也只有立志于塑造品牌的企业才会在产品推广前期，不惜工本，惠利消费者。而反观精打细算每一笔支出，只顾蝇头小利，无视大局的企业，又有哪些大众叫得上名字的品牌，又有哪些惊艳业内的产品，又有哪些驰骋市场的表现？

如今的企业，要想生存得更好，不妨放眼长远，把产品送到消费者身边，先不要钱。孔子曰，"己欲立而立人，己欲达而达人。"诚哉斯言！

第二节 花 1000 万请明星代言，到底值不值

打开电视，最常见的就是广告，男女明星充斥荧屏，为各自所代言的产品站台助威，甚至奔走呼号，好像产品不找明星代言，就不上档次、卖不出去似的。众多食品企业纷纷高价聘请明星代言，有规模实力的聘请当红明星，发展中的聘请二三线演员，好像找一张"熟脸"为自己的产品说两句好话，再配合大众媒体的传播，总能传播品牌，拉动销量，抢占市场。

从这些年的市场表现看，有明星代言的产品确实能够吸引消费者的注意力，在消费者购买决策中起到一定程度的作用，提振产品的销量。动辄花费百万甚至千万邀请明星代言，能否达到预期的销售效果姑且不论，但从广告本身来看，未免抓错了重点，有失广告的原意。

广告的本质归根结底还是促销，而对于广告来说，最重要的还是"创

意"和"传播"两方面。

有人说，打广告就像投硬币，最后的结果非正即反，没有中间的可能，要么 100 分，要么 0 分，所以打广告之前，一定要做好策划，要么不出手，出手就要成功。借助巧思，充分表达主题的广告才能清晰地阐述出品牌内涵。回想那些明星代言的广告，抛开明星之外，还能记住什么？明星代言，往往会把重点和投入放在明星身上，而对广告创意的花费有所减少，文案浅尝辄止，全靠明星在撑，消费者对明星的关注多于产品本身，难以形成品牌独特的记忆点。伴随着广告长期播放的审美疲劳，能否塑造品牌形象、拉动销量增长还真是一个未知数。

20 世纪 50 年代，美国著名营销专家罗瑟·里夫斯（Rosser Reeves）提出 USP 理论，强调每一个广告都必须对消费者有一个独特的销售主张，即强调产品具体的特殊功效和利益，这一销售主张必须是竞争对手无法也不能提出的，必须具有独特性，足以影响成百万的社会公众。20 世纪 90 年代，达彼斯将 USP 定义为：USP 的创造力在于揭示一个品牌的精髓，并通过强有力地、有说服力地证实它的独特性，使之所向披靡，势不可挡。独特的销售主张说白了，就是我们现在所讲的差异化。只有差异化的产品才能给顾客带来价值，而广告就是要突出产品的差异化，加强消费者对品牌的认知。

不妨看看加多宝的广告，加多宝有请过哪些让你记忆深刻的明星代言吗？相比较同类凉茶饮品争相请大牌代言却先后销声匿迹来说，加多宝却做得风生水起。那句"怕上火，喝加多宝"的广告语在大众媒体传播中早已深入人心，而广告不启用明星，而是着力于消费场景的营造也为加多宝打开了销路，稳固了消费群体，使之成为亲朋好友聚会时的必备饮品。产品本身的差异化卖点，通过媒体广告不断营造出的各式各样的消费场景，有效搭建了产品和消费者连接的路径。

说一千道一万，广告最重要的是通过创意，突出产品的差异化卖点和营造恰当的消费场景，明星只是起到辅助品牌宣传推广的作用。雅客V9维生素糖果的成功固然有周迅、TFboys等明星的助力，但雅客V9作为维生素糖果新品类的首创，针对人体对维生素的需求研发而成，可以补充身体所需9种维生素的差异化卖点与其他产品形成有效区隔尤为不可忽视。

广告投入市场，能否获得预期的传播效果，除了创意，后期传播同样重要。作为一款定位于江浙沪市场的糕点，自然没必要跑到央视打广告，目标消费群体根本不匹配，难免事倍功半。而如果产品面向全国市场，也没必要盲目挑高收视率的平台和时段，虽说这样可能会让更多观众看到这则广告，但做广告还是要先定位目标消费群体，在相应的平台和时间段投放才能达到预期效果，而不简单唯收视率而论。一款定位儿童饮品的最佳投放平台为动漫频道或者少儿频道，一款居家洗化用品最佳投放时间段为女性剧场节目开始前，凡此种种，无非是要搞清楚，广告是做给谁看的。

广告是一个长期的过程，对于塑造品牌，并非一劳永逸，也不可能一蹴而就。行百里者半九十，如果不能贯穿始终，前期投入难免打水漂。消费者在逐渐成长，也在不断更迭。广告也在适时变化，从德芙这些年的广告变迁来看，郭采洁、汤唯、邓紫棋、Angelababy、关晓彤等代言人相继出现，每一位都有自己的固定粉丝群体，对于德芙来说，变的是明星，不变的是"纵享丝滑"。

《论语·阳货》中言"割鸡焉用牛刀"，不是不能用，而是性价比不高。一分资金、一分资源，与其砸重金力邀明星代言，不如以创意突出产品卖点，配合后期传播的轮番轰炸，做到目标消费群体的市场培育，经销商自然登门寻求合作。

第三节 靠什么媒体和 90 后、00 后互联网原住民进行沟通

前几天，我和一位 90 后大学生聊天，交谈中他谈到一则趣闻，说现在的一些学生沉迷网络游戏到什么程度，泡在网吧里一天一宿不出来，某些网吧不仅提供饮料瓜子等休闲食品，甚至提供主食。网吧作为特通渠道，有休闲食品售卖并不奇怪，而主食能够在网吧出现，着实有点出人意外。这也引发了我的思考，作为刚需的主食尚且在不断扩宽渠道，寻找商机，而在移动互联网时代，主要消费群体定位在年轻人的非刚需性休闲食品，究竟怎样和消费者沟通，建立品牌连接路径更有效呢？

任何产品要想卖出去，首先要定位消费群体，休闲食品的消费者往往以年轻人居多，集中于 90 后和 00 后，作为伴随网络成长起来的一代人，他们的消费方式已经深深打上了互联网的烙印。

这些年轻消费群体在工作、学习之外的空余时间忙什么呢？挥霍！绝大多数人都无事可做，沉浸在各种新媒体之中。

根据中国社科院国情调查与大数据研究中心和腾讯互联网与社会研究中心发布的《社交网络与赋能研究报告》显示，对于身为互联网原住民的青年人，94%的人表示出门不带手机感到很不习惯，86.8%的人无法适应从智能手机换到普通手机，73%的人通常每隔 15 分钟至少看一次社交软件。

随着社交软件的火爆，受众群的增多，不知从何时起，越来越多的休闲食品出现其中，微信、微博、QQ、人人网、公众号、网络直播，甚至今日头条都成为厂商接触消费者的途径，如微商等新兴的商业模式也渐显明势。这些新兴的渠道也正在搭建产品接触消费者的桥梁。产品借势社会热点事件，使之高居微博热搜榜，引发全民关注。公众号更是食品宣传的一大阵地，不论是微信公众号、网易公众号，还是支付宝服务号，在以各

种奇闻轶事吸引人眼球的同时，往往会在显著位置加一条产品的简介或者链接，以增加消费者购买产品的概率。眼下火热的网络直播更是如此，厂家合作备受追捧的网红直播吃食品，诸位看客随之网上下单……

在移动互联网时代，厂家对产品的渗透不同于以往中规中矩的销售模式，任何方式都有商机，更多渠道有待开发。

《孙子·谋攻篇》中说："知己知彼，百战不殆；不知彼而知己，一胜一负；不知彼，不知己，每战必殆。"在食品行业，这里的"己"，自然是指的自身，而"彼"并非同业竞争者，而是消费需求，只有不断变化的消费需求才是厂商需要花心思关注的，也只有这样才能领先业内，而不是一味跟随。

作为互联网原住民，90后和00后生长在一个物质爆发的时代，优越的成长环境导致其消费观念超前，热爱新鲜事物，走在消费的前端。消费偏好个性化，最明显的一点就是"爱听故事"。为了满足年轻消费群体对产品或品牌背后故事的期待，如今的营销方式从电视广告狂轰滥炸的传统模式中逐渐脱离出来，通过移动社交平台将带有不同标签的产品故事短时间内铺陈传播，打造产品影响力，借此打动消费者，培养消费群体。

2011年，一款名叫江小白的青春小酒进入市场，打出"以青春文艺的名义制造流行"的全新营销思路。江小白主打"青春"牌，把极具活力的青年一代设定为主要消费群体。在营销渠道上，江小白并未效仿同行业其他商家的传统营销方式，而是把微博作为主要营销平台，将微博平台的受众与产品主打的"青春品牌"巧妙结合，例如，江小白曾主推的活动"遇见江小白"，任何人只要在现实生活中遇见和江小白相关的事物，比如广告牌或实体的江小白酒，只要拍照发话题微博并且 @ 我是江小白，即可参与活动有机会中奖。简单便捷却极具传播力的参与方式，为江小白大大提高了宣传力度，俘获了一大批目标消费者。

90后、00后对产品信息的获取、购物方式的选择、售后服务的需求更现代化，与70后、80后相比，在互联网和多元文化环境下长大的他们早已不是铁板一块，对品牌商而言，这又是未来决定其品牌命运的关键一代。由于从小生长在市场经济环境下，深受消费主义思潮影响，标榜"活在当下"的90后、00后一代业已爆发出的消费能力和蕴藏的消费潜力，引起了越来越多商家的重视。

如今消费群体的角色已经有所改变，其不再是简单的信息接收者，更是信息的二次传播者。受惠于互联网的发展，传统的营销边界被打破，外延得以扩展，产品对消费者的影响几乎无孔不入。反之，消费者对产品的影响也越来越深，借助网络的力量流传开来的产品评价，形成信息的二次传播，影响同一消费群体对产品的选择，口碑营销在移动互联网时代发挥着越来越重要的作用。

第四节 厂家如何配合经销商进行促销

我和一位企业家朋友聊天，其中谈及厂商关系的变化。以往经销商到厂家来拿货，而现在厂家要给经销商送货。不仅如此，过去厂家只要把货分销给经销商就大功告成了，而如今不仅完成分销，还要帮助经销商开拓网点渠道，把货卖给消费者。厂商关系已经从单纯的供求买卖转变为相互依存一体化，买方市场推动厂商关系重构。而如何根据市场发展的需求，配合经销商进行产品促销，建立良性发展的销售体系是厂家亟待解决的问题。

很多厂家抱怨经济增速放缓，食品业遇冷，经销商不愿意接新品，生意不好做。换位思考，作为厂家，你能够给经销商提供什么？难道仅仅是来自不同厂家的同质化产品吗？在信息技术飞速发展的今天，技术壁垒越来越低，很难出现一款不同以往的产品长期引领市场，当产品趋于同质时，能够争取到客户更多是靠服务。而服务好客户，对自身产品的推广、品牌的塑造以及市场的开拓都大有裨益，二者和解共生。

厂家配合经销商促销最常见的方式就是聘请促销员和派发促销品。较之经销商，厂家对产品的卖点、渠道、营销有着更为精准的理解，一般排场大或有活动时，厂家都会参与到促销之中，不论是派遣促销员直接到终端帮助经销商卖货，还是通过业务人员对经销商队伍进行培训，这已经成为厂家的"标准动作"。而促销品的捆绑销售往往会吸引消费者的眼球，使消费者感到物超所值，促进产品销售。

2016年在智能手机市场上爆发的OPPO持续发力，血战东南亚市场，几十万促销员打进线下卖场。仅以越南地区为例，交通早晚高峰期，OPPO散布于全国的600名促销员和督导每天在门店举办各种活动，一个ASM（业务单元）每月组织20~30场路演，中型小组6~8场，其中14~22场小型路演对于OPPO来讲是促销员自发免费推动的。每个月投入特定费用请本地演员，发放礼品和宣传页做活动，全国每年大概3800场中型路演，如此大手笔的促销投入在消费电子领域并不多见。而这也让OPPO在进入越南市场的第一年，势如破竹地获得了10%的市场份额。

随着市场经济的发展，商业规则的完善，厂家配合经销商促销的方式越来越多，其中尤为值得一提的就是厂家参加专业性行业展会，即会展营销。读者可能会有疑虑：展会不是厂家吸引专业买家前来招商的吗，这也算作帮助经销商促销？其实，业内知名展会不仅会吸引经销商前来选品，同时也会吸引二批商、零售商前来了解市场。例如"亚洲最大规模的糖果零食展览会之一"和"全球三大糖果零食展之一"的中国糖果零食展，先后为来自全国各地的十余万家厂商服务，受到业界的广泛好评，吸引了大量业内人士交流交易。经销商找到了好卖的产品，二批商和终端商了解到市场的动向，转而向当地经销商寻求合作，为经销商争取到更多客户资源。

订货会是业内常见的一种促销形式，厂家利用这种方式提振产品销量，发展更多经销商。经销商也在积极模仿，他们和所代理的品牌厂家合作，开拓二批商和终端销售渠道。在某区域，由经销商出面组织，号召区域内二批商和大零售商参加订货会，通过产品介绍和政策宣讲，加上现场抽奖等形式，鼓励与会代表订货，为产业链上下游的情感沟通搭建桥梁，增强客户黏性。但经销商举办订货会专业度有所欠缺，不仅需要厂家进行指导，同时还要做好相应的配合工作。首先，在促销开展之前，厂家就必须储备足够的货源，以备经销商能够及时获得货品以供应到渠道中去。其次就是让利程度。一般情况下，经销商是否会对厂家的促销活动予以支持，主要就是看厂家的让利程度。让利程度越大，支持率越高，反之越低。在具体的订货会安排上，参会人员的邀请、食宿安排、订货会的流程、产品的政策制定、现场气氛的调动等方面都需要厂家提供力所能及的帮助。由于订货会针对的对象是经销商管辖区域内的分销商，所以厂商之间的配合以及默契程度直接决定了订货会的成败。当然，厂家的配合一定要基于经销商的切实需求，切不可喧宾夺主、越俎代庖，一切还是要以经销商为中心。一个成熟的团队在召开订货会之前，就能大体预测到结果。

不管是出于产品的推广、品牌的宣传、终端竞品的搏杀、还是年尾利润的获取，快消品总少不了促销活动。在业内，不少经销商，尤其以喜铺居多，会在自己的店面或者招牌上悬挂大厂家的宣传海报或者品牌logo，借此引人注意，招揽生意，打击竞品。有厂家品牌背书，那意味着经销商不是独自在战斗，而厂家也乐意配合代理其产品的经销商以品牌背书的方式促销。

市场竞争日益激烈，促销方式愈发多样，厂商单方孤掌难鸣，互相配合才能走得长远。

第五节 会员制的好处是什么

逛商场，在柜台前结账时，收银员总会问一句："您有没有会员卡？"如果有的话，自然将此次购物商品的价格作为积分存入会员卡内，到达一定限额后，便可凭积分换取商品；如果没有的话，收银员难免向顾客介绍一番会员制的好处，以引导顾客办理一张会员卡。在商业社会，这只是会员制的冰山一角，其形式千差万别，但目的终归一致。会员制已成为企业维系客户忠诚度的普遍策略。

会员制几乎渗透到日常生活的方方面面：专卖店的贵宾卡、饭店的VIP卡、旅游景点的年卡、各类俱乐部的金卡、书店书友会、网吧会员卡，还包括银行刷卡消费积分、超市消费积分、健身房的健身卡等都属于会员制营销的范畴。

为什么会员制如此盛行呢？

研究表明，实现第二次销售的成本仅是第一次销售的20%，且不论这个数字的适用性，至少无论是国际卖场还是街边小店，都希望提高消费者复购率，获得更多回头客。会员制不仅能减少沟通成本，而且能带来稳定的销售收入。

从营销学角度讲，会员制就是一种人与人或组织与组织之间进行沟通的媒介，它是由某个组织发起并在该组织的管理运作下，吸引客户自愿加入，目的是定期与会员联系，为他们提供具有较高感知价值的利益包。会员制营销目标是通过与会员建立富有感情的关系，不断激发并提高他们的忠诚度。

对企业来说，会员制通过提供差异化的服务和精准的营销，可以帮助企业找到目标消费群，增强顾客黏性，稳定顾客群体，长期增加企业的利润。

在中国电商发展如火如荼、低价厮杀盛况空前之际，电商巨头亚马逊却另辟蹊径，力推会员制。健身卡模式的 Amazon Prime，一开始是优先配送服务。电商需要和传统零售业竞争的就是速度，即使同样的商品网上买比店里价格便宜一半，也抵不上立刻就能拿到商品的即时性。而 Amazon Prime 会员制就是用快速、免费的配送服务促使用户下更多订单，由此获得的收入可以补贴到运费成本上，而订单的增多也能让亚马逊在面对快递服务商时，拿到更划算的价格。随着会员制的完善，如今 Prime 会员享受的特权已不仅仅是包邮，在线上免费观看电影、每月从 Kindle 电子书库免费借阅一本书、优先配送，以及体验亚马逊的各项创新试点项目均囊括其中，从拉动消费者的忠诚度、促进内容购买的角度考虑，Prime 会员是亚马逊多年以来最成功的投入。在它存在的 10 年间，亚马逊的收入从几十亿美元增加到近千亿美元。

  会员制对企业发展的促进作用自不待言，对会员自身也是卓有功效。最直接的作用就在于第一时间提供有效信息。随着商业社会的日渐成熟和网络技术的飞速发展，信息爆炸般涌现，获取商业信息不是一件难事，网络搜索，点击可得。但正因信息如此泛滥，获取有效、有用的信息实在不易。对信息的甄别往往花费了大量的时间和精力，却收效甚微。如今信息更迭太快，商机转瞬即逝，加入会员不仅能够由专业的企业或者组织迅速提供针对性信息，而且节省会员单位的时间成本，这对会员单位来说是一笔无形的财富。就拿《中国糖果》（零食快报）和《中国冰淇淋》（食品周刊）来说，不管是经销商个人会员，还是厂家企业会员，我们和业内的绝大多数厂商都保持合作关系，借助中国糖果零食展和中国冰淇淋冷食展为厂商朋友搭建交流交易的平台，提供最前沿的食品资讯，促进食品业良性健康发展，让食品业没有难做的生意。

  加入会员制的会员之间也增加了交流的机会。通过会员制这一契机，将同为会员的同一类人聚在一起，塑造一个圈子文化，大家有共同话题，便于人脉的累积，把握商业机会。在食品业多年，我认识了很多业内朋友，借此次出版《营销十年》，我组建了《营销十年》书友群，群中均为业内同仁，通过彼此间的交流，以便听取大家的反馈，对《营销十年》的书目内容和篇章结构进行优化，以回报各位对我的厚爱和《营销十年》的期待。更重要的是，通过书友会能够把志同道合者联系在一起，为各位爱书、爱营销的朋友提供一个互相交流的圈子。

超值的服务自会员制起。企业也好，商场也好，当顾客越来越多、基数越来越大时，很难照顾得面面俱到，基础服务也只是停留在表层。只有会员制才能精准锁定目标顾客群，使其享受差异化的超值服务，真正做到惠利双方，何乐而不为呢？

第六节 无形的品牌怎样才能真的住进客户心里

大家还记得一个热播剧《杜拉拉升职记》吗？两条故事主线吸引了诸多看客，一个当然是情感主线，另一个也是"杜拉拉粉丝"们想要从中学习的东西——如何在职场斗争中历练成"达人"。其中，王伟所领导的市场部与约翰常所掌管的销售部之间展现的矛盾冲突最为激烈。

诚如影视作品一样，在企业内部，市场部和销售部历来是两个因利益关系而矛盾不断的团队。顶级现代市场营销之父菲利普·科特勒将双方矛盾的来源归结为两方面：一是经济上的，一是文化上的。造成经济冲突的原因很明显，双方必须分享公司高层给市场部门和销售部门下拨的总体预算经费。预算是固定的，自然一方多就会有一方少。而至于两个部门的文化冲突，与经济冲突相比，更加根深蒂固。特别在销售部的同仁看来，市场部的诸多做法并不是什么真功夫，一切皆是坐而论道，很虚，不切实际。

与之相比，销售人员把时间花在与现有的和潜在的客户进行沟通和情感联络上，他们的唯一目标就是让销售成交，给企业赚的可是真金白银。有人甚至简单地把市场部定位为花钱的部门，销售部才是挣钱的。如此一来，这两种人合不到一块也就不足为奇了。

在中国市场，深层次挖掘这种文化冲突，更直接地源于企业经营者的思想意识。那就是"重销售，轻市场"。很多企业往往把销售部叫成市场部或者只有销售部没有市场部。根据龙品锡中国研究中心所掌握的情况，目前国内食品企业有三成左右的有市场部，且发挥了市场部相应的作用；有三成左右的虽有市场部，但市场部沦为销售部的后勤支持部门、跑腿打杂的部门，或是销售服务部门；有三成左右干脆没有市场部。还有一部分企业，市场部和销售部是一个部门，同一批人，强调旺季冲销量，淡季才做市场。而再看食品业的上游供应商，配料、机械、包装生产企业，有三成左右的企业有市场部这样一个概念，近七成的企业唯销售是尊，只强调销售。

市场部重要，那么市场部在企业中到底发挥什么作用？我认为，销售部是负责把有形的产品销售到客户手中，实现产品的价值，而市场部是要让无形的品牌进入客户的心中。销售部做的是让企业更好地活在当下的事情，市场部考虑的是如何让企业更好地活在明天。谈到这儿，自然也能理解为何多数企业经营者"重销售，轻市场"了，因为做品牌的概念还没有深入其内心。

冰冻三尺，非一日之寒。品牌的建设也是一个漫长而痛苦的过程，绝非朝发夕至。也正因如此，市场部往往不受重视，因为它很难带来短期看得见的利润。但是市场部的工作却在无形之中一点一滴塑造品牌，强化消费者对品牌的心理认知，便于产品销售，市场部和销售部是相辅相成的关系。

具体来说，市场部的主要职能有：市场信息的收集和研究、营销策划方案的制定、广告设计和文案创意、媒介计划和促销效果评估等。从几个利益方的关系来看，市场部应该在客户、销售部、研发部门之间扮演穿针引线的角色。通过有效途径，告诉客户"我是谁""我有什么产品""我的产品好在哪里""我出新品了""我的新品在哪些方面升级了"；告诉销售部"我们有什么产品""怎样推广""有些什么新品""我们比竞争对手好在哪里"；告诉研发部门"客户要什么""市场上流行什么""竞争对手在做什么"。市场部更应该是企业的智囊机构，担当着"军师"的作用，运筹帷幄，决胜千里。

在中国汽车市场，大众汽车作为先行者，在某种程度上引领着轿车行业发展，然而面对近几年中国汽车市场的急剧变化，强敌环伺，大众市场表现稍显被动，用其公司高层的话说，就是因为入世以来，对于中国汽车市场的形势"估计不足"。由此，稳坐轿车市场多年的老大位置被撼动。

与之相反，日本企业是世界上善于利用市场调查获得发展优势的典型，当年晶体的压电效应被发现后，日本和瑞士同时利用这一原理研制石英表，当瑞士人还在为是否应批量生产而举棋不定时，日本人早已完成了从生产工艺到市场销售的一系列市场调研，并迅速将产品投放到国际市场，取得了竞争的主动权。

市场部的工作看似无章可循，实则包罗万象，并贯穿着品牌宣导的主线，在以"市场为导向"的今天，对一家公司而言，市场部的清晰认知、设立与否、职能划分、作用发挥都是企业主应该关注的问题。

第六章　品牌规划

"物有本末，事有终始。"我认为，企业的本质就是"品牌"。就好比一棵树，如果它枝繁叶茂，靠的一定是根深蒂固而不是其他。企业的品牌虽然貌似看不见摸不着，实际上就像树根一样重要。最后，所有的商誉，都会集中到一个叫作品牌的符号上，叫人们去记忆和传播，并最终落实到产品的消费上。

第一节 一切优势资源向品牌集中

可口可乐前董事长伍德鲁夫有一句名言:"假如我的工厂被大火毁灭,假如遭遇到世界金融风暴,但只要有可口可乐的品牌,第二天我又将重新站起。"当所有的产品陷入同质化的竞争,驱动消费者的消费核心是品牌价值。

商场里总有一部分产品陈列在货架上而少有人光顾,原因就在于牌子不够响亮,消费者压根就没听说过,对陌生的东西总少了几分信任,直接反映在购买行为上。"物有本末,事有终始。"我认为,企业的本质就是"品牌"。就好比一棵树,如果它枝繁叶茂,靠的一定是根深蒂固而不是其他。企业的品牌虽然貌似看不见摸不着,实际上就像树根一样重要。最后,所有的商誉,都会集中到一个叫作品牌的符号上,叫人们去记忆和传播,并最终落实到产品的消费上。

消费品行业发展到今天,早就已经跳出了单纯靠产品竞争的怪圈。开始时,还一窝蜂地互相模仿产品。到后来,大家都发现,单纯产品层面的竞争,是最低层次的竞争。企业之间,竞争到最后,拼的还是一个符号,最值钱的也是那个符号,它是一家企业实力的综合体现,我们称之为"品牌"。定位中高端的华英第二品牌"果然好"仅用三年半的时间,就已经成为一个牢牢占据一方市场的中高端品牌,华英"果然好"冰淇淋,堪称普通冰淇淋品牌向中高端品牌升级的一个成功样本。

品牌不仅是企业的本质,更是企业的信心和附加值,这也就是为什么一切优势资源要向品牌集中。

美国著名品牌专家唐·舒尔茨在论述品牌时曾说:"品牌是最复杂的企业行为之一,也是最耐久的行动之一,同时也是最脆弱的企业资产之一"。他还一针见血地指出,不能创造良好经济效益的品牌不是一个好品牌。整合资源，提升品牌的市场价值是一项系统工程。每个企业的资源都是有限的，如何分配，是提升企业生产力的关键要素。处境艰难的企业，无论大小，资源都流向精力分散的地方。只图一时之快的低价战，涉猎广泛的跨行业运营往往会让企业失焦。

在食品行业和冷食行业市场竞争不断演变的今天，竞争的焦点是由于市场需求空间的理性作用和企业间产品及推广存在的巨大差异而形成的。各企业在激烈的市场竞争中要想站稳脚跟，广告战、价格战不可避免，但也要看是否有实力持续保持自己的营销策略，最关键的还是要坚持自己的品牌路线，树立品牌形象，并持之以恒。

近年来，从中央到地方，都在提倡全面实施品牌化战略，旨在鼓励更多的民族企业打造自己的品牌，强化品牌意识，在当前世界经济形势中，以品牌赢市场，在激烈的竞争中抢得先机，显得尤为重要。而对于企业而言，不创建品牌就是"踩着西瓜皮，滑到哪里算哪里"。而走上创建品牌之路，就像汽车开上了高速公路，随之而来的品牌力量就能让企业飞速向前。

面对当今休闲食品行业的快速发展与激烈竞争，民族品牌如何通过发现需求和创新品类等方式进行品牌塑造，进而成为细分品类的领导者，这是很多企业在思索的问题。我在多次演讲场合中都曾提及"产品简单化"的概念，就是把数量为80%，仅能创造20%利润的产品砍掉。这些产品必须砍掉。因为，这些产品表面上看是个产品，其本质上只是成本而已。要投入大量的人力、财力、物力去支持这些消费者不需要、不符合自然规律的产品，这就叫无重点，就叫眉毛胡子一把抓。人的精力是有限的，企业的精力也是有限的。因为，企业也是人在管理。因此，必须用有限的精力去抓重点，去抓重点产品。保守地讲，砍掉八成的滞销产品，把原来花在这个方面的人财物力转移到重点产品的营销上来塑造品牌，总销量直接可以翻番。

众所周知，全球第一个品牌经理出在宝洁公司。而宝洁最新的理念是，"不接受传统产品生命周期观念，相信只要不断进行品牌管理与创新，就能保持消费者忠诚；通过独特的产品经理体制与产品细分策略，把持续竞争优势建立在产品外的消费者价值上。"

一个企业在做大做强之后，往往最后最值钱的就是那个无形的品牌。而不是有形的工厂设备等。大做广告、深耕渠道、通过各种媒介加强与消费者的广泛互动，等等，一切的一切，都告诉人们，一个将品牌战略作为企业核心战略的企业才有可能做大。

中国消费品市场上的品牌战其实也早已开始，但是纵观全局不难看出都是大企业在争食厮杀，而中小企业在种种压力下还暂时不能有所企图。中小企业刚开始的时候，它首先要解决的是生存问题，企业都不能生存下来，谈别的都是空话。而对于中小型企业，"能守住家门前的一亩三分地"，就是获得生存的最好机会。解决了生存的企业，已经离开了那种今天不知明天生死的境地。开始想着产品能更好卖、卖得更多、卖得更好、卖得更久，企业自然也就活得更好，活得更久。此时，品牌的需求就应运而生了，优势资源向品牌集中就是下一步的动作。

第二节 企业分为两类：生意导向型与品牌导向型

我把企业分为两类：一类是生意导向型，另一类是品牌导向型。这无关企业大小，只是两种不同的经营思维。

生意导向型企业把每一单都看作生意，以利润为唯一考虑因素，不赚钱不做，挣完钱就揣兜里，舍不得花在企业上。跟员工锱铢必较、跟消费者锱铢必较、跟供应商也是锱铢必较。生意导向型企业不见兔子不撒鹰，很难进行持续性的投入，更多聚焦于蝇头小利，只看眼前利益，不顾长远发展。虽然兢兢业业、诚实守信、奉公守法，但格局不高，视野有限，往往很难做大。这类企业在中国遍地都是。这也就是为什么很多企业起步早，发展慢，虽历史悠久，颇有积淀，但始终裹足不前，偏居一隅。市场中不乏生意导向型的跟随型企业，时下什么产品卖得火，就跟着推一款类似的产品，趁着这个风口赶紧捞一笔。最后真能捞到吗？未必。

品牌导向型企业的特点是，把品牌当成一份事业来做，哪怕暂时牺牲一些利润，企业仍然愿意持续投入，下定决心做品牌。品牌的"品"字由三个口组成，即古语所讲"三人为众"。而最早的招牌都是木头做的，后来有些布做的幌子。"品牌"就是浓缩为符号的品质或者文化的代名词。为什么好多人觉得大品牌的包装比较难抄？可口可乐、喜之郎、徐福记等品牌在包装设计时，产品名称很小，但品牌logo很大。实际上企业竞争到最后最值钱的就是那几个字、是那个符号、是那个logo。单纯产品层面的竞争，实际上是最低层次的竞争。

当然，做品牌的前提是拥有好产品，如果企业没有好产品的话，就无异于"无本之木、无水之源"，品牌终是空中楼阁。做品牌本身就是一个漫长而痛苦的过程，需要企业在喧嚣的市场环境中耐得住寂寞，惟其如此，才能逐渐提升品牌溢价能力，使产品比看上去更值钱。

品牌导向型企业在电商领域尤其明显，自阿里巴巴撕开中国电商豁口之后，京东、当当、聚美优品等网上商城不断涌现，将电商口子越撕越深。但其实除了淘宝之外，早期几乎所有电商企业都不赚钱。即便如此，他们依旧增加投入，并且在调整经营业务，切入细分市场，以日臻完善的物流运输和售后服务塑造自身品牌形象，在电子元件、图书音像和美容化妆等领域闯出一片天地，成为各自细分领域的代名词。

很多朋友都有一个误区,认为做品牌是大企业的事,中小企业首要图生存,生产导向型经营思维更适合中小企业。这是一个因果倒置的逻辑错误,并不是中小企业更适合走生意导向型之路,而是正因为走生意导向型之路才使其始终处于中小企业的阵营中。大企业并非天生,也是由中小企业发展而来,其中的差异在于两种不同的经营思维:一者马上就能挣到钱(生意导向型),一者却要加大投入力度(品牌导向型),对于企业主,的确是一个现实的考验。

西汉史学家司马迁早在《史记·货殖列传》中就说过,"天下熙熙,皆为利来;天下攘攘,皆为利往",一个"利"字尽显芸芸众生奔波之态,5000年来中国始终处于小农经济社会,商业信条并不完善。改革开放以来,现代商业规则逐渐传入国内。发展至今,虽逐步完善,品牌概念深入人心,但利益摄取早已根深蒂固,由此生意导向型思维和品牌导向型思维共存于国内,两类企业壁垒分明。

这两类企业在国内都有适宜生存的土壤,但长远来看,品牌导向型企业必将成为业内发展的主流。大多数厂商都以生意导向型起家,但最终能在商战中做大做强的一定是品牌导向型的。现在很多厂商或多或少会有"生意越来越难做"的感觉,其实不是生意难做,而是做生意的思维需要与时俱进。行业发展日新月异,市场变化风云莫测,如果你还是用昨天的经营思维,还是以利益为直接目的,那很难赚到今天的钱。因为如今的商业合作,已经不仅仅是看产品,更看重双方的信誉、实力、眼界、服务等综合实力,而这通通可以归纳为"品牌形象。"

近代著名社会学家费孝通在其著作《乡土中国》中揭示了中国由礼俗社会向法理社会的转型,尤其是原有的礼俗社会被商品经济的大潮冲击得七零八落,人们行进在一个法理社会的道路上。而社会转型最突出的表现就在商业上,虽然国内商业历史悠久,商人自古逐利,这一思维代代沿袭,并带到经营中来，涌现了大量生意导向型企业。但随着市场经济的发展和现代商业规则的传播，品牌发挥着越来越重要的作用。如不转型，就必然遭遇成长的天花板，而我们也欣喜地看到，已经有部分生意导向型企业在向品牌导向型企业转型。

只要找到路，就不怕路遥远。

第三节 市场部让企业活在明天

一项数据表明，大企业的销售额 70% 靠市场部所做的品牌拉动，而 30% 靠的是销售部渠道推销。在企业营销实践中，市场部的作用至关重要，但在消费品领域，市场部或不受重视，或权责不明，甚至在某些中小企业，压根就没有这个部门，可见市场部的作用并没有被正确认识。

在计划经济年代，企业只有供销部门，负责按生产计划分配产品，只要完成上级分配的生产任务就可以了，连销售都不用自己操心，自然没有市场部的概念。随着市场经济的发展，如今市场在资源配置中起决定性作用，企业必须自身寻找客户，开发市场，分析行情，深挖需求，将产品推销出去。由此，市场部的作用愈发重要。

为什么很多企业没有设立或者不重视市场部呢？

答案很简单，市场部的职能远未被发挥出来。提到公司市场部，很多人的印象就是花钱部门，花钱做广告、设计促销方案，收效甚微。于是当公司面临财务危机而裁员时，往往先拿市场部开刀。很多公司将市场部视为鸡肋，钱花得没啥价值，由此不愿意更多地投入。甚至某些没有市场部的公司，照常运转，看起来也没出现什么危机，这样一想，更觉得市场部可有可无了。

营销十年 10 YEARS IN MARKETING

如果市场部的作用只是辅助性地写文案、做设计、策划活动，那它的确没什么价值，因为这类工作对产品销量不会有太大影响，公司可以直接外包，甚至销售部自己就能做，没必要专门养一批人。但市场部的作用真的仅止于此吗？

在卖方市场，只需要产品＋销售人员就够了。买方市场之下，如何区隔竞争对手，在琳琅满目的产品中被消费者"相中"，着实需要花费一番心思，而这就涉及市场部的工作。说白了，现在产品越来越不好卖了，不像以前，有产品就有销路。眼下，有好产品加上卖力吆喝都不一定有人买。简言之，市场部的工作越来越细化，作用越来越显著。市场部能够给企业带来的，是知名度，它对消费者购买决策的影响不言而喻。

众所周知，市场部有四大职能：市场调研、市场开发、市场宣传、渠道支持，市场部的工作囊括产品生产到销售整个链条的方方面面，具体到现实操作中，可能更加琐碎。现在已过了企业生产什么卖什么的产品导向时代，迎来了顾客需要什么、企业生产什么的市场导向时代，我们应将此意识真正落到实处。

市场部的工作首先要做好市场调研，调查研究是企业一切决策的基础，在企业里一般设立市场调研中心之类的部门来开展此类工作。由此部门根据企业的经营目标和经营范围，来制定市场调研的信息收集范围、内容、标准、方法，信息汇总分析的内容、关键指标、格式以及信息交流传递的机制和流程等各项工作。企业结合收集的各类内部信息、外部信息，以及企业的经营方向、目标计划、自身资源、优势、以往的销售数据等进行综合分析，确立企业产品开发计划，并对产品进行可行性分析，在深入了解市场需求的基础上，推出有市场、有销路、有受众的好产品。

新品开发出来以后，协助销售部门销售、确定消费群体、锁定细分市场、深耕分销渠道、营销人员培训、打击同类竞品、塑造品牌形象，这都需要市场部提供市场策略支持,并进行跟踪指导服务。惟其如此,才能在市场竞争加剧、产品的同质化现象越来越严重的当下,在目标消费者心目中建立企业产品的形象和地位,树立产品的差异化形象,通过品牌形象地位的不断提升来巩固和提高消费者对品牌的忠诚度,增强企业产品的销售力。

谈到这里,有必要将市场部和销售部做一个简单的区分。在西方经济学中,Sale 和 Marketing 是两个不同概念的名词,前者代表销售,后者代表营销,企业往往认为做营销就是做销售,完全忽视了营销里的"营"的功能。一般来说,"营"便是做市场的工作,做市场和做销售的综合才是真正意义上的营销。市场部是把无形的品牌卖到客户的心中,销售部是把产品卖到客户的手上。市场部的工作围绕品牌塑造展开,负责产品的明天;销售部主攻产品的销售,负责产品的今天。

现在,中国消费者越来越成熟,越来越理性,越来越专业,这对市场部的工作提出了更高的要求,企业要想做大做强,消费者调研、产品研发、市场营销、品牌塑造各环节缺一不可。《尚书·说命中》有云:"唯事事,乃其有备,有备无患"。商场如战场,在可预见的未来,市场部的作用如此显著,如何在激烈的竞争中,让企业立于不败之地,不妨先从市场部抓起。

第四节 公关部让企业活好今天

最近,几个企业家朋友在跟我聊天时谈到,每年"3·15"期间,是他们最紧张的时刻,公关部也是公司最忐忑的部门,业内甚至将"3·15"戏称为"公关劫"。因为企业一旦"榜上有名",就需要公关部或公关公司出面协调解决,以挽回形象,度过危机。而能否处理得当,甚至直接关系企业的生死存亡,公关部于企业危机时的作用发挥,于此可见一斑。

就企业来说，公共关系，首先指的是企业在现实社会中与各类公众，包括政府公众、媒体公众、消费者公众、股东公众、员工公众、社区公众等的关系状态。在食品圈内，市场部的作用可能没有被充分认知，甚至职能有所混淆。但公关部的作用显而易见，虽然企业公关部的设置可以按照目标受众来划分，也可以按照产品来划分，甚至可以按照职能来划分，但无论以何种划分方式来设置公关部门，其作用都大体归结为两点：一是为企业雪中送炭，以解燃眉之急；二是为企业锦上添花，再增顺势之意。总而言之，公关部能够给企业带来的，是美誉度。

2011年8月3日，有媒体曝光永和豆浆号称现场磨制的豆浆，实为豆浆粉冲制，指责其欺骗消费者，随后多家媒体跟进追踪报道。8月5日，永和豆浆首次承认存在冲制豆浆。8月9日，永和豆浆召开发布会，董事长林炳生和总裁林建雄坦承部分门店确实有冲制豆浆，宣布冲制豆浆将在店内显著位置明示，保障消费者知情权；同时，永和豆浆保证豆浆粉不含任何添加剂，如果检出，重金赔偿100万元。现场还邀请有关专家在发布会上，对媒体和公众解释了现磨和冲制的区别。

没有选择隐瞒事实、推诿责任，也没有痛苦道歉、严肃追责，而是做到关键信息透明，郑重承诺，打消了消费者的疑虑和担忧。尽管仍有部分媒体和批评家对该事件的处理进行质疑，但该事件对消费者的影响已经迅速化解，永和豆浆的经营在遭受轻微影响后，很快恢复正常。

随着国民对食品安全问题的重视，面对消费者的投诉和负面新闻的报道，公关部要在第一时间处理，根据掌握的信息做出自己的判断，给危机事件定性，确定企业公关的原则立场、方案与程序。危机公关本质上是在管理公众的情绪，及时对危机事件的受害者予以安抚，避免事态的恶化。同时在最快时间内把企业已经掌握的危机概况和企业危机管理举措向新闻媒体做简短说明，阐明企业立场与态度，争取媒体的信任与支持。

当然对于某些恶意打假敲诈事件，公司还是要走法律途径，以法律武器维护自身合法权益。

除了解决负面事件外，公关部更为常见的功能就是策划执行企业各项活动，并为其保驾护航。在休闲食品行业，新品发布会、订货会、厂商交流会屡见不鲜，营销专家、行业代表、经销商、媒体朋友均为出席嘉宾，每场活动背后都是一次企业的公关，用以推广新品和传播品牌。同时，很多工业旅游区邀请经销商和社会各界人士前来参观，借助企业和意见领袖的交流互动，以赢得公众的好感和舆论支持，获得良好的经济效益和社会效益。例如浙江的歌斐颂巧克力小镇创新发展模式，通过一二三产业融合发展，使旅游功能不断放大，促进了传统工业旅游的创新，推进产业结构优化升级，年接待游客160万人次的小镇，不仅促进了旅游业的发展，也弘扬了巧克力文化，提升了产品的销量，而这一切都与企业公关密不可分。

写了这么多关于公关的内容，但回头看食品行业，很多企业并没有设立公关部门，一遇到事情，总裁往往费尽心思，东奔西跑，充当灭火器，背后并没有一支专业的团队来策划事件的解决方案，虽然最终可能因为总裁的个人能力和人脉资源而平息事件，但公司掌舵人的时间、精力毕竟有限，若细细论起损益比来，未免得不偿失。

讲述公关部的作用，并不是倡导每一家公司都设立此部门，而是希望能够借此呼吁业内朋友对公关的作用重视起来。毕竟在食品界，只有少数企业才有公关部，而且随着公共领域的细分化，专业的公关公司层出不穷，用以充当企业"外脑"，为企业提供精准营销的服务已是业内常见之事。企业是否有必要设立公关部门，在此不做讨论。着墨于此，只是对我十余年来在业内的亲身见闻做一个记录，一抒愚见，希望能够加强业内同仁对"公关"二字的正确认知，如果能对业内人士有些许启发，实在幸甚。

说到公关部的重要性，美国当代营销大师阿尔·里斯指出，当今的市场营销，首先要开展公共关系工作。只有通过公共关系，才能使自己的品牌在消费者心中占有一席之地。市场营销始于公关，而广告则是公共关系的延续，因此是公共关系在打造品牌，广告则起到提醒消费者的作用。

第五节 主品牌、副品牌和子品牌的关系

很多企业在发展到一定阶段后便会面临品牌架构的问题，比如新推出的品牌与老品牌之间采取何种架构来共同面对消费者，老品牌拓展新品类时如何进行品牌延伸。如何建设主品牌、副品牌和子品牌才能构建相辅相成的品牌关系，使品牌理念有效传达，进而占领消费者心智，抢占细分市场，获得利益最大化，这都是企业需要思考的问题。

首先对主品牌、副品牌和子品牌做一个简单区分：主品牌指的是在市场中能影响顾客购买的品牌；副品牌是指企业在生产多种产品的情况下，给其所有产品冠以统一品牌的同时，再根据每种产品的不同特征给其取上一个恰如其分的名称，这就是副品牌，即对主品牌的价值识别进行补充和调整的品牌；子品牌指的是归属于公司或集团公司所有的业务或产品的品牌，以满足客户分化升级的需求。

随着企业的发展壮大，抢占细分市场也好，规避单一品牌的风险也好，在主品牌之外，设立副品牌和子品牌还是有必要的。当然，成功的案例很多，失败的事件也不少。成立副品牌和子品牌绝非脑子一热的事，要想处理好三者关系，大有文章。

先从一个失败的案例说起：早年间，美国派克钢笔以高端定位闻名于市，被视为身价的象征，但当时美国高档笔的消费者毕竟占少数，低档笔具有广阔的市场。1982年詹姆斯·彼特森掌舵后，大力开发低档笔市场，

第六章 品牌规划

每支钢笔仅售价 3 美元，仍旧沿用"派克"品牌。结果派克公司不仅没有打入低档笔市场，反而使高档笔市场的占有率下降到 20%，市场份额损失严重。站在品牌的角度分析，派克早已在高端笔市场树立了品牌形象，仍以派克品牌杀入低端市场，会让外界对其品牌认知含混不清，最终赔了夫人又折兵。而与之相比，宝洁公司的品牌架构要高明得多。

从派克钢笔的例子可以看出，主品牌过度延伸容易模糊其在人们心中的定位，而子品牌一般是一个品牌针对一种产品和一类细分市场，所以具有高度的统一性。子品牌策略主要应用于跨领域、跨行业、跨市场的经营状况，这种明确的市场细分能够给消费者留下较深的印象，有效降低了主品牌带来的模糊效应，并在很大程度上左右着消费者的品牌选择。

由于主品牌与子品牌的关联性较小，独立性较大，所以子品牌往往无法用既有品牌背书，而是需要企业加大投入力度，重新开发市场，从零开始进行市场培育，整体来看风险性较高，因此不少企业在开拓细分市场、延伸产品线时采取折中的方式，在保留主品牌的情况下，为新产品添加一个副品牌，最著名的莫过于海尔电器，提到"海尔"，绝对是国产优质电器的代名词，但电器种类如此多样，一个海尔难免有定位不明之嫌，于是针对彩电的"海尔美高美"、针对洗衣机的"海尔小神童"、针对电冰箱的"海尔小王子"等副品牌应势而生，将电器市场切割划分。

无独有偶。早在 2003 年，福建雅客食品找到叶茂中进行策划。雅客斥资 360 万，从叶茂中那得到了非常关键的一句话——"聚焦并突出雅客主品牌，其他品牌一律作为副品牌存在"。例如当年一炮打响的雅客 V9 维生素糖果就是这样做的。此举为雅客糖果成为中国糖果市场的领先品牌，打下了坚实的基础。

副品牌在产品中往往能起到"画龙点睛"的作用，主要应用于产品不断更新换代，且使用周期较长的品类中，在家用电器这个行业格外受到青睐。

101

副品牌不一定长期存在，因为不少副品牌所对应的具体产品、具体技术可能会过时，副品牌也会随之退出历史舞台，主品牌才是企业的主要无形资产。

子品牌和副品牌都对新品牌发展起到一定程度的促进作用，但子品牌宣传的重点在于自身，而副品牌宣传的重点在主品牌而非自身。对于企业来说，面对细分市场和新消费需求时，品牌策略的选择，主品牌、子品牌和副品牌三者之间的关系的处理是一门必修课。

第六节 品类名称要不要注册商标

随着企业家们知识产权意识的提高，主品牌大多都知道注册成商标，但是主品牌暂未涉及的其他大类注册保护得不多。其次，产品名、系列名称等进行商标注册的就不多了。这个时候，一般也就是卖几车货，能卖起来再说。实际上，抱着"机会主义"的心态，很难产生爆款。我们平时做事情有过程，还不一定有结果，更何况还没有过程。孟子曰，"有恒产者有恒心"。在品牌时代，一些有价值的注册商标、技术专利、包装专利等知识产权资产的意义，对于企业来说不亚于一两栋大楼。

我们大家都知道，俗语称"货卖一张皮"，但是，有一批中小企业的包装设计是让包装印刷厂免费设计，甚至套版大厂家的。包装设计水平和质量可想而知。所以，对于中小企业而言，这一点一滴都是在做品牌，唯独并低价，以次充好不是。中小企业所需要的绝不仅仅是资金和贷款，他们同样需要知识产权的保护。很多时候，模仿和假冒别人，甚至比资金短缺更加可怕。

企业初立之时，难以在短期内得到客户信赖。一切信用都集中在掌舵者身上，掌舵者的人品决定着企业的信誉。但随着公司成长规模壮大，企业信用终将要代替个人信用。而商标恰恰是企业信用的集中体现。同样的商品，有商标会比无商标更值得消费者信赖。

现代商战中，很多企业吃过商标注册方面的亏。中小企业不注重商标注册，待其发展壮大后，商标早已被他人抢注，在我国"注册保护"的立法模式下，其商标往往难以得到有效保护；企业或通过商标法"恶意抢注"撤销条款，来夺回商标权，或从其他企业购买原本就是自己辛苦创造的品牌的商标权，无论如何，这都会让企业付出不菲的代价。

需要指出的是，商品品类作为通用名称，不具备显著性，无论是法律规定，还是约定俗成，是不能单独用来注册商标的，必须和特定名称组合才可注册成商标。

一方面，在商标注册时，企业当然希望自己的商标中能够包含同类型商品的通用名称、主要功能或是原料，因为使用与产品属性相符的词语作为商标，通用商标通俗易懂，容易记住，也容易在人群中流传，对品牌宣传有着数不尽的优势，同时对于企业占领市场具有很大的促进作用。毕竟对于通用词汇注册的商标来说，该商标覆盖的范围相当广泛。这是使用通用词汇作为商标的好处。

另一方面，企业在享用将通用词汇申请为商标好处的同时，不得不面临无权禁止他人正当使用与企业商标相同或相似的通用词汇这样的问题。尤其是对于与原商标颜色、图形、文字大小不一致，商标注册类别不一致时，是很难起诉其侵权的。这对于一些知名企业来说颇为头疼，毕竟如果企业商标的专用权得不到保护，那么企业也就失去了申请商标的意义。他人可以合法地模仿自己品牌的商标，会使消费者对商标产生认知混淆，一旦某个相似商标的小企业出现问题，知名企业的声誉也会跟着受到负面影响。

但问题也并非无法解决，很多企业既想让商标便于识别记忆，又想要规避通用名称可能带来的认知问题，往往采取联合商标策略，即在同一产品上注册几个近似的商标。其中已经在市场营销中使用的称为主商标，注册与主商标近似的商标目的不是为了使用而是为了保护主商标，防止类似商标由其他人使用，冲击本企业的商标，防止不法商人冒牌映射。如杭州娃哈哈集团，它在注册了"娃哈哈"以后，又注册了"笑哈哈""哈娃哈""哈哈娃"等与之近似的商标，形成了有效的联合商标。揭阳市港荣食品发展有限公司为了保护"港荣蒸蛋糕"商标，分别注册了"港荣蛋糕 蒸""蒸港荣蛋糕 NEW""港荣蒸蛋糕好吃不上火"等多个近似的联合商标，从而对港荣蒸蛋糕形成了有效的保护，阻止他人恶意抢注。联合商标策略对于商标专用权的保护很有效，是商标权人保护自己权利的积极手段。

股神巴菲特有一个著名的观点："一家真正称得上伟大的企业，必须拥有一条能够持久不衰的护城河"。机械、设备、团队这些有形的资产并不具有独特性，而真正独属于自身的恰恰是无形资产。通过注册商标，获得技术、外观、包装方面的专利，建立起知识产权方面的壁垒才能使企业经久不衰。我们平时说的"品牌"，是以该品牌拥有"商标权"为前提的。假如抛开商标权谈品牌，我想那一定是个假的品牌。

第七节 经销商自有品牌怎么做

五年前，一位经销商朋友聊天时跟我抱怨生意不好做，知名品牌产品价格透明度太高，没啥利润；小品牌产品需要经销商重拳开拓市场，步履维艰；厂家变着法地压货，窜货根本无法根治，大卖场各种费用设下重重关卡，利润盘剥所剩无几。总之，就是一个字：难。

我当时很吃惊，这位朋友在他经销的区域年营业额高达亿元左右，在当时就做到近亿元的规模着实不易，而且声名在外，是名副其实的大商。在看似顺风顺水之下，他也有难言之隐，抱怨似也合乎常理。我当时就建议他在代理厂家产品的同时，可以尝试做自有品牌试试看。自有品牌专属于自己，拥有更自由的定价权，利润相对较高，而且新品牌不存在窜货的问题。那位经销商朋友听从了我的建议，自那时起寻找代工厂，联合策划公司着手建设自有品牌，现在虽然没有做到全国性品牌的知名程度，但在当地区域小有名气，成为支撑 KA 卖场渠道开拓的重要支柱，也成为利润的一大来源。

出于自我保护和更大的盈利考虑，越来越多的经销商开始打造自有品牌。经销商充分利用与消费者直接接触的有利条件，广泛听取消费者意见，及时获取信息反馈，并根据消费者的需要不断地设计和改进产品。在这一点上，经销商打造自有品牌有着得天独厚的优势，而一旦自有品牌成型，利用现有渠道完成铺货也就水到渠成了。

经销商创建自有品牌前景可观，但具体执行起来就不是光说说那么简单了。从品牌 logo 设计，到知识产权保护，再到 VI 体系导入，后期的市场营销推广都要有一个完整的规划，全盘的统筹，单凭脑子一热，难以持之以恒。但不管怎么说，产品是根本，倘若产品不符合市场需求，只能费力不讨好，忙活半天，劳民伤财。那应该关注哪些方面呢？

第一，产品要跟渠道匹配。 一款 25 块钱一斤的糕点在流通市场买的人很少，同样，5 块钱一斤的果冻也很难进入休闲零食店。萌发打造自有品牌想法的经销商，多数已做到一定规模，渠道相对成熟，只有跟渠道相匹配的产品才能做到适销对路，不要试图把一款产品铺向所有渠道，有针对性地推广才能事半功倍。当然，随着线上线下一体化发展，现在很多经销商都是全渠道运作，不仅有线上网店，同时线下又可能涉足商超、流通、休闲零食店、便利店和特通渠道，每一类渠道都有适合销售的产品，这时候我往往建议经销商往中高端方向走。现在市场上不缺低端产品，价格战拼得火热，没有最低，只有更低，恶性循环下去，根本无利可图。很多经销商担心价格高了，产品没人买。而我想反问，为什么消费者不买高价产品？做自有品牌的经销商要懂得消费者需求，消费者固然有占小便宜的心理，但也不怕花钱，就怕钱花得不值。好产品＋适合的渠道＋营销推广，又怎么会卖不出去呢？

第二，尽量另起炉灶运作自有品牌。很多人可能会有这种疑问：我的产品品质不错，足以和某知名品牌比肩而立，为什么产品推广起来很费劲，市场接受度并不高？这种疑问并非我凭空想象，确实有朋友问过我。我想，一款新品在推向市场的过程中，市场接受度一定会经历一个从无到有、从低到高的过程，经销商不可好高骛远，只能步步为营，即使走得慢一些，也依然在前进。但前提是原有商贸公司不要过多干预自有品牌的市场扩局，尽量成立单独团队运作。既有团队可能在经销厂家的产品时，有一套打法，形成了一定的思维定式，能够和厂家相互配合完成市场开拓和网点布局。但成立自有品牌更多还是要靠经销商自己，团队从零开始，重新出发，不要被既有经验束缚，两套独立的班子壁垒分明，实现经销商向品牌运营商的转变。

第三，以优质产品打造品牌导向型企业。前文曾经专门拿出一节内容来讲述生意导向型企业和品牌导向型企业的区别，那节内容从厂家角度谈得比较多，但其实对于经销商也同样适用。创建自有品牌的初衷，各有不同，但真正能够长久生存发展的品牌，都绝对不只是把产品当成生意来做，只图利润。而是把产品作为塑造品牌的关键，营销手段再怎么花哨，产品才是本尊，只有在产品优质的基础上，辅以后期营销推广之策，才能逐渐形成品牌知名度和美誉度，使其传承不绝。

经销商自有品牌，现在很多家都在搞。有成功也有失败。所有成功的，几乎清一色的是建立自有品牌专营公司，跟原有商贸公司分开来搞，两套人马，甚至连办公都不在一起。失败的几乎无一例外的都是"混为一谈"，此消彼长。

第七章 总裁与员工

有人曾风趣地将总裁和员工的关系比作猫和老鼠的博弈，也有人把总裁与员工的关系比作君王与臣民的关系，还有人把总裁与员工的关系比作家长与家庭成员的关系，似乎都有一定的道理。在中国，有一个特别有意思的现象，"总裁天天在执行，员工天天谈战略。"那么，总裁的职责应该有哪些？好员工的标准又是什么呢？

第一节 为什么"总裁天天在做执行，员工天天在谈战略"

前几天，美润速冻水饺在南京开销售年会。该企业作为北京春季冰展参展商，邀请我代表组委会出席，并发表题为《天地人与中国式销售管理》的主题演讲。本次演讲，一方面是跟这家有着超强执行力的中高端速冻食品品牌来学习，另一方面也走出来交交朋友、广结善缘。

话说，很多中国企业都有一个怪象，"总裁天天在做执行，员工天天在谈战略。"总裁制定一个战略，下属没人执行。索性，总裁自己冲在前面，"我做给你看。"于是乎，员工的锻炼机会被抢走了，只能翘着二郎腿说，"要是我当总裁，该如何如何……"

中国传统文化，有一个"三才"的概念，指天、地、人。《易经·说卦》："是以立天之道，曰阴与阳；立地之道，曰柔与刚；立人之道，曰仁与义"。企业管理无非是人力、物力和财力资源的整合运用，因此我将"天地人三才"概念用在企业管理当中。

天，代表着人类不能改变的自然界的规律。今天艳阳高照，明天阴雨连绵，我们无法左右，但我们可以根据天气情况适时增减衣物。公元前104年，《太初历》正式把24节气定于历法。我们耕种，只要顺应节气，春种、秋收、夏长、冬藏，自然会大有收获。如果不按照这个规律会怎么样？很可能颗粒无收，欲哭无泪。

对企业来说，首先要定战略。战略就是大方向。而总裁或者股东会，经过科学论证之后的企业发展战略，就是企业之"天"。战略一经确定，就照着执行好了。那么，总裁的能力是不是可能不如你呢？很可能。那他还能定战略吗？照样能！因为他掌控的信息和资源比你多得多。我们还见过一些战略摇摆的企业，其实就叫没有战略，总裁朝令夕改，员工无所适从，士气低落。于是乎，企业发展很慢，甚至倒退。我们说，你遇到了一个"假"的总裁。

地，指的是人类可以掌控的自然界的要素。大地非常包容，滋养万物。无论荒草白杨，还是菽麦稻谷，均能成长于土地之上。我一直将企业的基层员工比作大地。"公司"直译为"大家一同管理"，不是总裁一个人的，要不然就叫"私司"了。总裁和员工都是平等的，只是分工不同，也无所谓岗位的高低贵贱，只有大家齐心协力才能把企业做大做强。那基层员工应该怎么做？我认为就是不走样地执行。执行力是一名员工的基本素质。

在公司中，有的部门基层员工很稳定，做事效率也高。也有的部门，基层员工走马灯似地换。为什么？部门经理没有领导好他。

人，意为万物之灵。在企业管理的范畴，就是中层干部的代称。需要用"仁与义"来承上启下，去变通地执行。所谓"仁"指的是上级对于下属的"爱"。所谓"义"指的是"割舍自己，成就别人"。管理，本质上就是一种服务。同时管理不仅仅是向下管理，还要有向上管理。用上级领导能够接受的方式，来协调工作。傻等着上级部署任务的中层干部，往往效率极低。

"为人君止于仁，为人臣止于敬。"执行力的前提，是领导力。说狠一点，总裁领导力差，没有中层。中层干部领导力差，没有基层。

第二节 总裁三件事：定战略、用人、分钱

总裁，无论大小都是一种职位，既然是职位那就有属于他的职责。那么作为总裁来说，他的岗位职责都有哪些呢？要我说总裁的岗位职责就是做好三件事：定战略、用人、分钱。仅此而已。当然，我这里说的"总裁"是个代称，在规模大一些的企业叫"股东会"或"董事会"。

定战略

总裁既是创业者也是企业第一位员工。作为总裁，重要的事情就是考虑你的公司该如何发展，你想让你的公司成为什么样的公司，这就是总裁要抓的核心问题。什么是战略？战略就是你对商业趋势的判断和消费需求的把握，战略决定了企业的发展方向，也明确了各类资源的投入方向，形象地说总裁就是指挥家，指哪打哪。方向不对，所有的努力都是徒劳，因此把握正确的战略方向是总裁最重要的职责。如果企业战略发生变化，那就很容易使企业陷入困境。

用人

作为总裁，第二项艰巨的任务就是用人。无论是初创企业还是成熟型企业，都应该在用人上多下功夫，因为培养优秀的员工是值得花费时间和精力的，人才就是兵力，精兵强将方能百战百胜。对企业来说，好的管理者必然有好的员工，所以作为总裁你需要花功夫寻找能帮助你的人。选对了人，才能做对事。无论是合伙人还是管理者，都需要总裁认真挑选，遇见好的人才一定要尽最大努力去打动他，让对方与你产生共鸣，拥有共同的理念。

因此，作为总裁不仅要会用人，而且要用对人，还要善于发现人才。在用人上，很多总裁认为，我花钱雇你来，你就是干活的。其实这是不对的，对人的管理不只是让他去做事，不只是开会布置任务或者总结情况，而是要和团队交心，知道他们需要什么。总裁们，请你们换位思考一下，你希望你的总裁只是跟你谈工作还是和你谈心，哪一种方式让你更有动力？其次，总裁不仅要会用人而且还要培养人，经常对管理团队进行培训，让他们获得更多的成长机会，让对方知道你和公司在培养他。

有了正确的战略和优秀的人才还不够，还要想办法做好激励，叫人才执行好总裁制定的战略，这就要靠——分钱。

分钱

作为总裁一定要学会分钱。总裁分钱，更重要的看他舍不舍得，会不会分。总裁赚了钱，首先想到的是管理者和员工，愿意拿出一大半来和他们分享，那么单凭这一点就可以收买很多人心。但是很多总裁看不到这一点，他们不愿意和员工共同分享财富，整天想着如何通过绩效考评来扣钱。甚至对于企业正常市场维护费用，有的总裁也不愿意出。其实无论是初创企业还是正在发展的企业或者成熟型企业，最重要的不在于钱多钱少，而是愿不愿意分享。

关于分钱，我总结了一个"三给原则"。第一，该给员工或者协作商的钱，马上给。第二，可给可不给的，说服自己也要给。第三，可以不给的，想尽方法仍然要给。我发现，各国首富，基本上都是这样做的。

定战略、用人、分钱，这就是总裁的岗位职责。关于执行，就交给你的团队去做吧。衡量一个总裁是真的总裁还是假的总裁，你就看他是做好了这三件事，还是专门做这三件事以外的事情。如果你发现一个总裁总是抢着自己在做执行，这说明他一定没有时间看看远方的路，同时把员工的锻炼机会都抢走了，当然也没有多少钱分给员工，那么，这一定是一个假的总裁。这时候，你就要善意地提醒他，总裁三件事：定战略、用人、分钱。

第三节 什么样的员工是好员工

优秀的企业是由优秀的员工组成的，每一个企业都希望拥有优秀的员工。那什么样的员工是好员工呢？

虽然从法律和人格的角度来说，人人生而平等，但是从工作能力来看，员工还是有三六九等之分。《道德经》中讲到："上士闻道，勤而行之；中士闻道，若存若亡；下士闻道，大笑之，不笑不足以为道"。借用《道德经》的标准，我将员工分为三类。上士，指的是上等的员工。勤而行之，公司分配完工作，大步流星马上执行。上等员工拼的就是执行力。中士，指的是普通的员工。若存若亡，这种员工工作时，往前走两步，停一步，再退半步。大部分都是这样，所以现在企业逐渐把西方人力资源制度引进过来，奖勤罚懒。下士，指的是最差的员工，我称这类人为"假的员工"。他们听到领导的战略，一定对着干，觉得这样才显能耐。这样的员工通常是因为不认同企业的理念。

一个优秀的员工是可以辨别出来的，身上往往具有特定的品质。我将它归纳为以下几点。

承担责任

勇于承担责任。对于分给自己的任务，把它当作一件极为重要的事情，并且能够按时完成。工作就是责任，每个人的工作都是上天赋予的使命，无论干什么工作，都应该做到更好。其中最重要的是保持一种积极的心态，即使是辛苦枯燥的工作，也能从中感受到价值。当你对自己的工作和公司负责的时候，你就会认真对待工作，努力做到最好。

一个优秀的员工，总是主动要求承担更多的责任或自动承担责任。大多数情况下，即使没有被正式告知要对某事负责，也会努力做好。世上没有卑微的工作，只有卑微的态度。工作态度完全取决于自己。一个人如果不尊重自己的工作，不把自己的工作看成创造事业的要素，而视为衣食住行的供给者，认为工作是生活的代价，是不可避免的劳碌，这是非常低级的观念。常常抱怨工作的人，就算终其一生也难以取得成功。

积极的态度

优秀的员工都是具有积极思想的人。这样的员工在任何地方都能获得成功。而消极被动对待工作的人，是在工作中寻找借口的人，是不会受领导赏识、企业欢迎的。人常说态度第一，聪明第二，自身的工作态度和举动，也会影响到大家对你的看法和印象，如果你经常以积极谦虚的态度请教他人，人家必然乐于倾囊相助。优秀员工除了学习资深同仁的工作方法之外，还要学习如何与同仁和谐共事，以体会团队精神的精髓所在，而且要保持积极乐观的状态和谦虚的心态。

目标明确

一个人如果没有目标，就没有方向感。在工作上如果没有标准、没有计划，而只是按照上司的吩咐，说一句动一下，这样的人是无法获得领导赏识和同事认可的。每个人必须制定你的工作目标，这是你工作的基础，是根本。事先应当考虑最终目标、阶段性目标和办法措施三要素。在制定计划时，你追求的是什么，以什么目标开展业务活动，都要认真想想这些问题，然后清晰地记录在卡片上，把它真实地记录下来。要遵循工作流程，脑子里应该时刻存有工作。

其实每一位能应聘进入企业的都是有才的人，但不一定是好员工，除了本身所具备的条件之外，还需要企业文化的渲染，和谐的办公环境和协作的团队。在这样的环境里相信人人都是好员工。

第四节
七大姑八大姨在企业做事好还是不好

管理者的家庭成员或多或少会在企业中任职，这种现象在一些中小型企业比较常见，而在大型企业中则比较少见。很多人认为管理者的七大姑八大姨在企业任职，难免对自己的工作造成影响，感觉对方是家族企业，又怕说错话得罪人，更重要的是这种企业似乎藏不住秘密，很多事情管理者都知道。

那么管理者的七大姑八大姨在企业做事好还是不好呢？在讨论这个话题之前，我们先来了解下家族企业。

家族企业

家族企业作为世界上最具普遍意义的企业组织形态，在世界经济中有着举足轻重的地位。在世界各国，无论是发达国家还是发展中国家，家族企业都在顽强地生长和发展着。美国学者克林·盖尔西克认为"即使最保守的估计也认为家庭所有或经营的企业在全世界企业中占 65%~80% 之间。全世界 500 强企业中有 40% 由家庭所有或经营"。在我国，20 世纪 70 年代末到 80 年代初，才掀起了家庭经营的第一次浪潮。随着社会对私营经济在国民经济中地位的认同，占据私营经济绝大比例的家族企业得到了长足发展。

可以看出，无论是欧美的发达国家还是东亚地区的发展中国家，家族企业都在国民经济中发挥着重要作用。特别是在我们这个经济发展还不平衡，就业压力不断上涨的国家，发展以家族企业为主导的私营经济，对于解决就业压力，提高国民福利水平，都具有极其重要的现实意义。

家族企业的特性

纯粹的家族式企业从老板到管理者再到员工，全都是一家人。这种家族式企业一般规模非常小，通常称之为作坊。传统的家族式企业是由家族长来控制大权，关键的岗位基本都由家族成员来担当，外来人员只能处于非重要的岗位。现代家族式企业是家族持所有权，而将经营权交给有能力的家族或非家族成员。也就是说，家族持有所有权、股权，但是经营权不一定是家族成员。如果家族成员有能力，就由家族成员来担当管理职责；

如果家族成员没有这种能力,就把它交给有能力的非家族成员。这是现代化家族企业的一种趋势,很多大型的国际级的家族式企业,基本上都在走这样的道路。而走这条路的关键,就是所有权和经营权必须剥离。

现实中很多管理者的亲戚在企业中任职的公司不一定都是家族企业,但是基本上都是中小企业。那么家庭亲戚在公司任职是好是坏呢?家族亲戚在企业任职会给大家造成这个企业效率低、不正规的印象,其实并不完全如此。家庭亲戚在公司任职,他们之间形成了一个小团体,更加方便沟通,使得内部成员的信息不对称性和成员间协调成本大幅降低。此外由于亲戚关系的存在,使得他们与管理者的意见更容易达成一致,抛开亲戚这层关系,他们在企业中都是各尽所能,各取所需。

当然,家庭亲戚在企业任职也存在一定缺陷。当企业不断发展壮大时,过多亲戚在企业任职有可能成为企业发展的绊脚石,阻碍企业发展,这其中受影响最大的就是人才。我们知道,知名企业都经历一个从小到大、从弱到强的过程。刚开始,企业规模较小,其核心成员有可能都是家族亲戚,这可以为企业发展提供一定的便利,毕竟血缘关系下人们更容易沟通。伴随着企业的飞速发展,企业对人力资本的需求大量提高,加上管理不断复杂,对高级人才需求强烈,而管理者的亲戚却不一定能够满足企业对人才的需求,因此会有新鲜血液加入,某些重要岗位可能不会由亲戚担任。如果家庭亲戚人数多于其他员工人数的话,那肯定会影响到公司发展。

其次七大姑八大姨在公司工作的话,作为管理者的你要考虑到他和管理者的关系,有可能影响到你不能按照规章制度来工作,而且一些亲戚在公司会享有一定特权,容易引起其他员工的不满,给公司带来负面影响。

其实,管理者的七大姑八大姨在公司任职有利有弊,主要看管理者如何看待。作为管理者首先要将他们视为和其他员工一样，严格按照公司规章制度管理，一视同仁。当然，随着公司的扩大，还是要尽量避免过多的亲戚在企业任职，这样不利于企业人才的引进和管理的落实。

第五节 打胜仗靠的是士气

我们知道，衡量一个快消品企业是否优秀要看两个方面：一是看这个企业是否有过硬的产品，这主要看的是产品质量；另一个就是看这个企业的销量，这主要考验的是企业的营销力和销售力。相信每一位总裁都希望有优秀的销售团队，这个团队要和解放军一样，有着超强的执行力，过硬的职业素养，对于解放军来说，能打胜仗才是好部队。在市场竞争中，企业销售团队就是一支部队，而市场就是战场，只有打胜仗的团队才能在竞争中求得发展，而这其中，勇气最重要。

什么是勇气

面对难缠的客户，给你脸色的客户，说话犀利的客户，如果你没有退缩，这就是勇气，哪怕你是一个刚参加工作的新人，哪怕你的能力有限，不要急，只要你有足够的勇气，有敢于拼搏的精神。

除了勇气我们还需要什么

克劳塞维茨在他的《战争论》中多次阐述胆略、勇气、士气、毅力、勇敢、机智、荣誉感等对战争胜负的影响。他强调说："士气能使军队的战斗力成倍增强。"他断言，不但过去如此，现在如此，将来也必将如此。诚然，精神不是万能的，但没有精神是万万不能的，谁也不能否认精神的巨大作用，在严峻的对敌斗争中，缺少战斗精神，战斗力便无从谈起，战胜敌人更是一句空话，在职场中，缺乏战斗力，企业竞争力就无从谈起。

是的，士气对企业来说十分重要。古今中外的卓越领导者对士气都极为重视，同样如何激发士气也是今天每个管理者所需要学习的。对于企业来说，士气能够有效地提高员工执行力，可以让员工体验到工作的优越感。即便面对困难，充满士气的团队也会充满信心。而缺乏士气，我们首先从气势上就败给了竞争对手，没有士气的团队，员工必然没有积极性。因此在企业中，在销售上取得成功靠的就是士气，士气高涨的团队必然会取得好的成绩，提高员工士气能增加员工的生产力和工作满足感，减少员工的压力，有效降低人员流动率。

既然士气这么重要，那该怎么提高士气呢

对于企业，我们要依靠科学的方法来提高员工士气，从员工需求出发，有效地激励员工，鼓舞士气。其实"士气"二字在汉语中是士与气的合成词，意思是做事情时的精神状态，这既包括内在的自身状态，也包括来自外界因素的影响。良好的士气是企业正常运转的基本前提，也是发挥全体人员工作创造力的基本环境。我们经常发现，在要啥有啥的企业中，不乏士气低沉；在管理严格的企业中，执行力却并不高；而在一些中小企业，却有高涨的士气和强有力的执行力。为什么呢？

其实，所有问题的根源在于凝聚力。凝聚力是企业生存的核心竞争力，也是企业士气的基础，在现在的企业管理过程中，都需要人来完成，任何好的理论都需要员工来实践，而员工的士气则决定了企业的执行力和凝聚力。

再优秀的员工，都可以做得更好，无论是大企业还是小微企业，都需要对员工进行有效的激励以此来提升他们的士气。但是很多企业并没有使用能够让员工有最好表现的方法来管理他们，员工士气高低直接关系着企业的命运，能否有效地激励员工，从而保持他们的士气，这是企业老板所要做的。多数企业激励员工的方法就是物质奖励，这种方法短时间确实有效，但长期使用的话收效甚微。其实企业要做的就是了解员工的需求，只有满足了员工需求，才能要求员工行动，员工需要企业来关怀他们，是需要奖金还是需要升职，或者需要一次培训，你需要对你的员工做一次全面的了解，而不是一味地奖励金钱。

如果企业能够采取相应的措施来满足员工，这样就可以引导员工朝着企业需要实现的目标而努力。

创造良好的氛围

任何人都希望在一个和谐自由、整洁温馨、互信互助的氛围中工作，而不是一出错就被骂，大事小事都要领导批准，办公环境脏乱差，团队成员勾心斗角，人际关系复杂。因此创造一个良好的工作氛围很重要。

给予赞美和认可

无论是管理者还是员工，都希望得到上司的赞美，即便仅仅是微小的进步。而很多企业对员工的进步并没有注意到，或者认为那是员工应该做的。也有很多领导者似乎不太善于表扬别人，总是利用批评对方来帮助其成长。其实这样做会挫伤员工气势，打击员工积极性。因此，企业需要学会赞美员工。

促进员工成长

相信每一位在企业中工作的员工，都希望能够学到对自己有用的东西，在工作中获得成长是每一个员工所期望的。因此企业要帮助员工成长，这样可以更好地激励员工，大大提高员工士气，能够让员工获得满足感，更好地为企业服务。

打胜仗靠的是士气，这句话不假。但是士气的培养不仅仅是物质上的奖励，更多的是对员工的信任，使其获得心理上的满足。士气决定行为，行为决定习惯。企业要不断培养员工良好的习惯，使他们保持积极的心态，无论成功或失败，都需要企业用心去关怀。这样员工才能保持高涨的士气。

第六节　全世界人与人之间的关系分为这三种

开展营销工作，和我们打交道最多的就是人。无论是领导还是客户，抑或是身边的朋友，在推销产品之前，我们要先会推销自己，而推销自己就是要和人打交道。我经常听到一些企业家和高管在讲，人是最难管理的，尤其是中国人——令人捉摸不透！真的是这样吗？

世界上，人与人之间的关系，一共分为三种。第一种，上下级关系。"为人君，止于仁；为人臣，止于敬。"第二种，人伦关系，或者叫晚辈与长辈之间的关系。"为人子，止于孝；为人父，止于慈。"第三种，同事之间，乃至于与陌生人之间的关系。"与国人交，止于信。"只有这三种。

先说说第一种，上下级关系。经常有经理在讲员工的执行力差、差得不得了、眼高手低云云。这个时候，我会对他说一句话，"执行力的前提，是领导力。"往往，经理们都会眼前一亮，愿意从自身开始找原因。这句话的出处在哪里？实际上，就是《大学》里面"为人君，止于仁。为人臣，止于敬"的白话版。

中华民族，是一个含蓄的民族，而骨子里又非常讲究"爱"。但汉语的词汇量实在是丰富，不会非常苍白地用一个"爱"字来代替所有的"各种爱"。上级对于下级的爱，叫作"仁"；下属对于上司的爱，叫作"敬"；

孩子对于父母长辈的爱，叫作"孝"；长辈对于儿孙辈的爱，叫作"慈"；人与人之间通行的一种大爱，就叫作"信"，言而有信。

作为领导首先要有仁爱，关心员工。从员工的角度去思考问题，这样员工才能从心里服你，才能主动去按照上级提出的要求做事。这是一个前后逻辑关系。所以，领导力强的管理者，他的团队会发自内心地尊敬他，执行力当然特别强。

再说说第二种关系，人伦关系，或者叫晚辈与长辈之间的关系。"为人子，止于孝；为人父，止于慈。"我们这里说的是成年人，未成年人还在培养和教育阶段。但凡成年人与长辈之间的关系，出现了问题，理论上各打五十大板，都有错。但是如果想解决这个问题，就要从儿女这边，包括儿媳妇和姑爷这边入手，让孩子主动认错，主动关爱老人，其实老人要的也无非是你尊敬他，还能有什么呢？这样一来，长辈也就会变得无比慈祥。中国式的家庭和睦，就叫父慈子孝兄友弟恭。

为何如此呢？反过来不行吗？反过来，基本上很难。孩子已经长大成人，成家立业，他不孝敬长辈，你一点办法没有，只能变得"恶狠狠"，"难沟通"，不再"慈祥"。试问，除了"以战求和"，年老的长辈还有第二个办法吗？

第三种，同事之间，乃至于与打交道的所有人之间的关系。"与国人交，止于信。"为什么"与国人交"在这里被我解释成同事之间的关系？这里要讲一下"国"。我们要回到《大学》这本著作所处的时代。《大学》是朱熹从周朝的《礼记》里面抽出来的。这个国，不是"中国"，特指周天子的"分封国"。大家想想，分封国是不是类似于我们现在的企业？你只要守法经营，照章纳税，剩下的利润就可以在"分封国"（企业）范围内由国君（企业主、董事会）自由支配。

诚信作为中华民族的传统美德，这里有个技巧，叫"少承诺，多兑现"，如此别人就会觉得你诚信。相反，"夫轻诺，必寡信"。实际上，在移动互联网时代，人与人之间没有秘密。此时，诚信已经变成了成本最低的一种沟通方式。与所有人打交道，你讲究诚信，那么你做事将非常顺利。

儒家思想的本质，就是"理性思维"。按照如上三种方法来处理人与人之间的关系，短期内对别人好，对弱势的一方好，长期来讲，对于包括自己在内的所有人都好。

PART 2
【营销十年进步篇】

第八章 优胜劣汰

面对原材料上涨，中小企业的出路成了问题。高附加值产品能够承受短期内价格上涨的波动，低附加值产品的窘境日益凸显。面对市场和利润的取舍，企业到底该怎么抉择？过去，中国食品业一律向外国学习。学习没错，但单纯的模仿抄袭根本走不长远，市场经济的本质就是优胜劣汰，只有在中国仿造的基础上向中国创造迈步，才能真正打拼出中国食品业的明天。

第一节 利润寒冬，中小企业出路何在

近一段时间以来，蔗糖价格持续走高，日最高涨幅一度达到 250/ 吨。与石油涨价前相比，塑料成本增加 65%，以塑料为主要原料的包装价格至少上涨了 30%。为了保障安全，全国各地纷纷限制运输超高、超载，这从长远来讲利于国计民生，但具体到企业而言，则意味着运费的"大幅上涨"，甚至多至 50%。各种成本费用的大幅上涨，给中小企业带来了严峻考验。

这也是经济学科班出身的郯城县副县长祝远昌与我一直在讨论的话题。

8月31日~9月5日，我和高绍川工程师应邀前往山东郯城、沂水等地调研，当地企业与政府机构均高度重视。这里的企业多为中小企业，他们关心的主要是两个问题：一是糖果行业的 QS 认证，只有通过认证，企业才可以继续生存；二是中小企业的出路在哪里？这个问题事关企业发展。我们举办了两场研讨会，超过 120 家企业前来参加。提出了上述种种问题之后，祝远昌认为，品牌，只有品牌才能给该县中小企业生存与发展的理由。

作为亚洲最大的淀粉糖企业之一，鲁洲集团董事长牛继星认为，全面提升沂水糖果生产企业竞争力的关键是产品品质。青援集团负责人认为及时掌握行业新动向，将有助于提升企业竞争力。悦家公司认为，信息资源是竞争的关键，以山东生产基地为依托，该公司的信息中心与营销中心搬到了上海。

客观上说，成本与费用的持续上涨，对产品结构相对较差和平均价格水平较低的中小糖果企业而言，无疑是"寒冬"降临。

明智之举究竟是大刀阔斧地进行产品改良，进而全面提升价格，还是循序渐进地用两三年时间向中高端品牌过渡？

这个似乎并不重要，关健是赶快行动起来。

（2005 年 10 月）

第二节　要市场还是要利润

今年的中国糖果论坛年会上,依然高朋满座,糖果行业的专家、企业家再次欢聚一堂。与以往不同的是,大家关心的话题并不是锁定在最初主办方提出的三四项。本次论坛年会的热点话题,除了糖价还是糖价,从论坛预备会到正式会议,从餐桌闲聊到分组讨论,论坛期间各正式或非正式场合的话题,大都围绕着糖价展开。

大家都知道,食糖占到糖果生产成本的 20%～80%,与一年前相比,翻番的糖价给企业造成前所未有的压力。本来可以直接提价,水涨船高嘛,就像今夏的空调提价 15%,北京的出租车提价 25%,房价的翻番再翻番。但不同的是,糖果行业集中度较低,淡旺季明显。稍大一点的企业想撑一下,在他们看来把没有实力的小企业挤垮,总不是什么坏事。小企业想提价,却担心经销商与消费者不买账。他们固有的优势除了低价还是低价。去年的旺季不愿提价,薄利多销嘛,这是古老的商业道理之一。今年的淡季不敢提价,本来就门可罗雀,扔利润可以,但不可以扔市场,这是现代市场营销学教给我们的。有人指出,经过多年市场经济的锤炼,消费者对商品价格波动的承受能力已经大大提高。有人认为,是不是该研究个比例,企业一同提价。也有人认为,肯定有不执行的,那提价不就上当了吗?还有人祭出"反不正当竞争法",认为如果糖果企业商量着集体提价,就是犯法了。

市场与利润,二者往往不可兼得。舍利润而取市场者有之,但是,对于诸多中小企业而言,活下去,只有活下去才有将来,一直硬撑,市场与利润,或许二者皆不可得。

（2006 年 6 月）

第三节 中国创造 > 中国仿造

8月，我在厦门的一个糖果业内活动上做了一个演讲，主题是中国糖果业发展趋势。演讲到高潮处，即兴提出这样一个观点，"品牌创新、科技创新，中国创造是中国糖果业未来的希望"。话音未落，掌声响起。饱受模仿与低价策略之苦的与会厂商，在心底深处又何尝不渴望走出这个怪圈。

一家有着多年历史的糖果企业的总经理与我交流，"生产各种花色的糖果我都没问题，贵得吓人、需要支付大额欧元的成套设备我也敢引进。但是生产之后卖给谁呢？市场有限，产品同质化严重，竞争激烈到近乎肉搏。好像不光糖果业，各行各业几乎都存在这类问题。"

我反问："你的产品有没有差异化？这个差异化是不是顾客认同的，并为顾客创造价值的差异化？这个差异化有没有一定的门槛，比如技术的，或者是资金的？"

"你的品牌有没有影响力？影响力到了什么程度？是让顾客看到后，觉得好像听说过，还是顾客在几经寻找没找到后张口询问，或者是零售商缺了你这个品牌就会减少部分客流？"

"你的研发力量如何？是遍寻本地、本省、全国、世界各地购买新品然后化验，仿造，提高，还是你已经是被寻找、被化验、被仿造的对象？"

"你的管理做得怎样？是人在管理，还是通过制度管理？是不是很多事情还在事必躬亲？"

"中国创造是可以无处不在的。中国创造的杀伤力要远远大于中国制造、中国仿造。你的中国创造开始了吗？"

（2006年8月）

第四节 垃圾食品是个伪概念

在一场活动上，我与老朋友中国食协马铃薯食品专业委员会会长王薇大姐坐在同一桌，同桌的还有几位企业家代表。我们从垃圾食品谈到食品安全，再从食品安全谈到垃圾食品，又从感性的分析到理性的推理，不亦乐乎。

薯条、可乐、糖果及膨化油炸食品，因热量较高，被部分海外媒体称为"垃圾食品"。正是在这些将"垃圾食品"概念大讲特讲的国度，"垃圾"概念下的食品大行其道。比如，炸薯条、可乐、糖果、巧克力，幸福和甜蜜了一代又一代"老欧老美"。视线回到国内，干炸丸子、松糕、灌肠等北京小吃，也因其油炸后的香脆效果，令百姓青睐有加。人们对食品的要求，除了"营养"还有"美味"。况且，美味是最直观的。

我们试图推翻"垃圾食品"这一伪概念。任何食品都具有应有的营养，如果我们拿高脂肪高蛋白作为标准来要求水果，那水果就是"垃圾食品"。如果我们拿高维生素含量作为标准来要求肉类，那肉类就是"垃圾食品"。在不同的时代，人们对食品的需求也有很大差异。20世纪60年代，高糖、高脂肪、高热量食品被认为是营养食品，如今，却被整天喊着减肥的美女们弃之如敝履。而困难年代极为廉价的粗粮食品，在21世纪，则因其热量低，膳食纤维含量高，而身价大增，被认为是好东西、健康食品。

其实，无论何时何地，对于任何人来讲，最重要的应该是营养均衡。循着这一理念，"垃圾食品"概念是一个不科学的提法。事实上，"食品无垃圾"。不要偏食，任何食物都吃点，搭配着吃。当然，每餐七成到八成饱，适度运动，你不仅"身材好"，而且"身体好"。为了调剂生活，偶尔吃一些零食，热量高低也就无所谓了。不是吗？

可能有朋友会问，对于那些地沟油，苏丹红做的食品，也不是垃圾食品吗？我想说，那些东西，本质上不是食品。是什么呢？大家可以根据自己的喜好，随意给它编个名字。总之不是食品，因为食品是给人吃的。判断一个产品是不是食品，我有一个土方法，就是看这个食品厂的负责人，他的妻子和孩子会不会吃自己生产的食品，如果不吃，那统统不叫食品。如果他们大吃特吃，吃得津津有味，那就不仅是食品，而且还是不错的食品。

（2006年12月）

第五节 旺季时间集中，企业风险倍增

岁末年终，糖果、巧克力行业真正进入了销售旺季。甚至有一种说法，大部分企业70%以上的年销量是在这个时段完成的。尤其是除夕前的几天，消费者都扎堆地购买。各企业也使出浑身解数，来满足消费者的现实需求。实力雄厚的企业若策略得当，则能赚个盆满钵盈。应变能力稍差的企业，因供需脱节而有市无货，只能扼腕叹息。

有时候我在想，如果企业的销售已分不出什么淡旺季，那么这个企业的营销工作是不是就真正做到家了？但又有些迟疑，是满足现实需求的营销好呢，还是创造潜在需求的营销更值得肯定？

就糖果、巧克力而言，不同的产品、不同的包装形式，跟淡旺季之间的关联性很强。比如，散装糖果淡旺季的区别较为明显，要么是成箱地买去做婚庆喜糖，要么是大包小包买去做年节待客之用。大部分消费者是农村人口，其婚庆用糖也多在晚秋、冬季、早春等农闲时节。这些时节，基本上与春节前的消费旺季是重叠的。

定量包装的糖果则不同，无论是乡村还是城市，摆在货架上，触手可及，往往规格不大，而花费不多，其消费散布在全年各个月份。这类包装

形式的产品满足的是消费者休闲属性的需求。定量装的量走大了,那企业的淡旺季差别就会缩小。随着淡旺季差别的缩小,企业经营风险也会大为降低。因为,旺季时间越是集中,企业的经营风险越大。调节糖果、巧克力的淡旺季应从转变产品的包装形式做起,从加大定量装产品的比例开始。从这个意义上讲,淡季亦旺季。

(2007年2月)

第六节　下一个闪亮的明星品类是什么

　　8月,在这个新一轮旺季来临之前糖果企业蜂拥招商的时节,一颗富含VC的果汁夹心软糖,再度引爆今年的糖果市场。这颗软糖叫作雅客VQ,是今年雅客厦门新品发布会的主角。正因为它出自中国十大糖果企业之一的雅客公司之手,所以注定会成为业界瞩目的焦点。

　　雅客只是快速行进中的中国糖果业的一个缩影。整个糖果业,近几年可谓亮点频出,从维生素糖果、奶糖,到木糖醇口香糖,再到今年风起云涌的凝胶软糖,糖果业的明星品类不断涌现。因引领或跟随市场热潮而造就的明星企业群与明星品牌群,则如群星争辉、大放异彩,充分彰显出整个中国糖果业极强的企业创新精神和持续旺盛的生命力。

　　根据国际市场的糖果年人均消费3.5千克,和我国糖果年人均消费0.9千克的状况之比较,我们清晰地看到,低数倍于国际市场糖果消费量的中国糖果市场容量极其巨大。目前,在我国糖果市场,除了口香糖领域品牌集中度较高外,其余领域均有较大的市场空间。

　　近两年,不断有食品企业家问我同一个问题:下一个闪亮的明星品类是什么?我相信只要能够提供更高的产品附加值,让企业与消费者共赢的产品都会变得闪亮起来！诸如巧克力及巧克力制品、润喉糖，甚至能够带来某些有益的差异化的硬糖等，也或是曾经的明星品类被强势企业重新定位后，而再度闪亮。而这个明星品类，与其他的次明星品类交相辉映，又往往会成为糖果业快速发展的新引擎。

作为一个朝阳产业，一切皆有可能。

（2007年8月）

第七节 产销间的沟通为什么总是很难

"金九银十"，秋天的到来，更多意味着收获。

在淡季过后，适时调整市场营销策略，是大多数企业战略层面的一项重要工作。此外，随着旺季的来临，生产与营销之间的良性沟通如何实现，则成为众多营销人士越来越关注的问题。

一家刚迈入大型企业门槛的糖果公司营销总监告诉我，去年就是因为在旺季时节，产销沟通不畅，造成至少一个亿的订单没有兑现。企业要的是A货，而工厂的库房还大量堆积的是B货。碰见好说话的经销商，配送A货时硬塞一些B货给他还行，但是若遇到"顽固派"就没办法了。

因企业位居华南，运到北方路途遥远，确实需些时日。去年春节前，就因起初公司没有找到足够的车队运送货物，再加上后来北方部分地区大雪路滑，运输队行进缓慢，部分年糖到达经销商手里已是大年三十。"提前20天就发出了订单，现在才到，马上过年了，年糖让我卖给谁？"经销商的要求是，"别卸车了，直接退货"。

营销总监先生一肚子苦水。物流环节的"短板"，令攻下的市场很快失守。企业已经发展壮大，而公司的物流体系却依然停留在中小型企业阶段，通常是领导临时叫个车队就把货送走。

现代物流是指物质实体从供应者向需求者的物理移动，它由一系列创造时间价值和空间价值的经济活动组成，包括运输、保管、配送、包装、装卸、流通加工及物流信息处理等多项基本活动，是这些活动的统一体。

营销总监先生所遇到的问题，在消费品行业并不少见。而且这个问题也未必是他这个层面所解决得了的。旺季已经来临，适时建立科学的物流体系，或将成为大中型消费品企业的战略制定者们要认真思考的问题。

（2007 年 10 月）

第八节　产品创新与流程创新

一段时间以来，经济学家们关于"中国制造"与"中国创造"孰优孰劣的问题争论愈发激烈。倡导"中国制造"的一方认为，中国最大的成本优势，成就了中国"世界工厂"的美誉。继续发挥这一优势，积极参与全球分工，何乐而不为？倡导"中国创造"的一方认为，制造业附加值低，要想赚大钱，就是要借助一系列的创造活动，通过"打造品牌"等手段提高产品附加值，进而全面提高中国产品的国际地位。

其实，"中国制造"与"中国创造"在某种意义上并行不悖。我们可以首先发挥中国的生产资料与雇员、技术专家的成本优势，组织规模化生产。然后，通过小规模 OEM 代工练好基本功，提升产品研发能力，进而完善质量管理体系与产品外观设计。在"世界工厂"概念下的"中国制造"竞争力大大增强的时候，打造中国品牌与渠道，以品牌产品进军国际市场，进而全面推进"中国创造"则是水到渠成的事情。

就制造业本身而言，创造活动包括"产品创新"和"流程创新"。"产品创新"是在技术方面的创造，解决"制造什么"的问题。"流程创新"是在运营过程中的创造，解决"怎样制造"的问题。后者是"在制造中创造"，只有解决了这个问题，"中国制造"才算真正发展壮大。带着创造的思想去制造，制造亦创造。

（2007年11月）

第九节 市场经济的本质就是"优胜劣汰"

承载着诸多的光荣与梦想，一个被称为"中国的奥运年"和"世界的中国年"的、崭新的2008年就要到来了。每年一度的"盘点一整年的收成，盘算下一年的计划"这一战略性的工作开始了。

"2007年度中国糖果十大新闻评选"结果正式揭晓。自2004年以来，对行业新闻盘点式的"中国糖果十大新闻"评选活动已经举办了四次，颇受业界认可。

岁末，我们与业内读者们进行了广泛的交流，共同盘点2007年的糖果业。企业读者纷纷表示，2007年糖果生意"销售缓慢增长，利润严重下滑"。在包括食糖、奶粉、油脂等原料的价格上涨，包装材料与印刷成本的上涨，货运费用上涨，《劳动合同法》语境下用工成本的上涨以及"大卖场堆头费用像央视广告一样要竞标"等一系列"上涨"的情况下，只有部分大企业成功对部分产品进行了提价，中小企业们或按兵不动，或观望徘徊，或干脆停业。在成本上涨压力之下，品牌的力量再一次凸显了出来。

市场经济的本质就是"优胜劣汰"。应对当前的外部环境，有企业表示，一方面细化市场营销各环节，跟市场要销量。另一方面，全面缩减阻碍效率提升的人工环节，进一步提高生产的机械化、自动化程度，并选贤任能，加强绩效考核，杜绝人浮于事，同时加强财务的预决算管理。面对生存的压力与成长的彷徨，企业们选择了向精细化管理要效益。在新一轮的较量过后，必将是市场集中度的大幅提升。奥运会之后，呈现在全世界面前的，除了耳目一新的中国形象外，或许，还将有一个焕然一新的中国糖果市场。

（2007年12月）

第十节 招牌式的香味

人类所合成的第一种香精是香兰素，早在1874年于德国成功合成。德国的巧克力制造商首先应用人造香兰素，此后不久，伦敦的糖果厂也开始用水果香精制造硬水果糖。今天，各种水果和鱼类的味道都可用化学方法合成。

食用香精是参照天然食品的香味，采用天然和天然等同香料、合成香料经精心调配而成，具有天然风味的各种香型的香精。"在咸味香精领域，中国企业的优势很大。因为中国乃至整个亚洲的消费者的饮食习惯大都以咸食为主。"中国已经成为全球最重要的咸味香精产地。我们历时数月，对咸味香精及咸味食品产业进行了深度调查、访问和剖析。我们正在为您描绘一幅味道纯正的咸味香精"地图"。我们希望为您还原一个更为全面的中国咸味香精产业发展现状，并与您共同探究其未来的发展趋势。

水解植物蛋白，即HVP，是由富含多种构成鲜味基础的氨基酸组成，与单纯氨基酸相比，能体现出复杂、浓厚的鲜味特征。另外，其尚未完全分解成氨基酸的物质，赋予食品特有的色、香、味等特色，突出了它本身鲜味均衡的特征优势，使食品的总体味道变得更加协调。

由于供需脱节等原因，蔗糖价格持续坚挺。成本压力之下，食品制造企业们纷纷寻找替代品。果葡糖浆，又称高果玉米糖浆，其糖分组成主要为果糖和葡萄糖。由于价格优势等原因，"果葡糖浆"越来越频繁地出现在食品标签上，对整个食品行业的发展起到了很强的推动作用。

　　正是因为有了糖类、HVP和香精等食品原辅料技术专家们的卓越贡献，我们才能时时品尝到更为可口的食品。各类食品也因其招牌式的香味，而令人迷恋，令人回味，令人久久不能忘怀。

（2008年3月）

第九章 国际化躁动

卡夫公司曾出价167亿美元欲收购吉百利公司,但吉百利以该价格过低为由拒绝了该收购要约。据了解,雀巢公司及好时公司有意提出竞购,提出的收购价高达210亿美元。进入21世纪以来,国际糖果巨头之间的并购整合愈发频繁,而不断加码中国市场的糖果巨头版图扩张明显,这也给中国本土糖果企业带来了不小的压力,如何避开与国际品牌的正面碰撞,错位竞争成为需要思考的问题。

第一节 开源之道：消费升级

成本，成本，还是成本。

大概是为了缓解通胀背景下成本压力引发的紧张情绪，某些企业将上述词汇常常挂在嘴边。紧张情绪下，此举不仅于事无补，反倒成全了一批中小企业——关门大吉。

所有企业面临的外部环境都是一样的，不一样的则是抵御风险的能力。市场经济讲究适者生存，"优胜劣汰"再自然不过。

2008成都春季糖酒会，我第一次感受到休闲食品企业主导下的创新型企业群的巨大张力。

福建漳州的一家名为"海新"的企业，祭出一个名为德国"丹夫"的高端糕饼类品牌。分工明确，中国丹夫的营销团队负责招商，德国丹夫的高鼻子们则负责讲述欧式糕饼的经典。此举与当年中低端品牌全兴酒，创建新字号，组建新团队讲述水井坊的故事，并创造超高端白酒品牌"水井坊"颇有异曲同工之妙。

在产品趋于同质化，无品牌附加值或品牌附加值极低的情况下，企业唯一可比拼的就是价格。而低价格必然是以低成本作为支撑。一旦成本高企，品牌的力量就凸显出来。有品牌才有话语权，进而启动强定价权。外部环境剧烈变化的时候，你或许会发现没有品牌的企业几乎等于"赤贫"。

最近，为了降低人工成本，有些企业搬到越南，有些企业搬到非洲。不久之后，"有些企业"一定会感受到文化差异、市场差异、产业集群成熟度的差异等所引发的成本压力，甚至远远超过其降低的那一点点人工成本。

办企业，常常讲"开源节流"。"节流"之外更重要的则是"开源"。品牌战略或许是最大的"开源"之道。

（2008年4月）

第二节　当国家不再免检

残奥会将要闭幕，某晚，跟几个朋友环绕着国家大剧院水域慢跑。9点多钟，前门方向放起了烟花——煞是美丽。烟花到了空中，幻化成各种立体的画面，有牡丹的，银鱼的，五环的，玫瑰的，福牛的，等等等等，令人大饱眼福。

眼中观看的是美丽的烟花，口中谈论的却是一个绕口的化学词汇——三聚氰胺。这是今年9月份中国人提及率最高的词汇之一。

电视、广播、报刊、网站等，随处可见关于这一事件的前因后果及最新进展，等等。

网络间，一篇题为"一个三鹿普通员工的告白！解答奶行业的一切谜团，检测标准已落伍"的帖子转帖率较高。该帖写道，"今天在厂子负责退换货，现在才回来，7点多同事给打电话，说新闻联播把奶粉全曝了，大品牌无一漏网，心里多少有些意外，不过很平静，这个质检结果早在自己的意料之中，本以为国家要牺牲三鹿来保全这个行业，但还是都曝光了。""国家的生鲜牛乳收购标准一直推迟出台，现在还是八几年的标准，早就不适用了。""有很多人怀疑液奶还能不能喝，我要说的是，这次请相信，9月14号后的液奶您可以喝。"

近日，国家质检总局紧急发布公告，决定立刻停止所有食品类生产企业获得的国家免检产品资格，相关企业要立即停止其国家免检资格的相关宣传活动，其生产的产品和印制在包装上已使用的国家免检标志不再有效。这项自2000年开始实施的国家免检制度，正式退出食品行业舞台。

（2008年9月）

第三节 由"谈奶色变"到"糖奶色变"

近日的行业活动上,发现企业推出的新产品多以非奶制品糖果为主,糖果企业们暂时尽量远离"奶制品"的概念,尽管,含奶糖果曾一度是整个中国糖果业的"功臣"。多家企业在与《中国糖果》交流时指出,这次的"三聚氰胺事件",对于糖果业的冲击,尤甚于前些年的"恐糖论"。

当时"恐糖论"的主要论调如下:一是吃糖易引发糖尿病,二是多吃糖容易引发肥胖症。稍加分析,你会发现"恐糖论"是站不住脚的。首先,是得了糖尿病不宜食用糖果,而非"吃糖易引发糖尿病",此为倒果为因的逻辑错误。其次,糖果的主要营养成分为糖,此为六大营养元素之一,糖是保护肝脏、维持体温恒定的必要物质,人体不可缺少。至于"过量"一词,提得"很好"。凡事过之则犹如不及也。而肥胖症者的特点之一,通常为运动量少,所以,当人体摄入能量多而消耗的能量少时,就容易引发肥胖症。可见肥胖症系"能量消耗少之过,而非糖之过"。在各方的共同努力下,"恐糖论"渐渐远去,糖果业得以迎来良性健康的发展势头。

今年9月,就在全美纪念"9·11"之际,中国媒体竞相披露了"三聚氰胺事件"。这一以三鹿奶粉为导火索的奶业及奶制品相关行业的最大利空被业界称为"中国食品业9·11事件"。先是先知先觉的中国奶业及食品业股票上演跳水比赛,紧接着引发了消费者的不信任感而造成的需求暂时性锐减。糖果业因多个品类,如奶糖、太妃糖、牛轧糖、巧克力、麦粒素等含有部分奶成分,而受到了一定程度的冲击。

"恐糖论"与"三聚氰胺事件"有个共同的特点,即人为造成的恐慌,进而令需求规模缩减。前者为一个科学性较强的问题,而后者则是原料带入性的食品安全问题。前者,通过宣传稍易改观,而后者则正在引发一场来自消费者的信任危机。

由"谈奶色变"到"糖奶色变",确实是有点"城门失火,殃及池鱼"的味道。这次危机来临的时候,恰逢全年糖果大旺季刚刚到来之际。多家糖果企业一年的收成中,多至七八成都在此间至春节前完成。无怪乎糖果企业严阵以待。

然而,情况或许远没有想象中那样糟糕。官方已经采取快速行动推出检测标准,并多次公布不含三聚氰胺的合格奶制品的检测结果。此举意在恢复消费者信心。整顿行业,是为了消费者,为了民生,更是为了食品行业的长足进展。一个干净的行业环境,对于想大干一番事业的企业而言,着实是件大好事。

回到企业自身,是顾客的需求瞬间蒸发,还是糖果厂商自己先乱了阵脚?我们需要认真思考一下。危险中孕育着新的机会。

(2008年10月)

第四节 三元牛奶的6个涨停板

9月18日当天,上证综指下探最低至1802点。至此,沪指从去年的高点6124点下跌到最低1802点,历时11个月,最大跌幅为70.6%。

当晚,央视新闻联播公告三大政策利好:(1)印花税9月19日起单边征收;(2)中央汇金公司将在二级市场购入工、中、建三行股票;(3)国资委表示支持央企增持或回购上市公司股份。次日,市场反响强烈,几乎所有股票、权证以涨停报收。

然而,食品饮料板块明显弱于大盘。短短几天,光明乳业、伊利股份均连日下跌,市值严重缩水。三全食品、双汇发展等受其拖累,均有跌停或不同程度的下跌。蒙牛港股甚至最大单日缩水60%。就在证券市场的其他板块纷纷回暖之际,食品饮料板块却仍处寒冬。这一切,都与"三聚氰胺乳品事件"有关。

股市虽然是属于虚拟经济的一种,但却在很大程度上体现了实体经济的现状与预期。乳品乃至整个食品行业正在经受一场来自海内外的空前的信任危机。不安全的食品如洪水猛兽一般,可以"吃"人,在股市上,"吃"人的食品则直观地体现在"吃"钱上。

三元股份却一枝独秀连续6个涨停板。没有染上三聚氰胺"疾患"的三元股份原本是一家乳品第三军团的企业。正是因为其安全属性的达标,而迎来了新的机会。近日,三元股份发布公告称,"2008年9月25日下午四点半,接有关部门通知,公司须研究相关并购事宜。经公司申请,公司股票自2008年9月26日起停牌,直至相关并购事项确定并公告后复牌。"业内人士认为,在当前中国奶制品行业"风雨飘摇"的危难关头,三元极有可能在有关部门的安排下"挺身而出",收购深陷毒奶粉风波而濒临破产的三鹿集团。

整个事件是国家宣布食品安全大部门监管之后不久爆出的。希望这是食品"不安全"的终点。拉出几家大企业"拷打"一番,应该可以起到杀一儆百的作用。机会经常是伴随着危险而产生的,某企业总经理跟我说,这是件好事,整顿之后,不出一年,食品业或将迎来快速发展的新机会。

(2008年10月)

第五节 做多食品制造

11月14日,在"4万亿拉动内需"的利好刺激下,A股食品制造板块终于摆脱了近两个月的阴跌走势,强劲上行。这并不是一波简单的反弹。

业内人士指出，前期由于"三聚氰胺"食品安全问题，食品股受到市场暂时抛弃；而食品的消费需求是刚性的，因此市场再度做多食品制造板块个股应在意料之中。

进入11月，中国宏观调控政策做出了重大调整，开始实行积极的财政政策和适度宽松的货币政策。具体措施是在今后两年多时间内安排4万亿元资金强力启动内需，促进经济稳定增长。在席卷全球的国际金融危机形势下，外需减弱，一些企业，尤其是外向型、加工型企业出现经营困难，投资下滑。消费者的预期不明朗，内需不振，扩大投资规模启动国内需求，当属应时之需和必要之策。

目前，国家发改委正在规划一个"4万亿投资"的分配流向。对各地报上来的项目，发改委表示，"在农田水利等方面的投资项目较薄弱，这和中央财政适度向农业、民生保障等领域倾斜有一定的差距"。对于农产品深加工业、食品制造业无疑是水之源头与木之根本。

"民以食为天"，一方面是由十数亿人民吃饭问题所引发的刚性需求，以及4万亿投资拉动内需的大背景之下所带来的持续的刚性需求，另一方面是农业、食品制造业基础的逐步夯实。作为朝阳产业，食品业的特有魅力正在迸发出来。

（2008年11月）

第六节 "到海外建个工厂去"

今年春来早。

王，是无锡一家油脂企业的董事长。在电话拜年时，王特别提到，他们在新西兰和澳大利亚都找到了合适的代加工厂，并摸索出一套可靠的品质控制措施。至此，我们一块儿用"头脑风暴法"提出的，应对三聚氰胺事件造成的出口受阻举措，有了实质化的进展。这是个不折不扣的好消息。

2008年9月，由"三鹿奶粉"引爆的三聚氰胺事件被媒体全面披露。该事件的进展一度登上各大报章的头条，并成为街头巷尾议论的热点话题。由婴幼儿奶粉，到液态奶，再到相关乳制品，三聚氰胺事件彻底演变成一场食品业的信任危机。中国食品在出口方面，在多个国家体现为多个食品领域的限制市场进入。

王的企业，主要产品是奶牛油。我是眼瞅着他的企业从小到大成长起来的。先是力拓内销，用作休闲食品的原料。原料的更换需要技术层面的支持。在很多客户那里直接体现为，从接触到开始合作的过程变得漫长，甚至遥遥无期。然而功夫不负有心人，起早贪黑，拓展市场近3年，销量平均每年突破两千万。

思路决定出路。

王的长子在海外攻读工商管理硕士，学成回国。于是，王任命其负责出口部门。经过深度市场调研，王的长子发现，海外不少国家与地区有面包黄油的消费习惯，奶牛油可否在调整配方的基础上，替代黄油呢？试着生产，试着销售。事实证明，这是一个令王的企业迎来突飞猛进的发展的新思路。第四个年头，随着出口局面的打开，销售额跃升至两个亿。

就在第五个年头，王准备接着大干一场的时候，"三聚氰胺事件"来了。对于中国产的奶制品，多个国家政府限制进入。奶牛油就这样被"殃及池鱼"了。坐等这个事件的烟消云散吗？基本上不靠谱。重新将重心转回内销市场？则将面临着销售额1:10的巨大差距。

"到海外建个工厂去"，是王应对危机的第一个办法。第一个想到的是新西兰，这个畜牧业发达的国家。但是投资不小，劳工考虑由中国带出去，劳动力的成本也不低。"头脑风暴法"是个好东西，一帮人之间的相互影响，让处理问题的思路渐渐明朗起来。干脆，让外国企业来做代加工，贴咱自己的牌子。关键是搞好品控就成了。很快，就行动起来了。

临近年底，美国次贷危机引发的全球金融海啸，令中国外向型的食品企业雪上加霜。

王的企业与大多数做出口的外向型企业不同。他是用自己的牌子，通过海外市场的营销渠道，直接卖给当地消费者。

而大多数外向型企业则是，替海外企业做代加工，不能用自己的品牌去接触海外消费者。当从前下单的海外企业不再下单时，则面临没活儿可干的窘境。于是乎，只有破产、放假，或转攻内销三个道路。前两条不必多说。第三条，正在被越来越多的外向型企业践行着。我们管它叫"出口转内销"。

（2009年1月）

第七节 最大新闻：将重心转向国内

近日，"食品机械企业将重心转向国内"因影响深远，被评为"2008年度食品制造业十大新闻"的"最大新闻"。众所周知，食品机械外销的利润颇丰。前些年，还真有些企业赚得盆满钵盈。但当前形势下，海外需求锐减，于是机械企业的目光纷纷转向国内。一家机械企业的总经理告诉我，回过头来，才发现国内市场的需求巨大，而且市场的可控性较强。从某种角度而言，这条最大新闻是食品制造业改革开放30周年的一个缩影。

早在1978年12月13日，绝迹了30年的可口可乐和中粮总公司达成协议，可口可乐重返中国。那时，可口可乐在中国还是必须凭外汇券购买的稀罕货。这是改革开放的初始阶段，跨国公司进入中国市场的标志性事件之一。

改革开放以来，我国开始接纳部分行业的跨国公司以独资的形式进入中国。世界范围内各大食品业"巨头"先后"抢滩"中国市场。

一方面，是外面的企业走进来。另一方面，则是中国的企业走出去。

不过，这些年走出去的食品企业，多以代工为主。当"金融海啸"袭来，突然踊跃订货的国际买家不再订货或缩减了订单的规模，代工企业则黯然神伤。"人有远虑，则近忧远矣。"几年前，在人民币兑美元升值，原料成本及人工成本大幅上涨的情况下，外销利润就已经开始下滑。有些反应迅速的出口型企业，开始将重心转向国内市场，并实施品牌战略。几年下来，已经闯出了一片天地。

"危机"的字面意思是危险与机会。当大家日子都不一定很好过的时候，只要你够努力，够勤奋，则一定会有机会。

（2009年1月）

第八节　世界糖果市场规模达 1500 亿美元

尽管经济衰退，但全球糖果市场的消费量依然保持良性的持续增长。在改善不良情绪方面，糖果确为独一无二的美食。这与糖果的甜味可以让人们的心情愉悦起来的特性密切相关。这一特性，造成了糖果在全球范围内的刚性需求。同时，也成就了数家巨无霸式的跨国糖果公司。

据国际市场研究公司 Euromonitor 调查，2008 年，世界糖果市场的销售总额达 1500 亿美元。在过去五年里，全球糖果市场的年度综合增长率为 5%。

美国为世界上最大的糖果消费市场，全年消费各种糖果达 88 亿美元，与 2007 年相比增加 2%。中国糖果市场的总销售额超过 350 亿元人民币（约合 51.5 亿美元）。目前，中国是世界第二大糖果市场。与欧美市场相比，中国糖果市场增幅较快，年度增长速度达 10% 以上。高中低档、各种品类的糖果的市场需求强劲。多家跨国公司将中国列为全球一类糖果市场。

最近几年，新兴糖果市场增长迅速。一些跨国公司以更积极的态度进入这些市场。比如，除了在传统的老牌市场"英国"外，吉百利牛奶巧克力在澳大利亚和印度市场，就占有 42% 的市场份额。

根据国际市场惯例，糖果分为三类：巧克力、普通糖果（nonchocolate，直译为"非巧克力"）和口香糖。其中，巧克力的份额为 55%，口香糖的份额为 14%。巧克力是所有大类中市场份额最高的品类，口香糖则为增长最快的品类。一方面，巧克力的单位附加值较高，另一方面，全球主要糖果市场对巧克力均有较强的消费偏好。而口香糖的增幅，与全球各地的禁烟运动有关。在禁止吸烟的公共场所，为了抵制烟瘾，口香糖成为各国烟民的最爱。

全球经济下滑，造成许多消费者削减各项日常开支，但糖果的开支却在削减名单之外。尼尔森市场调查公司将糖果列为五大经济衰退时期最受喜爱的食品之一，另外四类分别为：海鲜、干面条、啤酒和面食调味汁。

多年来，英国吉百利公司与瑞士雀巢公司一直在进行头把交椅的激烈角逐。而美国玛氏公司将箭牌公司收购之后，更是实力大增，被认为是全球糖果业强强联合的成功案例。

在许多国家，雀巢、卡夫、吉百利、玛氏和箭牌等数家跨国糖果公司的销量远胜于本土中小企业的同类产品。南非的"老虎"（Tiger，直译）和中国的"徐福记"是少有的在本土市场的特定领域领先于几大跨国公司的糖果品牌。

（2009 年 6 月）

第九节 屯糖：世界是平的

从来没有像现在这样，中国的糖果工厂深切地感受到"世界是平的"。这种感觉的产生与友邦印度有关。

印度的农民经过慎重的考虑，认为种甘蔗不如种小麦和稻子赚钱，于是做出了理性的减产选择。偏偏今年雨量很少，于是干旱导致了甘蔗的歉收。而甘蔗又是食糖的主原料，于是蔗糖就"被"减产了。但是，市场对于食糖的需求并未减少。于是，由于供求关系的原因，食糖的价格在印度开始大幅上涨。于是，印度由食糖出口国变为进口国。于是，全球糖价在印度的推动下大幅上涨。

国际糖市具有以下特点：一是主要产糖国相对集中，如巴西、印度、泰国等。这些主要产糖国大量出口，而俄罗斯、美国等大的消费国生产不能自给，需要进口。二是食糖在全球范围内的消费介于刚性消费与弹性消费之间，消费量与各个国家和地区的饮食习惯密切相关。三是区域之间、国家之间在消费上会存在一定的差异。

目前，国际市场的糖价已经上涨到每磅 22 美分，约合每吨人民币 5500 元。而同期中国市场的糖价仅为 4000~4300 元。这给了我们两个信号：一是中国糖价跟国际糖价比有进一步上涨的空间。二是国外食糖进口动力不足，不会增加国内市场供给，因而国内糖价不会得到平抑。

由于下一年度中国糖料种植面积将减少，糖厂可能推迟开榨时间至 11 月份。按照去年的数据，保守预计 8～10 月份实际销糖量为 254.93 万吨，而截至 7 月底食糖工业库存量只有 235.64 万吨。除非国家储备糖投放市场，才可以使国内食糖价格上涨的步伐稍稍放缓。

国内糖价去年 11 月份还位于 2800 元/吨的低位，但今年很快就达到 3800 元/吨。进而超越 4000 元/吨。就在去年 11 月份，福建某糖果厂仍然看跌糖价。当春节前后涨到 3800 元 / 吨的时候，才幡然醒悟，果断地做出了屯糖的选择。该糖果厂负责人后悔不已，他说如果是 2800 元 / 吨的时候进货，弄个仓库放上 3 个月，卖出后利润会超过 30%，这比生产糖果的利润高得多。

实际上，上一轮糖价的上涨始于 2005 年 2 月，当时的价格为 2650 元 / 吨。之后一路飙升至 2006 年 2 月的 5600 元 / 吨。而在接近高位时，有些糖果与食品企业仍然"果断"屯糖。为了平抑糖价，三部委几轮国储糖的拍卖下来，糖价大跌。2006 年 12 月，就到了低于 4000 元 / 吨的价位。比照后来跌下来的糖价来看，屯糖的企业亏了不少。

在 2006 年 2 月的糖价高峰时，我们认为，糖厂、蔗农与用糖单位三者之间能够保持动态平衡的糖价应为 3200~3800 元 / 吨。

如今，又到了糖价疯涨的时刻。我们仍持上述观点。

（2009 年 8 月）

第十节　美元贬值与技术壁垒将双重考验中国食品出口

9 月初，以广东、福建等地企业为代表的中国出口型食品企业，开工率越来越高。有些企业更是开始扩大生产、增加雇员，以迎接即将到来的圣诞节市场需求旺季。与之相对应的是，海外市场，特别是欧美等地市场的需求在大幅滑落后正在缓慢反弹。

种种迹象表明，中国食品对海外市场，特别是欧美市场的出口似乎正在缓慢复苏。甚至有人预计食品出口即将迎来大反转。然而，透过重重表象，我们看到的是，金融海啸对于中国出口型食品企业的"第二波影响"

正在日益临近。

9月8日,美元指数大幅下挫1%,跌至77.05。这与此前不久召开的"20国集团财长和央行行长会议"有关。该会议将继续保障全球市场流动性的稳定,并采取积极的政策刺激经济,在流动性稳定的状况下,充足的货币供应预期导致美元大幅下跌,这一状况也体现出全球市场对于通胀预期再度升温。

而在通胀预期背景下,美元的继续下跌没有悬念。为了应对金融海啸,美国大量印制美元。不出意外,这应该是新一轮美元贬值的开始。这将令中国出口型食品企业的汇兑损失进一步加大。

同时,美元贬值将进一步推升以美元计价的大宗商品的价格。比如,近期食糖价格的大幅攀升当属此例。而这将较大地推升包括糖果、巧克力、焙烤食品、饮料、乳品等在内的多种食品的成本。这就意味着,食品企业的生产成本将进一步加大。

不过,这仅仅是中国出口型食品企业的利空消息之一。另一个利空则是以"加强法案"为代表的技术性贸易壁垒的高筑。

近期,美国"联邦食品、药品、化妆品法"做出70年来最为重大的修正,形成"美国2009食品安全加强法案",并预计将在年内实施。该法案将从信息、质量体系、检查、通关手续等各方面,对与食品生产有关的企业加强管理。

在"加强法案"下,只要FDA有理由相信某种食品是掺杂、错误标签的,就可以对食品进行行政扣留,扣留最长期限从30天增加到60天。"加强法案"规定,境外向美国出口食品的企业都必须每年向FDA登记,并缴纳500美元的登记费。此外,企业还需根据要求调整配方和标签。

在全球经济一体化的呼声越来越高的今天,因越来越多的国家加入WTO,而不易设计关税壁垒的情况下,祭出技术壁垒这一招向来是欧美的拿手本领。美国此举的目的就在于保护本国食品业的发展。

无独有偶，欧盟则对《欧盟有机农业规定》进行了重要修订，所涉及的添加剂种类包括色素、饲料、酵母和酶，上述四类添加剂涉及我国目前食品添加剂市场上流通的部分常见品种，普遍应用于蔬菜、鸡蛋、海鲜等食品的生产。因此一旦这些产品出口欧盟不符合相关规定，就将遭遇通关困境，后果非常严重。出口转内销——金融海啸背景下外向型企业的生存与发展之道，我们依然持上述观点。

（2009年9月）

第十一节 三大关键词伴随新中国食品产业60年大发展

2009年10月，新中国迎来成立60周年，举国同庆。

我发现，"农业"与"营养"两大关键词，一直紧紧伴随着新中国食品产业60年的发展。农业的发展，为食品产业的发展打下了坚实的基础，而人们对于营养的孜孜追求，则大大加快了食品产业的发展速度。就在近20年，中国食品产业发展的高潮阶段，"垃圾食品"这个关键词进入了人们的视野。

先说"农业"。中国食品产业的发展，首先是依托于中国农业的发展而发展。

1949年，美国国务卿艾奇逊曾经断言，"人民的吃饭问题是每个中国政府必须碰到的第一个问题，而这个问题始终没有得到解决。"这一年，中国粮食人均占有量仅为210千克原粮。

从1949年到1957年，中国进行了土地改革，农民"耕者有其田"，粮食产量增长了72.3%。

从1958年到1977年，由于在农业经营制度上实行"一大二公"的人民公社体制，农业发展不见起色。

1978年，中共第十一届三中全会做出了"改革开放"的重大决策，在农村实施"家庭联产承包责任制"，激发了农民的生产积极性，粮食总产量由1978年的3048亿千克增长到2008年的5285亿千克。如今，我国人均粮食产量达到400千克左右，超过世界平均水平。

再说"营养"。伴随着粮食的不断丰产丰收，人们对于食品的需求逐渐由吃饱转为吃好。

1978年以后，人们对于六大营养素越来越重视。六大营养素，包括蛋白质、脂肪、碳水化合物(糖类)、水、维生素和矿物质，这是人类维持生命和健康成长所必需的。

1988年，伴随着席卷全国的"抢购风"的结束，中国市场开始进入买方市场。凭票购买逐渐成为历史。各类加工食品层出不穷。在一段时期，由于人们大量摄入高热量和过于精细化的食品，肥胖和各种由不良饮食引发的不适和疾病开始困扰着人们。

被认为是"垃圾食品"的，通常是指那些含有高糖、高脂肪，高热量而营养单一的食品。一个由于人们不合理饮食而引发的问题就这样被简单地归结于食品本身。早在两年前，我就撰文表示，不认同"垃圾食品"这一说法。人们只要做到"均衡营养"，就不存在什么所谓的"垃圾食品"。

这个时候，"膳食纤维"开始更多地走入中国人的视线，人们称之为第七大营养素。这是一类不被人体消化吸收的多糖，是纤维素、半纤维素、木质素和果胶等物质的总称。适宜的膳食纤维摄入量，能帮助肠胃蠕动，促进食物的消化吸收，它能把过剩的营养与众多有害、有毒物质带出体外。

2001年，中国加入世贸组织。中国企业与中国市场，开始更多地融入世界大市场。一方面，中国越来越多地涌入琳琅满目的进口食品；另一方面，以广东、福建和浙江等地为首的出口食品企业发展迅猛。东南亚与欧美市场，成为中国出口型食品企业的主要目标市场。

2008年，美国次贷危机爆发，并引发了全球性的金融海啸，尤其是欧美市场，日渐低迷。而此时，中国市场内需依然强劲。于是，大批的中国出口型食品企业转为内销为主。对于国内经销商来说，这些出口转内销的品牌大多较新，而企业的产能又较大，但是这些企业对于国内市场往往没有什么概念。

（2009年10月）

第十二节　全球糖果市场格局重塑与中国对策

近日，因事关全球糖果市场格局的重塑，卡夫与吉百利再次站在全球媒体的聚光灯下。

卡夫公司出价167亿美元欲收购吉百利公司，但吉百利以该价格过低为由拒绝了该收购要约。据了解，雀巢公司及好时公司有意提出竞购，提出的收购价高达210亿美元。

近些年，尤其是时间进入21世纪以来，国际糖果巨头之间的并购整合愈发频繁，全球糖果市场的格局也变得愈发微妙。

早在2001年3月意大利不凡帝公司与荷兰范梅勒公司合并，成立了新的不凡帝范梅勒公司，并拥有了阿尔卑斯、曼妥思、孚特拉、贝洁、比巴卜等糖果和口香糖品牌。

2002年9月，雀巢公司准备出资115亿美元收购好时公司，后来因为好时小镇的居民全力反对，好时公司逃脱了被并购的命运。

2002年底，吉百利公司以42亿美元收购辉瑞旗下的糖果业务——亚当斯公司，一跃成为全球第一大糖果企业和全球第二大口香糖企业。

2004年2月，全球第一大口香糖企业——美国箭牌公司宣布，成功收购西班牙佳口集团部分糖果业务。

2004年11月，箭牌宣布，公司以14.8亿美元现金收购卡夫公司的糖果业务。

2006年7月，不凡帝范梅勒收购了西班牙秋巴秋浦斯公司，将珍宝珠棒棒糖品牌纳入旗下。

2008年，玛氏公司宣布，以230亿美元左右的价格收购箭牌公司。

这些国际糖果大佬之间的多项并购，着实令人眼花缭乱。而文中所提及的企业与品牌绝大部分均涉及中国糖果市场。其中，多个品牌在多个糖果品类中的市场占有率遥遥领先。

此时，针对全球糖果市场格局的变化，中国的本土糖果企业与品牌应采取积极的战略对策。

第一，对于十余种糖果巧克力品类，找出市场集中度不高，同时又需求强劲的品类，进行市场精耕。尤其是有中国本土特色的品类，如奶糖和中西式酥糖等。

第二，抢占二三线市场及农村市场。当国际糖果巨头对一线市场虎视眈眈时，竞争自然异常激烈。而这个时候的二三线市场及农村市场，空间较大。娃哈哈在与国际饮料巨头的对决中，依此计屡试不爽，终于由校办工厂变身为世界排名前五的饮料巨头。

（2009年10月）

第十章 敬畏市场

山寨食品早已屡见不鲜，从矿泉水到糖果，再到糕点，似乎总能看到几个包装、品名类似知名品牌的不知名品牌，很多消费者平时购物时根本不会注意到这些问题。2008年，经由《新闻联播》的报道，山寨文化第一次得到官方关注，从而被大众熟知。这种明显侵权的行为却仍旧有不少厂家乐此不疲，足见在利益和品牌的取舍上，他们更看重利益。身为食品人，在获得正当利益的同时，应该多一份对市场的敬畏。

第一节　正确的产品策略与企业的方向性问题

最近，在郑州应邀出席了几位业内人士的聚会。人们的思绪显然仍在狂欢沸腾着。

这是个聚餐，十人围圆桌落座。

这是个会议，大家席间踊跃发言。

先是一位策划业的年长者提出问题，供大家讨论。年长者的一位企业家朋友，已经实验完毕，结果显示，可将钙溶于水，无浑浊，无沉淀。简言之，他设计的这个产品是一种功能性饮料，具有补钙的功能。问题是，这个产品如果投放市场，销路如何？

积极发言者有之，"为什么不喝牛奶呢？牛奶中的钙质是最容易吸收的。"一句话过后，再无针对这个问题的发言。于是，提问者总结，这个产品的设计方案近乎被否掉了。

现在回想一下，这个关于产品策略的问题，还是有几分值得回味的。

这个企业家的方向意识不可谓不强。当有了一个产品设计的创意之后，并不是急于分秒必争地执行，而是愿意拿出时间、精力、财力和物力来反复讨论、推敲。

一个产品上马的可行性分析，时下最流行的莫过于SWOT分析法。从企业外部环境的机会与威胁、自身条件的优势与劣势等四方面进行分析、权衡利弊，三思而后行。

而一旦瞄准了方向，下定决心上马新品项目，就大刀阔斧地做下去，从此不再迟疑。所以，这样的企业推出的新产品，成功的概率较大。

人们现在讲营销，总是将目光过多地放到"渠道"和"促销"两个环节，而忽视了产品策略层面的东西。而产品设计则跟市场需求密切相关。如果产品本身不符合市场需求。这已经犯了方向性的重要错误。后面的环

第十章 敬畏市场

节做得再棒也无济于事。

随着果汁行业的领军企业——汇源试了一把果醋饮料，这个存在了十数年的饮料，再次成为媒体关注的热点。

一个偶然的机会，笔者从超市里买了一瓶某二线饮料品牌的苹果醋。酸酸甜甜，口感还算不错。但是一瓶喝下之后，发现胃里不对劲了。胃酸过多，不是一般的难受，赶紧把桌上的一大块面包囫囵吞下，胃部的不适感才略有减轻。本人的肠胃功能一直是比较强健的，试问，其他的消费者如果也是这样的感觉，还会有下次的消费吗？而对于快速消费品而言，不断的重复消费，恰恰是一个产品销量倍增的源泉。再者说，这样的产品，会有口碑吗？没有口碑的产品如何畅销？

这归根到底，还是一个产品策略的问题。如果你的产品设计本身就有问题，看看有多少消费者愿意买账。

现在已经不是那种短缺经济时代了，一瓶橘子汁要兑成好几大杯水来喝。如果把那瓶果醋兑成两三瓶水来喝，我想胃酸一定不会过多到令胃部难受的程度。可能喝起来口味有些偏淡，但谁又敢说，这个不适合大多数消费者的口味呢？

去过广东，并喝过地道的广式凉茶的朋友，一定知道凉茶的口味是苦苦的，一股中药汤子味儿。而王老吉恰恰只是靠广式凉茶，卖出了一年近百亿元的销售额。很显然，王老吉做的并不是传统意义上的凉茶。或者说，是改良后的凉茶。入口一种甜甜的味道，饮后确有几分降火气的功效。于是，消费者们拿出一百亿来投了赞成票。

为什么果醋产品不可以改良一下呢？

（2009年11月）

第二节 "年糖"集中供应与糖果企业的"跟风习惯"

时间进入 12 月，诸多糖果企业中高层管理者的神经开始紧绷起来。因为一年的收成，丰收还是欠产就"在此一役"。

经常听到一些中小糖果企业诉苦：糖果市场竞争太过激烈，生意非常难做。说这些话的企业大多规模不大，渠道不健全，主要靠走流通，靠批发市场。流通渠道属于粗放型的渠道管理范畴，所面对的消费群体以中小城市及乡镇市场为主，消费需求以"年糖"和"喜糖"为最。

所谓"年糖"并非一个品类，主要是指春节期间走亲访友或招待访客所用的糖果，包括"大礼包"和散装糖果。据测算，这类糖果的需求，占了中国糖果市场份额的一半以上。

而秋末冬初，丰收过后，迎来农闲季节，婚庆喜事也跟着多了起来，对于"喜糖"的需求随之而来。"喜糖"也并非一个品类，是指婚庆消费用糖，多以散装糖果或厂家定量装喜糖，以及喜铺定量装喜糖为主。

这个时候，喜糖与年糖的集中消费时间，大部分是重叠的。主要集中在春节前的两三个月，尤其是靠近春节的一个月。因而，节前旺季的销售成了糖果企业每年工作的重中之重。据龙品锡市场研究中心调查，不少企业甚至每年六成至八成的销量是在这段时间完成的。站在糖果企业发展战略的层面去研究，这种情况下，企业的经营风险非常大。万一这段时间有个来自外部的或者内部的突发事件、不可抗力因素什么的，企业容易造成现金流中断，这对企业将是致命的打击。

如何化解这一经营风险呢？增加定量装糖果供应的比例，是个卓有成效的市场策略。

某外资糖果企业的 A 总经理表示，该企业进入中国市场初期，因不熟悉中国糖果市场对于"年糖"需求的习惯，而把重心放在定量装，尤其是小包装糖果的供应上，渠道则相对应地选择了大卖场、超市和便利店等终端渠道。这样，直接和零售商沟通，市场信息很顺畅，企业对产品品类及包装规格的调整也就变得很及时。A 总经理谦称是"误打误撞"而进入了糖果市场的"蓝海"。

其实，A 总经理所称的蓝海也正在经受挑战。这与该企业旗下的一个棒棒糖品牌的畅销有关。这个挑战就源于糖果企业的"跟风习惯"。某乙企业看到某甲企业上马的稍微热销一点的新品，马上就"手痒痒"到不能自控的地步。设备、原料、包装、技术等，一股脑齐刷刷地"采购"完毕——马上投入生产——马上投入市场——片刻不停歇。

某丙企业、某丁企业等多家企业，看到某甲企业与某乙企业均上马了此类糖果新品，于是跟着"手痒痒"一番。那么，这个糖果新品很快就严重供过于求。这个品类的"仿造"导致糖果市场顿时一片红海，竞争异常激烈。于是，跟风者中，成功的只能占很少很少的一部分。

不过，A 总经理信心满满"不惧挑战"，不仅仅是因为该品牌是享誉全球几十年的老品牌，还源于其树立起的技术门槛和完善的渠道优势。

品牌、技术、渠道，打铁还需自身硬！

（2009 年 12 月）

第三节 山寨食品升级行动

还记得两三年前，我在北京长安街中南海对面的一个胡同里，买了一瓶"康师傅"矿物质水。结完账，走出 200 米，喝了两口之后，才恍然发现，原来这瓶矿物质水的品牌是——唐大师傅。只是人家的书法真是"炉火纯青"，竟然把"唐大"两个字错落有致地写得跟"康"字非常接近。再看产地，是附近的一个县级市。还好，只花了一块五，而且这种"包装水"的口感差别似乎不是很大。

2009年4月，作为"矿物质水"的发起人和领军者，康师傅矿物质水再次被指"靠添加剂赚大钱"。该消息最先刊发于2009年4月南方一家知名报纸，后被多家媒体引用。这被业界看作康师傅2008年"水源门"事件的继续。

不知道当康师傅被卷入风口浪尖之后，这家"唐大师傅"矿物质水做何感想？是否会觉得"城门失火殃及池鱼"？是否会觉得庆幸——多亏自己是个"李鬼"？是否会考虑"战略转型"？

其实，从前这类产品就有个特定称谓，叫"假冒伪劣食品"。

"山寨食品"的说法从何而来？

"山寨"的提法来自中国香港。在那里，小规模经营的工厂或家庭小作坊被称为"山寨厂"，其出产的产品也被称为"山寨货"。在粤语中"山寨"一词含有"不正规"或"不正统"的意思。由于"山寨厂"生产的"山寨货"多为仿制和假冒产品，故"山寨"又引申为"模仿""翻版""冒牌"的意思。

2008年12月3日，《新闻联播》对山寨文化进行了报道。这是央视首次关注山寨现象，也令山寨文化第一次得到了官方的关注目光。

而山寨食品，似乎都不用专门下定义了。举个例子就能说明问题。如，洽治瓜子、雲碧、豪牛酸酸乳、粤利粤等。它们的共同点是效仿知名品牌的外形、颜色和字体等，确切地说，就是傍名牌。

山寨食品，好不好呢？

有人一语中的，"涉嫌侵犯他人知识产权，存在严重的安全隐患"。山寨食品的出现，不仅忽悠了消费者，也损害了正规食品厂家的合法权益。

但是，对于山寨的正面阐释亦有之。如，"'山寨产品'，实际上是由一些有智慧头脑的民间人士，为满足那些受购买力所限、但又对某一品类或品牌的产品具有消费欲望，而通过'复制、模仿、学习、借鉴和创新改良'的方法，推向市场的一种平民、草根的品牌产品"。

山寨食品的明天会如何？有人说，"在完成了原始资本积累之后，也可以改头换面重新做人"。其实，一百个人里也许有一个能做到这样。对于百分之九十九的山寨厂商来说，他们的前途只有一个，就是被淘汰。真正的危险则在于，他们有可能把原本走正道的正规军拖下水。在被淘汰之前，以下几条出路，可供山寨食品选择：

1. 如果自己没有叫得响的品牌，也不太想做品牌，可以专事OEM，按照相应的质量规范，给一些知名品牌做代加工。

2. 苦于不懂包装设计，不懂市场策划、执行，不懂知识产权，但又想做品牌，其实这些环节可以外包。如果真想做大做强，仿冒别人的品牌、包装终究不是长久之计。而且，知识产权层面的法律风险愈来愈大。

3. 升级版的"山寨食品战略"，就是对于行业领军品牌的跟进策略。当然，这种跟进，不是盲目的抄袭，而是对品牌精神的一种跟进、学习、提升，进而创建自己的全新品牌。

（2010年1月）

第四节　股市与糖果铺子网上商行

提起A股市场近年的走势以及未来趋势的预测，吴头头是道。虽偶有失手，但总的来说，吴进入股市几年来，战绩斐然。与众多股市投资者同时关注并投资多个行业的上市公司股票不同，吴只关注一个行业——制糖业。更多时候，他只是选择一只最了解的制糖业公司的股票而已。

但是，吴坚称，炒股只是他的副业而已。吴的另一个身份是南方某著名糖果企业的董事长。上文所提及的制糖企业正是其糖果公司的供应商。聊天的间隙，吴用他的3G手机连接了网络，打开了大智慧炒股软件，了解即时的股市行情。

吴表示，蔗糖是他的糖果公司所有生产成本中最大的一块。吴正是为了在合适的价格买入蔗糖，用来投入生产，才开始接触和研究制糖业上市公司的。

在股市里泡久了，吴如今也萌生了将糖果公司上市的念头。对于上市，吴认为：企业上市，不仅仅意味着企业由少数股东持有股份，而迈向"公众化"公司。更意味着，企业出资人可以将未来数年甚至数十年的收益，提前证券化、货币化，并可以选择适当的时机兑现。

吴给他的糖果公司上市的规划是在五年以后。因为，吴认为现在就上市，时机还不成熟。比如，管理不够规范，盈利能力也不是很强。还有一个原因是，吴还没有想好融来一大笔资金如何进行企业的战略规划。

提起虎年的打算，吴说是大干快上"糖果铺子网上商行"。吴说，越来越多的人随身带着"互联网"，并用互联网这个工具做越来越多的事情，比如：网上交友、聊天、网上购物，等等。

吴接着说，他做"糖果铺子网上商行"的目的，就是要让消费者在网上买糖像在网上买书一样便利。一项数据表明，数年前，当当网一年的图书销售额已经超过老牌的西单北京图书大厦。而糖果市场的年节、婚庆集中批量购买的消费习惯，更适合网上购买、网上支付、送货上门。

对于"糖果铺子网上商行"的建立，吴选择了找朋思网络公关公司外包。吴认为，建立网上商行很容易，但要让更多的消费者知道并使用，就必须要通过网络推广。而选择一家懂网络的公关公司外包，则事半功倍。据了解，朋思组建了专门的项目组，来为吴的糖果公司进行网络传播服务。除建立了专门的"糖果铺子网上商行"外，还在淘宝、EBAY 易趣、百度有啊等 C2C 购物网站建立了商行分号，在新浪、搜狐、网易等门户网站建立了大量的博客进行宣传，在开心网、人人网等交友站点进行了虚拟糖果商行合作进行传播，等等。多种网络推广手段结合，"糖果铺子网上商行"的点击率开始急剧飙升，在各大搜索引擎的排名渐渐领先。吴认为，这只是个开始，他的目的是要跟这家网上商行要销量。

吴算了一笔账，建立并宣传"糖果铺子网上商行"要给网络公关公司一笔费用，要给物流公司一些费用，给网络支付平台一点佣金。但是，这些跟大卖场高昂的进店费、堆头费、年节费、人员促销费、新店开张费等比起来，要少很多。

吴展望未来，他希望通过 5 年时间的努力，使"糖果铺子网上商行"的销售规模达到 15 亿元。这将大幅超越该公司传统渠道的销售额。

5 年后，恰恰是吴规划中的糖果公司上市的时间。

（2010 年 2 月）

第五节 中资企业的草根式全球并购新思维

近日，在中国食品业，与其说"卡夫并购吉百利"动人心弦，倒不如说"吉利并购沃尔沃"能给人带来更大的启发。这两个事件的中心，前者在西方，后者在中国。而且，后者还同时开启了中国草根式全球并购新思维。

多年来，英国吉百利连续位居全球第一大糖果企业的位置。直到 2008 年 4 月，美国玛氏公司合并美国箭牌公司之后，这个位置被新的玛氏－箭牌糖果企业取而代之。

而近年连续位列全球第二大食品公司的卡夫，则踌躇满志，一直想超越雀巢全球老大的地位。今年1月19日，卡夫宣布成功收购吉百利，终于圆梦。据了解，卡夫以119亿英镑的价格，取得了吉百利75%以上的股权。此次收购，将有助于卡夫升级为500亿美元营收的企业，并一举超越雀巢成为全球最大的食品与糖果公司。

吉百利在25个国家拥有生产厂，在200个国家销售。其中，两间工厂位于中国的北京和广州。双方合并后，在技术、营销、品牌等方面，将有望达到1+1＞2的协同效应。

从吉利公司造汽车开始，创始人李书福的名字在中国企业界就开始变得响亮起来。他不是一般的高调，而是"非常高调"。

李书福的创业史要追溯到1986年11月。他以冰箱配件为起点，开始掘到第一桶金。1994年4月，进入摩托车行业。1997年，进入汽车产业。1998年8月，第一辆吉利汽车在浙江省临海市下线。2001年11月，吉利成为中国首家获得轿车生产资格的民营企业。这是一个非常中国式的民营企业的创业发展历程。就在一个月前，吉利宣布成功收购世界豪华汽车品牌沃尔沃，世界对其彻底改观。

吉利的家底并不丰盈，收购及发展沃尔沃所需的27亿美元从何而来？

2008年4月，李书福找到了洛希尔银行（Rothschild）来担任吉利收购沃尔沃项目独家财务顾问。但是，洛希尔调查发现，截至2008年底，吉利集团资产总值只有140亿元人民币，利润仅10亿元人民币。看来，困难重重。

多方努力，并购继续。此后，包括德勤会计师事务所、富尔德律师事务所在内的专业中介机构介入到并购案中来。

2009年7月，多家财团竞购沃尔沃。吉利为沃尔沃描绘的未来打动了福特和沃尔沃。吉利只是一个投资者，要做的只是扩大沃尔沃在新兴市场的占有率，让中国成为它的"第二本土市场"，其余都不改变。今年3月，双方正式签约，完成并购。

吉利方面表示，此次收购沃尔沃的价格为18亿美元，加上后续发展需要的流动资金，共需要27亿美元资金。其中一半来自于国内，另外一半则是国外的资金。"国内的资金中，50%以上是吉利的自有资金"，其余资金来自于中国主权银行的并购资金；而境外的资金，则主要来自于美国、欧洲等。据了解，目前中国银行浙江分行与伦敦分行牵头的财团承诺为吉利提供5年期贷款，金额近10亿美元，吉利还与中国进出口银行签署了贷款协议。此外，还有部分资金可能来自欧盟银行。

让我们把视线拉回糖果业。多年来，我们一直是全球性糖果巨头并购游戏的旁观者。经过长期积累，中资糖果企业的实力日渐雄厚，有的企业有渠道，有的企业有品牌，有的企业背靠大集团，有的企业拥有成功的梦想，有的企业拥有冲天的干劲。谁将是中资糖果企业的"吉利"？谁将在未来成功竞购全球糖果业的"沃尔沃"？

心有多大，舞台就有多宽广。

（2010年4月）

第六节 从"糖果冷食厂"到成本推动型冰企的优胜劣汰

时至今日，仍然有一些企业的名称为"糖果冷食厂"，这是有其深层次的历史原因的。

早在1988年以前，中国处于短缺经济时代。这个时代的特点是各类产品供不应求。因而企业绝大多数以生产为导向，你能生产出什么产品，就一定能卖掉什么产品，你有多大产量，就一定能全部卖掉。在这个时期，春夏季生产冷食、秋冬季叫卖糖果成为行业的主流。以生产为导向，这样的规划确实很合适。

夏天，棒冰、雪糕、冰淇淋等冷食往往是消费者消暑解渴解馋的不二之选。此时，夏天就理所当然成为冷食的旺季。深秋及冬季，趋于农闲，婚庆喜事多了起来，人们总要有些喜糖来装点宴会的气氛。冬天，更有我们最隆重的节日——中国年，没有年糖，又怎么能算过年呢？于是，秋冬季就成为糖果的旺季。于是为四季而战的糖果冷食厂就应运而生了。

市场变化之快，往往令人措手不及。就在1988年，以席卷全国的抢购风为标志，中国社会生产力全面提高，一举告别短缺经济时代。此后，各类产品开始变得供过于求。于是，中国冰品行业的第一轮优胜劣汰就此开始。

第一轮为生产导向型的优胜劣汰，发生在1988-1997年。

当市场需要你转变为以市场和需求为导向的企业的时候，你偏偏沉浸在以生产为导向的时代，不能自拔，市场只能是将你无情地淘汰。这一时期，被淘汰的糖果冷食厂不在少数，大多为国有企业。优胜劣汰的结果是"糖果的归糖果，冷食的归冷食"，只有极少数仍二者兼顾。

第二轮为渠道导向型的优胜劣汰，发生在1998-2006年。

随着冷链物流业和现代连锁式商业的发展，冰品企业的销售半径在扩张，产品的售卖期在延长。而仍然沉浸在本地化小市场的企业，增长较慢。部分冰品企业因着眼于全国大市场，注重品牌培育、重视终端营销渠道及冷链储运，则呈裂变型增长的态势。后者淘汰前者自然不在话下。

第三轮为成本推动型的优胜劣汰，发生在2007年至今。

糖价新高、奶价高企、可可制品涨价、水果制品涨价、坚果制品涨价、焙烤的圆筒涨价、包装涨价、机械涨价、运费涨价、《劳动合同法》语境下的人工成本激增，在成本推动型冰品涨价压力骤增之时，部分中小型冰品企业选择了停产观望。企业存在的价值，就在于生产与销售，就像士兵存在的价值就在于奋勇杀敌一样。停产，意味着退后一步是为了能够跳得更远，或者意味着永远停产。当然，后者的概率更高一些。

部分大中型企业，则选择了将产品提价或变相提价。提价，很简单，直接告诉经销商和零售商，说我们涨价了。变相提价则复杂些，先要告诉经销商和零售商之前的产品淘汰了，为了更好地适应市场，我们有新产品取而代之，口味增加了，形状改良了，品名更新了，包装也换了。当然，价格也跟着换了，换得稍高一点而已。

很有意思的是，当本土的糖果冷食厂越来越少的时候，部分跨国公司仍然是糖果冷食两手抓。不同的是，它们或者分成两个事业部，独立核算，或者干脆变身为同一品牌旗下的两个企业，一家做糖果，一家做冰品。事实上，它们的市场占有率可能还在屡创新高。

通过市场配置资源，冰企竞争的结果不仅仅是优胜劣汰，还将意味着强者恒强。

（2010年5月）

第七节 出口型食企艰难转身：中国式品牌与代工的双赢

就在全世界都在讨论人民币兑美元是否应该升值的时候，人民币兑欧元却真真切切地升值了将近20个百分点。去年11月15日，1欧元还能兑换人民币10.14元。而今年6月7日，同样是1欧元则只能兑换人民币8.13元左右。

从去年底至今，因希腊主权危机，导致欧元不断下跌。整个5月，欧元/美元跌幅达到 7.5%，创自 2009 年来最大的单月跌幅。欧央行理事马库克日前表示，疲弱的欧元使欧元区在努力从全球经济危机中复苏之时受益。欧洲的许多出口型产品在欧元贬值的局面下，无异于降价促销，反而出口量攀升。

来自非欧元区经济体的人们，则开始怀疑这次欧元的大幅贬值是否是一场来自欧洲的阴谋。因为，这毕竟将对该地区的出口有利，使该地区制造业的成本优势凸显出来。

而站在中国看欧元贬值，人们的心情则完全不同。欧盟是中国最主要的出口市场、最重要的贸易伙伴之一，占中国贸易规模的 16%。人民币因欧元贬值导致的被动升值，令中国出口型企业面临严峻的考验。从某种意义上说，这意味着中国出口到欧洲的产品，价格涨幅近 20%。中国出口型食品企业低价优势的"光环"，正在渐渐褪去。

广东的一家饼干企业，为上述观点提供了例证。该企业今年前 5 个月输欧食品的汇兑损失在 930 万元人民币左右，占销售额的 15% 左右。尽管如此，该企业欧洲的贸易伙伴似乎并不满意。因为欧洲正在面临的经济衰退，令市场需求在进一步减少。

据了解，部分以欧洲市场为重点的出口型企业正在蠢蠢欲动，准备将重心转向美国市场。以史为鉴，可以知未来。近几年，人民币兑美元升值的事实，应犹在眼前。

近期，人民币兑美元的汇率虽有所企稳，但并不意味着人民币兑美元升值的预期压力有所降低。更不意味着这一趋势有所逆转。倘若在不远的将来某个时间段，人民币兑美元升值速度比肩篇首所述的人民币兑欧元的升值速度的话，恐怕能够消化这些汇兑损失的企业不在多数。

我们专门对出口型食品企业的发展方向做出研究。通过调查发现，他们大部分对于国内市场的模式、规矩较为担忧。

比如：如何做品牌？如何建立和管理销售团队？渠道在哪里？如何做渠道？如何与单个的消费者进行沟通？

此前，一种较为常见的声音是建议这些专门做出口的企业去做品牌，转攻国内市场。然而，我们调查发现，绝大部分企业迟迟未动，原因就在于其对于出口与海外市场的熟悉程度与惯性使然。再者，这类企业最大的优势在于生产规模与制造能力，而不是品牌推广与销售渠道。

市场经济的发展，竞争的加剧，会促使企业的分工更加细致。目前，市场上恰恰出现了相当一批企业，有品牌，有渠道，就是没有某类产品的生产能力。比如，安徽有一家较为领先的炒货企业，其品牌知名度较高，有面向全国市场的较为完善的经销商与零售商渠道。该品牌在面向糕饼业及糖果业延伸的过程中，因为对于上述两行业的生产不熟悉，而且先期投入成本很大等，而选择国内企业代工。首选的就是以出口为主、产能较大的企业。目前，因生产的问题得到解决，该品牌在糕饼与糖果领域的品牌延伸速度大为加快。

这何尝不是一种中国式品牌与代工的双赢？这又何尝不是一次出口型食企的美丽转身？

（2010年6月）

第八节　涨价分为两种

时间马上进入7月。业内人士都知道，新一轮的糖果企业新品发布会、订货会、招商会就要在将来的两三个月之内竞相登场了。糖果企业今年的价格策略，似乎比以往任何时候都更加敏感。外需，尤其是欧洲市场疲软，内需并未明显提振，成本压力却像坐着电动扶梯一样一路上行。

中华民族，是个善变的民族。请注意，是"善变"，而不是"乱变"或"不变"。很多时候，"静观其变"就是为了达到"善变"的境界。

毫无疑问，在价格策略方面，静观其变将是大多数中国企业的做法。这个静观其变，有很强的实操性。比如，要是我厂先提价，他厂不提价，岂不是经销商客户将蜂拥至他厂，而不来我厂，如此这般，岂不哀哉？但是，如果我厂就此宣布不提价，而他厂提价成功，客户普遍接受，如此这般，岂不也哀哉？如果下半年的白糖价格、可可制品的价格、奶粉的价格、坚果的价格、胶基的价格、特种油脂的价格等上行的趋势就此打住甚至逆转，而且是大跌，我厂因此无需提价，保持原价即可迎来盈利的上升，甚至大幅上升，岂不妙哉？

读过《孙子兵法》的人都知道，孙子对于作战的时机看得比什么都重要。大部分失利的战争，并非因为军队没有能力或者缺少军需粮饷，而最主要的原因在于"贻误战机"！所谓商战就是商业的战争。在"时机"的重要性方面，商战与疆场之战一般无二。在目前这个时间段，订货会很快就要举行，旺季很快就会来临。这个时候，正是糖果厂商的决策层应该静下心来，审慎研究如何制定新的价格策略的"最佳时机"。

涨价分为两种，一种是成本推动型的，一种是需求推动型的。如果成本不变，但需求量大幅增加，在供应量未变的情况下，只能提价以应对市场。如果成本提高，但需求量不变，在供应量未变的情况下，也只能以提价来应对市场。

问题是，市场并非如此简单。还很有可能出现一种令糖果厂商分外棘手的情况：成本大幅增加，需求量不变甚至略减，但市场上的供应量却仍在增加。在这种情况下，企业多半开始踌躇起来。如果按需定价，则应该降价才对；如果以成本推算，则必须涨价。何去何从？

中国有句老话，叫作"一分价钱一分货"。这实际上更多的是站在消费者的角度，对于高质则高价的一种肯定。消费者希望所购买的糖果产品"质优价廉"，但质优价廉一定有一个度。这个度就在于，产品首先要质优，在这个前提之下如果还价廉，那很好。如果价不廉呢？其实也无所谓！消费者永远都不会愿意去购买价格低但质量差的产品。因此，在成本压力骤增，且趋势未变的情况下，糖果涨价将成为必然。在某种意义上，静观其变，就会沦为"来不及改变"，就会"贻误战机"。

作为消费者的糖果供应单位，只要合理，稍稍提价，在消费者那里算不上多大的事情。但是，如果一味追求低价，而偷工减料，则最终必将为消费者所抛弃。真正聪明的消费者，是希望看到你的糖果厂拥有合理的利润，可持续性发展。也只有这样，你厂才能更好地为消费者提供长久的服务。

大胆一点，适时提价。在实施层面，则需谨慎一点，好好计划一下。

（2010年6月）

第九节 什么是冰淇淋市场的持久战

未来，我国冰淇淋的产销仍将保持高增长态势。龙品锡市场研究中心分析，主要原因有三：第一，人们生活习惯的改变，使得冰淇淋的消费已不再单纯是为了防暑降温，而是为了休闲，为了享受；第二，由于全球气候变暖，炎热的天气客观上促使人们对冰淇淋消费需求进一步提升；第三，生产厂家为了顺应市场需求，开发新品、塑造品牌，并利用一切宣传手段进行产品和品牌的市场推广，厂家的做法进一步发掘和刺激了潜在的市场需求。

从以上分析不难看出，对于冰淇淋企业来说，能抓住机遇并大有作为的是在第三层面，从某种意义上来讲，消费者消费习惯的改变，很大程度上取决于企业特别是品牌型企业的引导。

营销本质上是一场心理战。品牌是战斗中最有力的武器，而这个武器最好的装备则在于它的弹药——广告，也因此近年来冰淇淋市场上的广告大战愈演愈烈。而在众多的广告中，"谁的广告打动了你"，你才会愿意花钱去购买谁的产品。

更进一步分析消费者购买行为会发现，消费者熟识并购买的产品大多是知名品牌，而这些知名品牌的共同特征是每年广告投资要占推广营销费用的50%～60%。

一个品牌首先要有知名度，有了知名度还不够，名还分好名坏名；有了名还要在消费者心中、在社会上有好的评价、好的地位和好的形象，这是美誉度；有了众人的称赞，还要换来大家的偏好和认同，从而形成购买和持续购买，这就是忠诚度；有了顾客的忠诚，产品自然就能好卖、多卖；做到这一点还不够，你还要给顾客一种精神和心理的满足和愉悦，能让他们产生激情、美好等情感，这样，才会让消费者从理性变得感性，认同你的价值、认同你的思想，与你建立起一种心连心的感觉。品牌做到这份上了，就有了巨大的感召力，销量自然也会有所上升。

在冷食行业市场竞争不断演变的今天，竞争的焦点是由于市场需求空间的理性作用和企业间产品及推广存在的巨大差异而形成的。各企业在激烈的市场竞争中要想站稳脚跟，广告战、价格战不可避免，但也要看能否持续贯彻自己的营销策略，最关键的还是要坚持自己的品牌路线，树立品牌形象。

近年来，从中央到地方，都在提倡全面实施品牌化战略，旨在鼓励更多的民族企业打造自己的品牌，强化品牌意识，在当前世界经济形势中，以品牌赢市场，在激烈的竞争中抢得先机。对于企业而言，不创建品牌就是"踩着西瓜皮，滑到哪里算哪里"，而走上创建品牌之路，就像汽车开上了高速公路，随之而来的品牌力量就能让企业飞速向前。

中国冰淇淋市场上的品牌战其实早已开始，但是纵观全局不难看出都是大企业在争食厮杀，中小企业在种种压力下暂时难以有所突破，所以中小企业刚开始的时候，它首先要解决的是生存问题，企业都不能生存下来，谈别的都是空话，"能守住家门前的一亩三分地"就是获得生存的最好机会。解决了生存的企业，已经离开了那种今天不知明天生死的境地。开始想着产品能更好卖、卖得更多、卖得更好、卖得更久，企业自然也就活得更好，活得更久，此时，品牌的需求就应运而生了。

（2010年7月）

第十节 到网上去买卖食品

佩服湖南卫视人的娱乐精神，也当然更看重其将娱乐与商业成功嫁接的手段！我最近对一档《越淘越开心》节目一直在关注，其"快乐淘宝"的理念每期都能触动我。

有统计数据显示，截至去年10月，国内上网购物的人数已超过了1.2亿，购物总量达到1320亿元，约占社会商品零售的1%。今年6月底的时候，温家宝总理视察阿里巴巴，马云曾向总理介绍说："作为电子商务网站的淘宝，一天成交额已经达到10亿元人民币，三四天就能完成王府井百货一年的营业额，现在大批商家都上淘宝，有些生意做大了就变成B2C了。去年淘宝完成了2000亿的交易额，今年我们要完成4000亿的交易额。"

对于马云所说的"10亿"这样一个数字，我一直在想，这10亿中有多少是食品的销售份额？其中又有多少是由网络销售渠道贡献的呢？

走在前头的企业已经尝到了网络销售的甜头。

一位在白家粉丝主管网络销售的胡姓朋友给我算过一笔账：相同一件产品，如果通过实体渠道销售，进场费、经销商提成、促销费等营销成本占毛利率50%以上，最大纯利率为20%；而网络营销成本只有上述传统渠道的一半，在单价比实体店零售价便宜5%以上的情况下，平均纯利率也可达到20%，最大纯利率达到30%。胡的总结是，网络直销不仅可行，而且给消费者和企业都能带来直接的收益，这可能正是传统食品企业实现弯道超越的重要方式。如今，白家不仅在淘宝、卓越推出白家"直营超市"，又与支付宝达成战略合作，不久前又入住了中粮旗下的"我买网"。

另一个例子，粽子老字号"五芳斋"今年端午期间利用淘宝卖粽子卖了500万元。除五芳斋这一老字号外，真真老老、三全老字号食品都已在淘宝上开店，五味和、全聚德、桂美轩等的授权专营店，也进驻了淘宝。

马云有句广告式的话："不做电子商务，五年后你会后悔！"分析来看，这话并不是耸人听闻。"得渠道者得天下"现在被奉为行业金律。而对于食品企业来说，渠道的掌控往往是其发展壮大的瓶颈。而网络销售弥补了企业传统渠道的短板，特别是利用淘宝等专业的电子商务平台，渠道构建低成本的优势很明显。"一旦这一市场被打开，潜在的市场规模是开辟一两个区域的传统渠道所无法比拟的"，这也是白家胡主管的总结。

索证准入让食品企业有实力与个人商户竞争。

在淘宝开店者以个人和小商户居多。去年年底的"索证准入"风波让这些商户着了一回急，但国家对网络渠道的监管从宽到严这是个趋势，网络食品销售办证是迟早的事。对于食品企业来说，获得"食品流通许可证"是最起码的，从这个层面来分析，食品企业的网店今后更容易获得网民的认可。

支付、物流是食品企业网上开店需要做好的基础工作。

对于食品企业来说，搭建网络销售平台的背后，物流、仓储、管理服务、支付结算等成为其电子商务之路需要突破的瓶颈。在淘宝开店、支付结算已经有了成功的支付宝模式,而对于物流和仓储来说,利用具有较好资质的第三方是个不错的选择,毕竟术业有专攻。

也有人这样说,在淘宝开店,利用网络销售渠道,我要的不是线上的交易额,我要的是这种品牌推广手段,从而促进线下交易。对于这种开店的想法,也不失为一个明智之举。

(2010年8月)

第十一节　渠道创新的王道是向小店回归

流通,还是终端,一度困扰着很多大中型糖果企业的决策者。选择流通,对品牌力的要求一般,容易上量,现金流也快,渠道费用也低,但利润较薄。若选择终端,对品牌力要求较高,从长远来看也容易上量,现金流方面则要根据卖场、商超品牌的不同而压款30~60天,甚至更长。渠道费用很高,但利润也比较可观。

对于大中型糖果企业的渠道规划,一种流行的做法是由流通到终端,逐渐让终端取代流通。这在最近几年被认为是渠道策略的王道。

近日,一家做了10多年终端营销,年销售额超过10亿元的D糖果公司的董事长D先生,走进龙品锡市场研究中心,与我们促膝长谈。长谈的主题只有一个:流通与终端。

D糖果公司在10年前开始进入终端市场。D董事长坦言,最初,看见一家台资糖果企业,在超市里摆上几排"水桶",里面装满散装糖果,统一标价,称重售卖,觉得此举令人费解。于是,D董事长召集全国各地的业务员用观察法、询问法、座谈法等市场调查方式对该台资企业的陈列方式进行研究。调研之后,D糖果公司也加入了摆"水桶"、卖散糖的行列。

紧接着，问题出现了。散装糖果的旺季始于阳历 8 月下旬，终于农历大年三十。淡季如果到不了卖场规定的销售额，则会被清场——不能商量。

于是，产品的创新提上了议事日程。围绕着"淡旺季的调配"这一目标，最终 D 糖果公司选择了果冻，效果立竿见影。

来自终端的问题，并未就此打住。首先，卖场的面积并非整齐划一。有的很大，大到消费者还没有转到你的散装货柜旁边，就已走向收银台。有的较小，小到可能没有散装货柜的位置，或者位置很少，轮不到你。

企业总是在解决了一个又一个问题后，不断迈上新台阶的。至于收银台的陈列，D 糖果公司选择了条块状、板式巧克力。并视卖场的具体差异，在收银台、大卖场各个品类的产品端架处进行五连包等悬挂式的多点陈列。

但是，到了年底，一算账，发现新的问题又来了。大卖场的费用奇高，吞噬了企业的利润。

什么样的零售场所费用很低，甚至无需费用呢？夫妻店、小卖部、校园店，等等。这其实是 D 糖果公司创建之初，就已熟悉的售卖场所。

我们做很多事情都是这样，转了一圈，很可能又回到了原点。但这时的原点只是表象上的，已经发生了质变。从本质上讲，这是 5000 米长跑的第二圈、第三圈的开始。你已经站在了 400 米、800 米的起点上。

这是需要人的时刻。需要众多的小店行销员，贴海报、补货、了解市场、跟负责人搞关系，并且要分组培训管理。这个时候，还可以借助经销商的力量。有的经销商专门做各种小店，但是，仍然需要小店行销员的帮助、配合，才能上量。

这，只是个开始，平衡大卖场费用，提升品牌市场占有率，精耕细作市场的开始。这，就是当前渠道创新的王道——不光要市场占有率，更要向利润回归。

（2010 年 8 月）

第十一章 盈利加减法

随着企业的发展，决策者很有可能无师自通地走上多元化的道路，渐行渐远而不自知。项目越办越多，新品层出不穷，为了占据更多终端排面，一味丰富产品线。最终无暇多顾，全面发展，多线平庸。我一直强调企业要学会做"减法"。企业的资源和时间有限，"与其千羊在望，不如一羊在手"。加未必多，减未必少。

第一节 趋势：有人开始用微博做品牌传播

"你关注'绿社会'了吗？"一大早上班，我刚打开电脑，自动登录的 MSN 就弹出一个对话框。定睛观瞧，原来是好友小高发来的。

"不就是伊利的新浪'围脖'吗？"我回复道。小高是位环保主义的践行者，经常周末和一些朋友去北京香山的"野山"捡塑料袋等废弃物。

小高所说的是伊利最近在新浪网开的公益微博，名字叫"绿社会"。这是首个由企业出面、以"低碳环保、绿色发展"为主题的绿色公益微博。据称，其粉丝数量已经达到了近万人。

伊利以微博作为传播方式，以低碳"绿色"环保为公益主题，在品牌内涵的打造与传播层面，确实棋高一着。

被网民昵称为"围脖"的微博，即微博客（Micro Blog），一种 Web3.0 时代新兴起的互联网社交服务，通过三言两语、现场记录、发发感慨，打通了手机互联网与电脑互联网之间的界限。最早也是最著名的微博是美国的 Twitter，目前在全球已经拥有了近 8000 万的注册用户。刚刚过去的 8 月 28 日，是新浪微博上线一周年的日子。

尽管只有短短一年左右的发展期，微博在信息传播中的作用、对网民上网行为的影响已不容忽视。而不少企业与商家也从中嗅出了商机，进而催生出了企业通过微博的品牌传播。

微博传播到底靠不靠谱？

我关注了一组数据：不久前网易等 10 多家媒体，通过在线调查，就网民对微博的认知程度、使用行为及偏好进行了专项研究。调查发现，目前微博用户的年龄集中在 18～30 岁；大学本科以上学历，占 63%。微博用户往往是资深网民，3 年以上网龄的用户占 95%。该群体更习惯关注网络信息、网上购物等。年轻加上高学历，加之有网购习惯，是很多厂商的目标客户群体。

微博具有自发传播的特性，有近九成的微博用户表示会推荐给朋友使用，有近半数的用户表示会转发微博上面的信息。特别是手机、QQ、邮箱都可以发送微博信息，许多博主表示，都是用零散的时间来浏览更新微博。

调查还显示，用户对微博上传播信息的信任度相对较高，有37%的用户认为微博上的消息基本可信，只有6%的用户认为不可信，同时，用户对微博上商业信息的信任度也很高，比如说在微博上看到商品或服务促销打折的信息，有超过八成的用户表示相信，更有接近三成的用户表示会去尝试。有受众，有信任度，有口碑传播，这些都显现出了微博的营销传播价值。

就新浪的博主来说，不少博主已"亲历"微博营销。有广告商找到粉丝众多并与其要制造的营销话题相匹配的博主，为其发布信息帖，创个好的口碑。很自然，博主的粉丝越多，信息被转发的可能性越大，传播的速度和密度呈几何级的增长，更重要的，这是精准投放。

无独有偶，中粮也开始了微博营销之旅。该公司旗下B2C平台"中粮我买网"，颇具人气的"中粮生产队"职场游戏，"国酒长城"、"美好生活@中粮"等活动都已在新浪微博上安了家，第一时间通过微博传递商品促销和线下活动等资讯。

其实，无论是Twitter还是新浪微博，围绕着的核心价值都只有一个："What are you doing？"即告诉别人自己在干什么。对于企业来说，通过这种方式，可以和消费者进行及时的互动沟通，更重要的是能通过博主的转发达到口口相传的效果。

（2010年9月）

第二节 大姜创业史

近日，一家来自江南地区西南部的冰淇淋公司（下称"江南公司"）的大姜总经理，邀请我前往参观、座谈。他向我讲述了其创业史，希望能为江南公司的战略发展规划指点迷津。从机场接上我，到江南公司，两个小时的车程，大姜亲自开车。

车内的聊天，主题明确。紧紧围绕着冰淇淋企业和冰淇淋行业。车内的聊天，海阔天空。从市场到新品，从配料到机械，从战略到战术，等等。大姜告诉我，江南公司创建于 2004 年，去年的总销售额为 1.43 亿元。

我相信"大道至简"，我相信做任何事情都有规律。我经常会根据所经历的事情总结出一个规律，指导自己依此行事。"成功源于积累"是我总结的规律之一。

大姜总经理的创业史，就验证了"成功源于积累"这个规律。大姜现年三十有五，自初中毕业到现在一直从事"冰品事业"。他是浙江人，初中毕业时，为了补贴家用，放弃了学业，开始工作。当时因为个子小，干不了农活，所以就背起冰棍箱子开始了"叫卖冰棍雪糕"的生涯。走街串巷，甚为辛苦。但是，每当看到人们在大热天吃着美味的冰品，露出灿烂的笑容时，他都颇有成就感。每当遇到挫折的时候，他想起顾客的笑容，什么困难挺一挺就过去了。

时间的长河在流淌，小姜渐渐地变成了大姜。大姜的冰棍箱子，也变成了一个冷饮批发部。

先是一间小屋子，批发给肩背或自行车载冰棍箱子的小伙子们。慢慢地，批发部的屋子变大了，开始给县城的冷饮摊点配货。批发部在成长，逐渐配上了保温车，辐射的商圈也由一个县到了整个地区的所辖县乡。就在向全省扩张的过程中，大姜批发部摇身变为大姜冷饮商贸公司。在冷饮的商业道路上大姜信心十足，他坚信，这是一个能在炎炎夏日给人们带来幸福的事业。

2004年，大姜创建了江南冰淇淋公司。公司主打中档冰淇淋与中低档雪糕、棒冰等产品。继续探索，继续前行。到了2009年，江南公司的销售额达到1.43亿元，一举成为全省最大的冰淇淋企业之一。老子在《道德经》里强调"道法自然"。小姜变大姜，冰棍箱子变成一家中型冰淇淋企业的过程，就是一个"道法自然"的过程。就像是自然界的一棵小树苗，由最初的弱不禁风，到变成参天大树——可以抵抗更大风雨的完美过程。

大姜放眼未来，他认为"冰淇淋与速冻食品"正在融为一个行业。从春到夏，天气渐热，人们喜欢用冰淇淋来消暑、降温、休闲。从秋到冬，天气渐凉，人们需要的热量开始多了起来，饭量也随之增加。这个时候，就恰恰变成了速冻食品这样的主食类快速消费食品的市场旺季。况且，二者从运输到储存，再到售卖都是同样的渠道。大姜对江南公司的规划，是将公司后缀改为"冰淇淋与速冻食品公司"。5年内，销售额增加到3亿元。其中，六成是冰淇淋、雪糕与棒冰产品，四成是速冻水饺、速冻汤圆、速冻粽子等产品。

左手抓冰淇淋，右手抓速冻食品，大姜显然不是第一家。这是否会成为"左手抓糖果，右手抓冷食"的一个21世纪升级版的新模式呢？让我们拭目以待。

（2010年9月）

第三节 减项目与砍产品 往往是企业快速发展的开始

随着企业的发展，决策者很有可能无师自通地走上多元化的道路，渐行渐远而不自知。项目越办越多,新品层出不穷,企业呈集团化发展之势。此时,无论是内部还是外界,往往赢得一片叫好之声。

应该走专业化还是多元化道路?与我对话的Han糖果公司的Han总经理颇有心得。

Han说,企业最先起步于水果味的硬糖。开始是橘子和苹果两个口味,后来就增加了葡萄、荔枝、水蜜桃、菠萝等多个口味。再后来,调查发现,顾客嫌弃这些糖果的档次偏低、口感不够纯正。于是,开始提升产品的品质。

如何提升呢?换包装?那是假的。当然要真材实料地去提升品质。果汁!Han最先想到的是把鲜榨的果汁加入糖果里面。迅速行动!Han糖果公司一致认为加了纯正果汁的硬糖与香精调配的味道相比有着天壤之别。投放市场!消费者完全能接受这提价一倍的、品质高尚的果汁硬糖。随着销售额的不断增加,企业的利润也迅速攀升。

企业主往往就是这样,手里钱稍多点,他的手就开始痒痒起来。Han亦是如此,他上马了新的项目——果冻。目的是调节糖果的淡旺季。春夏叫卖果冻,秋冬生产糖果。工人有事做,渠道不闲着,企业有钱赚。很好!

Han糖果公司的利润再次迎来大幅攀升的时刻。太激动人心了!于是,"手痒痒"定律开始发挥作用。

这次进入的是上游,投资两千万元,上了纸箱厂的项目。因为总是跟纸箱厂打交道,Han认为纸箱厂的生意挺好做,客户又比较集中,于是很有信心!总要有人负责,Han派了策划部的经理到Han纸箱厂做总经理。进入这一市场之后,Han才感觉到没有想象的那么简单。虽然如此,但达到盈亏平衡点并不难。很快,就略有盈利。

突然有一天,Han感到手里的闲钱又多了起来,于是"手痒痒"定律再次发挥作用。Han斥资三千万元在沪宁高速投资了6家服务区,包括汽修、餐饮和商店。这次,派了4个部门副经理去做服务区的经理,另招聘了两个经理。这个行业的好处是现金流很快。Han 再一次感谢自己的好运气。

年底，找来账房先生把账一算，三个领域的生意，集团化的外表，还不如原来一个糖果公司利润的一半。Han 告诉自己，坚持！又两年过去了，Han 发现，纸箱厂的利润虽然高了点，但服务区的利润在缩减，而糖果公司的利润变化不大。

Han 告诉我，他终于意识到，"加未必多，减未必少"。于是，开始精简项目。先减掉的是服务区——全部转让，一个不留。接着一鼓作气，把纸箱厂也卖掉了。Han 坦言，如果把投入副业的五千万元投入主业——糖果与果冻业，那将是什么光景呢？那两个项目，虽然至今也算不上亏损，但"又费马达又费电"的，机会成本很高啊。

企业做减法是需要眼光和勇气的。1992 年之前诺基亚产品线很宽泛，除移动通信产品以外，还生产电视机、电脑、电线甚至胶鞋，其中电视机的规模已排名欧洲第二。下定决心后，诺基亚砍掉所有与移动通信主业不相干的产品，经过 6 年努力，终于超过摩托罗拉和爱立信，做到后来居上。

正如杰克·韦尔奇所言，"不能做成行业前三名，还不如不做"。企业的资源和时间有限，"与其千羊在望，不如一羊在手"。

（2010 年 10 月）

第四节　未来 20 年中国食品产业将呈现三大新特点

最近，除了互联网的 3Q 之战外，让人大开眼界的事很多。谁想过白糖的价格能高过 7000 块一吨？谁想过人口第一大省的河南也能出现民工荒？部分食品原料价格几近翻番，民工荒席卷全国，在这种环境下，一场重大的变革也正在中国的食品产业慢慢展开。

龙品锡市场研究中心预测，未来10~20年，中国食品产业将呈现三大新特点：品牌附加值体现在规模上而不是价格上，小企业意味着更对细分市场的胃口而非低价，大企业自动化程度突飞猛进。

目前，大企业的产品因品牌附加值较高等原因，价格能比同行中小型企业的普遍高出10%~20%，甚至30%。这就是品牌的力量。本刊密切关注的食品产业十几大分支行业，其竞争均已到白热化阶段。拼低价一度意味着低资金门槛、低技术含量和低品牌附加值。

分析认为，随着竞争的进一步加剧，未来十年，大规模与稍低价格策略将成为品牌化企业的主流。

先说近的，曾经，在汽水卖一两毛钱一瓶的年代，可口可乐就开始将售价定在一块多钱。而如今，当超市里一罐王老吉售卖3.3元的时候，可口可乐却只卖1.75元。在这里，品牌附加值与单品的价格并未成正比，但与企业的总利润绝对成正相关。

再说远的，长虹电视、格兰仕微波炉的行业霸主地位无一不是规模效益做的注脚。其价格并未因品牌附加值而居高不下，而是因低眉顺眼的让利走进大部分客户的心里，走进千家万户。

随着消费者食品安全意识的提高，和国家食品安全监管法制化程度的进一步提高，以次充好的恶性价格竞争将逐步淡出，取而代之的是各类食品总的价格水平整体提高。当然，各类食品的总体质量水平也会逐步提高。

那么，小企业淡出以次充好和拼低价的怪圈，将何处去呢？我们给出的答案是：众口难调，小企业来调。

泱泱中华，幅员辽阔。不同地区，不同民族，在食品品类、口味和消费习惯上各不相同。因而，催生出众多的细分市场。如：川渝方便面市场及方便粉丝市场，你如果没有麻辣口味，如果没有泡椒肥肠口味，如何能叫得响，卖得开？大品牌、大企业可以针对上述市场推出符合消费者的口味。但在这件事情上，当地的中小企业可以做得更到位。当地的饮食亚文化，我想当地土生土长的人是最懂的，因为他是用了几年、十几年甚至几十年，一代、两代甚至世世代代的生活，用心去体会和熟悉的。这远非某著名跨国市场调查公司的一本或几本或薄或厚的调查报告能说透的。

除按照区域划分市场外，市场细分的方法和途径还有很多，比如按照年龄层、按照性别、按照收入水平、按照受教育程度，等等。市场就摆在那里，不来不去。

随着民工荒的进一步加剧和人工成本的提高，大企业自动化程度的提高"比以往来得都更猛烈一些"。要利润，还是要市场？这对于企业来说是个难题。企业起步初期，头也不抬地会回答道，"要利润。"随着企业规模的扩大，已经进入大型企业规模行列的你还会给出上述答案吗？于是乎，市场占有率、战略性亏损等名词会在你的团队间广泛传播，稍低价格策略因而成为你公司"要市场"的重要方法和手段之一。而在质优基础之上再谈价低，也只有向规模要效益，别无他法。因此，大企业的高自动化程度与稍低价格策略互为呼应。

（2010年11月）

第五节 昨天叫"冷冰冰"，今天改"甜冰冰"

近日，食糖的价格售出史上天价，7800元一吨，令人瞠目结舌，却又不可回避。食糖价格攀升，只是冰淇淋企业巨大成本压力的一个缩影。

先说冰淇淋生产原料的几大样——油、糖、粉，哪个不是在挑战价格新高？再说随着钢材等大宗物资的价格暴涨，机械就能维持原价？全国各地的房价为什么翻番上涨？这源于地价的大幅上调，使住宅用地与工商业用地的价格不可避免地联动，地价从而成为企业扩建工厂的成本增长最快的一项。更不用说《劳动合同法》与通货膨胀双重语境下的用工成本压力。石油价格也没闲着，涨涨涨——这造成了石油衍生品的塑料、油墨等主要包装印刷材料价格的居高不下。这一切，只是主要的生产成本而已。

来自市场营销和企业管理的成本呢？进店费、堆头费、节庆费、广告费、公关费、人员促销费，来自储运环节的冷链相关费用，来自细化管理而产生的各种费用，以及不断涌出的各种"新名词"费用，等等。这一切的一切，都源于市场激烈的竞争，逼着众多大中型企业，在"要利润"还是"要市场"二者之间选择了"要市场"。然而，极低利润甚至零利润，是违背商业规则的。违背商业规则的事业可以长久吗？

你可以不变，以不变应万变。这件事情，如果发挥到极致就叫"停产"。关于停产，也分为季节性的和永久性的。对于淡旺季明显的产品，你选择季节性停产还勉强说得过去。如果说以停产来应对成本压力，那真是荒唐至极。即便你最初的打算只是暂时性停产，也一定会演变为永久性停产——关张大吉——该企业家和企业将不再为社会创造任何价值。

你还可以"以变应变"，这又分为暗变和明变。所谓暗变就是不直接变，而是间接去变。比如："降克重"，或者"换包装"。降克重，偶一为之，尚且说得过去，如果一直降下去，那克重势必将趋于零。毕竟，硬把空气说成冰淇淋，还要顾客买单实在是一件超级不给力的事情。这跟停产又有什么区别呢？或者说，你减克重没有那么过分。但是，我们换位思考，又有几个消费者是三岁孩子，你降了克重而他仍然没有丝毫察觉呢？顺便提个醒，千万不要惹怒你的顾客——后果很严重。

那么克重不降，换包装如何？昨天叫"冷冰冰"，今天改称"甜冰冰"。"冷冰冰"停产，"甜冰冰"比前者贵5毛。这个对于企业来讲，其实也是件超级不划算的事情。老产品已有固定的客户群体，在成本压力骤增之时，你不敢提价，选择停产老品，改推新品，再以新品的名义提价。这何苦呢？推出换包装的所谓新品是需要很多意想不到的成本的，而且，消费者对于新品的认知是需要过程的。你怎么就敢确信，同样是涨5毛，叫人人皆知的"冷冰冰"，就不如无人知晓的"甜冰冰"更容易令人接受？

提价！干脆直接提价。暗变不行来明变。其实，跟客户交流，摆在桌面上的"阳谋"远远比桌子底下的阴谋要让人容易接受得多。你可以这样，跟顾客和渠道好好说，对不起，原料都涨了，如果产品不提价只有以次充好——这种事情我厂又干不出来，所以只有劳您大驾——多花5毛钱吧。这个，是你最喜欢、最熟悉的味道。

简单的事情简单做，何乐而不为？

（2010年11月）

第六节 由女性制造的口碑传播力量

提及贺岁档电影，口碑最好的当属姜文的《让子弹飞》。《新周刊》将《让子弹飞》评为"年度电影"，给出的理由是："它打着强烈的'姜文制造'的印记，画面、音乐、蒙太奇、爷们、真给力。它的雄性荷尔蒙乱飞，快节奏的黑色幽默能让人大喘气，深层次的观众更能看到戏后的历史隐喻。它那么商业又那么文艺，那么英雄情怀又那么荒诞传奇，示范了中国电影所拥有的成熟电影语言"。自影片上映以来就想去看，但因为时间关系一直未能成行。最终让我走进影院去观赏这部影片的原因，是来自友人不能推托的邀请。

作为平日嬉笑怒骂惯了的友人，发出这么热情的邀请让我不习惯，问及理由，一句"早先团的票，不用就过期了"让我顿时觉得，这才是这位友人的风格。

观后自认为感触没有《新周刊》点评得那么深刻，但这称之为一部让人放松、开心的电影是肯定的。作为一个行业媒体人，最近一直在思考的是，此次让我和友人立即决定去观影的侧面理由，就是买到了更优惠的影票，而这个优惠的实现是通过如今非常火的购买方式——团购。

龙品锡市场研究中心观察到，网络团购作为2010年最"惹火"的购买方式，正悄悄改变着人们的购买习惯。与传统购物方式相比，网络团购具有省钱、省时、省心的优势。有数据显示，到2010年年底国内团购市场规模将接近10亿元人民币。

有一则团购实例：一款进口的松露巧克力由于其品牌知名度高且价格优惠，一周不到，销量已经突破2万份。让人们对这种网络销售模式有了更多的设想。而观察如今糖果、巧克力企业利用网络渠道的销售，更深层次的意图是宣传，是广告，是赚得一个品牌或产品的好口碑，他们往往不是很在乎线上的实际交易额，而是利用这种花费少、信息传播快、传播人群广的方式，告诉消费者自己的品牌、产品，进一步来促进线下的交易。

分析网络团购的忠实拥趸者，女性占有绝对的比例，对食品类情有独钟的更以女性居多。龙品锡市场研究中心一项针对"谁在做消费决定"的专题研究发现，女性在消费方面拥有很大的发言权。特别是对于糖果、巧克力等休闲食品，女性不仅自身是主要的消费群体，同时母亲的角色也决定了，孩子吃什么是要妈妈说了算的。

目前，糖果、巧克力企业对于"她市场"的重视与开发还远远不够，这也将是在市场越来越细分的当下，企业需要好好研究的课题。如今，任何营销手段与方式，想要引起所有消费者的共鸣是不可能的，针对女性的营销，能否真正理解她们的心理和固有的行为特征是决定营销能否成功的关键。女性消费相对更感性、甜蜜、美味、温馨。包装精美、物美价廉、不容易发胖、安全性高、不会引起蛀牙等这些能够打动女性的要素，是促成女性购买某款产品的重要原因。

而除此之外，女性购物决策也较易受到其他消费者使用经历的影响，她们更愿意相信产品的口碑。同时，女性的性格特点也决定了，女性是产品口碑最主要的传播者。

从口碑接收——促进其购买决定，到口碑传播——告诉其他的购买者，女性口碑传播所发生的连锁反应是一般广告效果所不能及的，是不能被小觑的促进销售的力量。

（2010年12月）

第七节　东北地区：中国冰淇淋产业的希望之所在

近日，一位来自意大利的冰淇淋企业家来我的办公室做客。他跟我说了一句中文——那种欧洲口音很浓的普通话，重复了两遍，我才勉强听懂。"东北的冰淇淋市场很大"。接下来的交流换成了英文。大意是："他在意大利就了解到中国冰淇淋的市场欣欣向荣，产销两旺，尤以东北地区为甚。"

这正应了那句古话，"富在深山有远亲"。正是因为东北三省的消费者对于冰淇淋产品良好的消费习惯、较强的购买力，进而造就了旺盛的市场需求。就连这位来自亚平宁半岛，刚刚开始研究中国冰淇淋市场的意大利老兄，都慕名而来。意大利老兄告诉我，他的下一站就是沈阳，他要近距离去了解东北市场。这位仁兄的中国冰淇淋市场调查之行，看来是抓住了重点。

在冰淇淋产业界有句话，叫"亚洲冰淇淋看中国，中国冰淇淋看东北，东北冰淇淋看辽宁"。机械企业说，东北冰企愿意用最好的设备。配料企业说，东北冰企愿意用最好的原辅料。经销商说，东北冰企的创新意识是最强的。东北地区不仅冷饮厂家数量多，而且各具特色，东北地区冷饮的市场需求也很大。

据调查，东北地区的冰淇淋企业有上千家，产值在1000万元以上的企业有300多家。东北地区冬季供暖期长达半年，这是夏天之外的另一个旺季，同时给新品研发预留了较长的培养期。也正因为当地消费者良好的消费习惯，东北地区的全国知名品牌很多。

全国冰淇淋看东北还有一个重要原因，就是东北市场的创新能力很强。中国冷饮的发源地，应该是天津。当时天津的冷饮厂大多是国营体制，后来，随着体制改革的深入，很多国营企业由于体制原因缺乏活力，产品开发周期长、速度慢，产品老化速度快，市场淘汰率高，从而逐渐走向衰落。相形之下，东北地区却探索出了国营体制转轨的全新道路，在企业发展过程中十分重视创新求变，以适应市场的发展，诞生了德氏、中街、宏宝莱等一大批有代表性的企业，这些企业的典型特点就是市场策略灵活多变，注重创新，同时每家产品又各具特色，形成差异化。这样大家各有所长，就在一定程度上避免了同质化竞争，从而使每家企业都赢得了各自的市场空间。

在你我的共同努力下，可以预见的明天，或将是"世界冰淇淋看中国东北"。

（2011年1月）

第八节　金水木火土与企业营销管理

近日，一则"联合利华因哄抬物价，而获发改委开出的 200 万元罚单"的新闻成为各地居民街头巷尾热议的话题。人们有的拿中石油、中石化飞涨的油价来做比较，有的拿出同类企业宝洁公司相提并论。认为罚得冤枉的挺多，认为活该的也不在少数。

话题就先从价格策略说起。联合利华事件，只是个特例，其挨罚的原因在于关于涨价的炒作和大肆声张。然而，在冰淇淋行业，似乎是另一番景象。一方面，"油、糖、粉"三大原料成本的价格大幅攀升，另一方面，冰淇淋成品企业担心消费者的购买力欠佳，或者寻找各种原料替代，或者寻求降低克重等方式。为了打消企业关于价格策略的种种疑虑，我尝试性地将中国传统哲学之"五行"的理念在这里借用一下：金水木火土，五行依次相生。

企业在草创之时，根基不稳，品质一般，品牌尚无。于是，低价策略就成为此时的第一选择，甚至这个"价廉"还由"物美"做前提。"道法自然"，之所以称为草创，是因为刚刚创建的企业就像草木一样，弱不禁风，但又有一种向上成长的欲望。此时，企业发展阶段的五行属木，以物美价廉为特征。

物美价廉，只是为企业进一步发展打下基础。紧接着，木生火，企业进入第二阶段。此时，五行属火。火系企业的特点是在产品的科技含量和品牌价值方面下功夫。科技含量靠研发，品牌价值靠宣传。科技与品牌是有内在联系的，产品若无科技含量，还谈什么品牌战略？倘若企业一不重视研发，二不愿做宣传，则这家企业只有做低价产品的份，属于竞争力最低的木系企业。

一家企业，光注重研发和品牌，仍然不够。第三阶段——火生土，企业蜕变成土系企业。这个时候，企业需要完备的管理和一定的生产规模。企业只有靠科学管理，才能做大、上规模。靠规模达到企业效益，这个时候客户才会有信心。比如，著名的长虹电视、格兰仕空调曾经因生产规模而大幅降低成本，因而价格略低。这个时候的低价，已远非第一阶段木系企业的无可奈何的低价策略。其超强的竞争力显露无疑。

因管理而上规模，因规模而高效益。企业此时很可能"萝卜快了不洗泥"。第四阶段来了——土生金。金系的特点是，企业注重并能提供优质的售前、售中和售后服务。有家著名的餐饮企业——海底捞火锅在这方面做得很好。该店提供等位时的擦鞋、修指甲、免费饮品、免费水果等服务，提供各种半份菜、未食用而退菜服务，待客泊车服务，等等。被感动并成为长期顾客的不在少数。这就是金系企业的特点。

金生水——这是第五阶段。水系企业的特点是人脉关系较强。由于是朋友，信任度高，老是一块做生意，从而形成惯性的合作关系。5月8日我应邀参加了"法律与传媒高峰论坛"。这个论坛的承办方是岳成律师事务所。据称，该所创建之初，就是请黑龙江的老乡吃饭聚餐座谈开会。在人脉关系的累积之下，该所发展很快。

在这里，请注意，以"五行"理念解析下的企业发展的五个阶段，一个比一个高，一个比一个好，但又不是绝对的，关键要看客户的需求。企业去最大限度地、动态地满足客户不断变化的需求，方能立于不败之地。

（2011年5月）

第十二章 产品微创新

企业要想发展，必须要创新。但坦白说，在新品层出不穷、信息透明度越来越高、产品生命周期缩短的当下，要想实现颠覆性创新很难。现在企业的新品研发速度很难跟得上模仿跟风速度，一款爆品不出两个月，市场一定有同类竞品出现。所以，产品创新是必要的，但微创新更合乎实际，既给自己的产品留下迭代的空间，又不会因为新品的出现压缩老品的生命周期。

第一节 赢在旺季，抓牢销售后面的基础环节

一个自称商业系统红十字会总经理、名为"郭美美"的女子被推上了舆论的风口浪尖。通过一系列的媒体挖掘、人肉搜索，人们开始将注意力转向事件的背后，对红十字会的捐赠机制、善款流向等提出了一连串质疑。由此可见，与表面的炫富相比，背后的故事更加吸引人，也更值得探究。

目光拉回到冰淇淋行业，今天我不想习惯性地站在销售的角度看问题，而是绕过繁荣的表面，探索销售背后诸如招工、生产、宣传、新式包装等一系列产销热点。因为对于整个冰淇淋行业来说，每年的夏季销售是关乎企业生存的大问题。如何卖？怎么卖？对于企业决策者来说是一个连做梦都会反复思量的问题，而如何保障销售，让产品卖得好则更加令人关注。

企业就像一部机器，旺季销售是一个让这台机器全速运转的指令，同时也是检验机器运转是否流畅的标准，而员工就是带动机器的电源和保障企业发展的根本。近些年接连出现的用工荒的影响范围已经波及了以密集型劳动力为主的食品行业。纵观冰淇淋行业，小企业的产品结构单一、季节性明显，今年淡季放人走、明年旺季无人来的"悲剧"连年上演。大型企业待遇好，产业结构丰富，机械化程度高，在用人方面自然显得游刃有余。另一方面，如今80后甚至是90后为主要用工群体，相较于父辈，新生代的劳动力要求在工作之外有更多休闲娱乐的消费时间，这必然增加了冷饮企业的用工成本，也增加了招工难度。

随着以微博为代表的一系列新式传播平台的搭建和团购等电子商务模式逐渐走向完善，消费者新的购买力将会被激发出来。这对于还在拼终端、抢商超的冰淇淋企业来说是一个提示。网络空间无限大的承载量和快捷的传播速度都是传统终端所达不到的，而制约现阶段网络销售的关键在于冷链配送体系的建立，完善的全冷链系统对于专事冷饮产销的企业来说其重

要性不言而喻。在价格不断提档的今天，产品较高的附加值对于依靠互联网销售的企业提供了绝佳时机，这都有利于企业建设自身冷链物流团队和网络销售体系。

每年的旺季销售，都被视为关乎企业生存的关键时期，特别是那些中小型企业，往往把全年的利润都押宝在旺季的 4～5 月。在各大企业赶班加点扩大生产的同时，经销商们也在为"黄金季"开足马力。在行业内经销商始终扮演着生产企业与消费市场的传递员的关键角色。经销商渠道的稳定，不仅关乎企业产品的流通和资金的回流，更关乎整个销售链条的快速平稳运转。大家不妨让生意运作得好的经销商为你的市场出谋划策。毕竟，他们是有结果的人，毕竟，他们更接近消费者。

（2011 年 7 月）

第二节 什么样的企业最值钱

近日，在筹备"2011 中华食品投融资论坛"的过程中，风险投资和天使基金等与我们的交流愈发多了起来，而且颇为深入。

从 2006 年开始，我们对食品产业的整个产业链，进行了长达 5 年半的研究。我们以食品生产企业为中心，既调查前半端的加工技术层面，也研究后半端的市场营销层面。既包括食品机械、包装、配料与添加剂，也包括经销商和大卖场、便利店等。

随着调查研究的深入，我发现，食品企业什么都缺。第一，缺技术，缺附着在技术之上的食品机械、包装、配料与添加剂的资讯与人脉关系，尤其是站在行业的高度对该领域的观察。第二，缺市场，缺附着在市场之上的经销商和大卖场、便利店的信息与朋友圈子。第三，缺钱，越大的企业越缺钱，因为大企业要做战略，要前瞻，要有社会责任感。若企业规模小，反倒无所谓，养活公司的员工，略有盈余就够了。

在银根紧缩的大背景之下，企业尤其缺钱。去银行贷款是一条道路，但你一不是跨国公司，二不是央企国企，三无更多土地房屋抵押，贷款不易。另一条道路就是去跟风投融资了。便宜点卖些股份给人家，一起将企业做大做强，一块儿赚钱造福员工造福社会。

在风投的眼中，企业都是可以有个价钱的，就叫"企业估值"。那什么样的企业才值钱呢？说来话长——

第一，要有概念，又不只是概念。

"名不正则言不顺。"概念，是资本市场选择企业时一个重要的考量指标。比如：你的企业是电子商务概念，还是高铁概念？前者如酒仙网，仅建立两年余，然而据称其估值已达十亿元。后者如在动车高铁上或赠或卖的5100矿泉水，后者的估值——最近事情很多，不说也罢。

第二，要有规模，又不只是规模。

随着社会生产力的发展，分工越来越细，单个企业越来越专精，企业的规模也就越来越大。规模大，往往意味着更强的竞争力。可口可乐创立于1886年，102年后，股神巴菲特开始投资可口可乐，总共花了10.23亿美元。1992年，可口可乐每股由10美元涨到45美元。在这家全球最大的饮料企业身上，我们看到了规模的力量。至今，世界上只有极少数几个地方的本土饮料品牌的销量能超过可口可乐。

第三，要成为细分市场的第一。

有一家企业叫加多宝，租用了一个叫"王老吉"的品牌。仅用了20年时间，就使销售额超过了160个亿，超过了可口可乐（中国）的销售额。这在全世界是除中国台湾市场（黑松）之外，又一个本土品牌超过可口可乐销售额的企业。原因只有一个，王老吉只做凉茶，只做一个红罐包装，只做一个口味。其精专之决心与毅力，绝非一般企业所能企及。通常，企业做到细分市场的前三甲，就可以进军其他市场了。

第四，要利润，长期利润才是王道。

这个无需赘言。什么叫市盈率呢？指的就是企业税后利润的几倍能买得了这家公司。这往往是人们选择上市公司股票的重要依据。

（2011年8月）

第三节 重视经营思维创新带来的发展动力

去年冬天里的一部视频短片《老男孩》让无数人落泪，激烈的社会竞争以及坎坷的成长经历，让曾经意气风发的男孩，变成了经历蹉跎岁月的男人。曲折的成长过程、贴近人心的剧情让每一个看客在冬日里动情。

在国内冰淇淋行业中，也有这样一群"老男孩"。在那个特定年代里，他们是万众瞩目的焦点。国有化的生存背景，不完全竞争的行业市场，区域化特征明显的消费习惯，都让这些企业在那个年代里飞速成长。随着20世纪90年代，以和路雪、哈根达斯、雀巢为代表的国际冷饮巨头进入中国内地，伊利、蒙牛等优秀内资企业崛起，冰淇淋行业的洗牌风暴拉开序幕。曾经风光无限的老品牌们因为体制的束缚、管理的松散、宣传理念的落后以及资金上的支持不足等原因，逐渐走到了衰落的边缘。

近年来，一些老品牌开始重新运作市场，这很好地迎合了冰淇淋市场中对于老品牌回归的渴望。但资金的匮乏让老品牌深陷竞争的泥潭。面对这些问题，龙品锡市场研究中心通过对投资企业的调查发现，资本的介入能够在较短的时间内将品牌效应最大化，帮助冰淇淋传统型企业快速占领市场，打开销路。在企业内部管理方面，资本的介入也能给企业带来更多

营销十年 10 YEARS IN MARKETING

理念上的冲击。借力先进的管理方法、创新的商业模式，资本给传统行业带来新的发展思路，并能帮助企业更好地进行内部管理、团队激励等。

如今的冰淇淋市场细分明确，消费者的品牌忠诚度与日俱增，老品牌想"重出江湖"面临的困难可想而知。此次复出是涅槃重生，还是再次全军覆没，整个行业都在拭目以待。近期我将探访这些曾经的明星品牌，在回顾老品牌们的"前世今生"中寻找衰落的原因，从管理、宣传、资本等方面探索再次发展之路。

九月的初秋，天气渐凉。中秋、国庆等节日纷至沓来。无数生产企业、销售商家提前数月便着手准备这场消费行业的饕餮盛宴。与其他行业不同，冰淇淋行业等来的却不是繁华盛景，随着气温降低，企业门口旺季摩肩接踵的配送货情景也逐渐远去，占一年时间约百分之六十的淡季风暴即将袭来。但是，冷清且竞争相对缓和的市场、疲惫但拥有扎实渠道的经销商、看似平静实则暗藏玄机的漫长准备期，这些又都带给各企业极大的准备空间，新品的研发，老产品的维护与升级，机械的修正，产能的扩大，品牌的宣传，等等，不仅关系到第二年的发展，更是影响到企业今后的发展走向。在如今激烈的市场竞争中，"先人一步"尤为重要。重视淡季机遇，淡化淡季概念，是新时期冷饮行业的发展趋势。

产品作为企业与消费者最直观的沟通纽带，重要性不言而喻。而如今的市场中，数量众多的同质化产品影响的不仅是消费者的购买欲，更多的是对行业活力的削弱。企业要发展，只有在产品的创新和差异化上下功夫，才能赢得消费者的重复购买，经销商才会根据消费者的购买需求进货。而在大品牌冰淇淋生产的资本优势面前，中小品牌冰淇淋生产企业要更多地了解消费者的潜在需求，推出差异化的雪糕产品与消费需求对接，才可能在竞争激烈的雪糕市场为自己赢得更大的生存和发展空间。

（2011年9月）

第四节　冠军类的冰淇淋单品，源于营销微创新

窗外，正下着小雪。推门，进屋。办公室内，依然是扑面而来的暖意。

位于东北冰淇淋企业前十强的某企业总裁 W 君，正在会议室内等候。我直接将 W 君请到了我的办公室。寒暄，落座。说话向来喜欢开门见山的他，眼睛一直盯着墙上的一幅字。这幅字的主题，是两个大大的正楷——敦艮。整幅书法从右往左排列开来。最左面，则是几行行书小字——艮其背，不获其身；行其庭，不见其人，无咎。

我们的话题自然从这幅字开始。这是什么意思呢？答曰：源自《易经》的《艮卦》，意思是，"当行则行，当止则止"。

W 君若有所思，接着联想到了自己的企业。他说，最近五年，企业每年都希望开发一款能够上量的单品，都希望这个产品与之前所有的产品不同，特色鲜明，顾客喜欢，上市即大卖。结果五年下来，发现不仅未能如愿，而且之前销量不错的老产品，也像狗熊掰棒子似的丢掉了市场。

W 君一脸的真诚，希望我帮他的企业开个药方。最好狠一点，剂量大一点——药到病除。

十余年的食品传媒从业经历，让我接触了数以千计的企业主和企业家。其中，深度沟通的有上百位。一半以上，我一直从企业内部及供应商和零售商等上下游做调研，并动态观察。研究企业发展战略，似乎成了我最大的爱好。

交流多了，我发现做企业都差不多——"道同术异"而已。所谓"道"，就是我们常说的企业发展战略，是个大方向问题。所谓"术"，就是我们常说的战术，是个执行层面的问题。企业的问题，大多出在战略上，或者很多企业就谈不上什么战略，一直"摸着石头过河"，过一天算一天。或者，有的企业主更干脆，能赚点钱，就先干着。

197

营销十年 10 YEARS IN MARKETING

任何事物，都是从无到有、从小到大发展的。这是自然界的规律，人类作为自然界的一份子，我们所做的事情，概莫能外。所谓"道法自然"，产品的成长，同样遵循这一规律。因此，老产品的微创新几无不成功之可能。从无到有、革命式、突破式的大刀阔斧的产品创新，其成功则是个小概率事件。

另外，人的精力是有限的，做事情，一定要抓重点，切忌眉毛胡子一把抓。

说到这里，我给 W 君开出了我的药方。第一步，先实事求是地对所有产品进行统计，根据销量逐一列表。第二步，在所有的产品中，只占销售额 20% 但数量高达 80% 的产品砍掉。因为，这八成产品，占用了企业大量的资源、精力。W 君点了点头，他说，我们的采购，涉及那些量小的单品，在采购原料和包装时，往往都需要求着供应商，心里感觉非常别扭；我们的销售队伍，也觉得产品数量过多，产品战略过于复杂，往往顾此失彼。

我接着说，第三步，要在 20% 里面，让产品自然成长。一年后，再做定夺。任何事物，经过春夏秋冬四季，体格差的，不符合自然界规律的，大都会露出疲态，甚至直接死掉。在产品层面，好产品所表现出来的规律，就是顾客是否会用钱来投票。在这里面，再按照第二步的方法，选出 20% 销量领先的单品。在此基础上，根据具体情况，施以包装克重、价格定位、销售渠道、促销广告等的微创新。于是，即将大卖的冠军类单品诞生了。

冠军类单品的竞争力将大为加强，其寿命周期也将大大拉长。你迟早会明白，将一个产品卖给多个客户，永远比将多个产品卖给同一个客户要容易，要容易得多。

（2011 年 11 月）

第五节　史上最牛的协会就叫"卖篮子协会"

自从举办"第一届中华食品投融资论坛",至今已数月。前前后后,结识了数十家风险投资、天使基金和保荐机构等。

我发现,风险投资经理们几乎不会选择多元化的企业。

为什么呢?不是说"不能把所有鸡蛋放在同一个篮子里"吗?这个问题,我记得在新浪微博跟朋友们交流过。我认为,千百年来,我们都被卖篮子的"忽悠"了。或者,换言之,历史上,中国卖篮子协会(虚构),就是个高超的营销咨询机构。他们就凭着这句广告词,口口相传,卖掉了大量的篮子,广泛采伐藤条,雇佣大量编篮子的农民工,接着卖掉更多的篮子。殊不知,该协会正在把篮子这样一个"容器",当成了"快速消费品"来卖。于是乎,小小的篮子生意在广告的拉动下——风生水起。

就是这个"卖篮子协会",自己的生意做得倒是有声有色,但同时也产生了一个副产品——把"多元化就是好的"这样一个理念,潜移默化地种进了无数商人的大脑之中。相信这是无心之举。惟其如此,我将这个虚拟的"卖篮子协会"称为"史上最牛的协会"。

我曾经发明过一个"手痒痒定律"。意思是说,当一家企业刚刚开始的时候,因大多白手起家,从无到有,于是乎只能集中全力去做一件事情,去做一个行业,一款产品。正是因为其专注,上下一心,于是乎产品成功了,于是乎利润滚滚而来。

企业主的手里只要一有钱,他的手就开始痒痒起来。先是,迅速地第二个产品、第三个产品出现了。接着,开始伸向第二个行业,第三个行业。这帮老兄,一边多元化,还一边念念有词——"不能把所有鸡蛋,都放在同一个篮子里"。

就这样,一个表面无比光鲜的多元化企业诞生了。周围一片叫好之声。

其实，周围的人们大多是"打酱油的"。喝彩只是凑个热闹而已。留下的，只是被喝彩的多元化企业，人力、物力、财力都跟不上趟儿的无尽忧伤。

这个时候，只有一个办法——做减法。砍掉不赚钱的产品，退出没弄明白的行业，轻装上阵。减法，减出的是企业的精专，减出的是强劲竞争力，减出的是大市场。

我只能说，办企业，跟攒鸡蛋不是一回事。攒鸡蛋，可以买一个或多个篮子，放在一个或多个没人能碰翻的地方，就够了。毕竟，无需牵扯人们更多的精力。

办企业则不然。需要企业主和团队持续地投入大量的精力，包括人力、财力和物力去做事。首先，是"基础产品"的诞生。以产品为基础，营销团队不断地跟消费者去沟通。在消费需求的推动下，企业不断进行产品的微创新。累积的微创新，其威力是无穷的。消费者愈来愈喜爱，销量愈来愈高。当一个产品成为同品类前三甲的时候，该产品的上升空间变窄。此时，在保住该产品既有市场份额的情况下（注意，是"保住份额"，不是"狗熊掰棒子"），需要适时推出第二款新产品。

第二个产品的推出，也不是靠拍脑袋的。要考虑企业自身的优势、劣势，外部环境的机会、威胁。权衡利弊之后，再推出第二款产品，往往很容易生根、发芽、生长。目标仍然是，同品类的前三甲。然后，再推第三款产品。以此类推。

你的企业若想做大的话，请放弃多元化的梦想，专注地去做专业化吧。到时候，风投会不请自来，给你更多的资金。到时候，传媒也会不请自来，给你更多的人脉。

（2011年12月）

第六节　永远不要有 B 计划

时至新年，大多数单位都在制订新一年的发展规划。据此，每个部门，每位员工，也开始制订本部门和本人在新一年的工作计划。

就在元旦当天的清晨，我接到了来自浙江省的一家冰淇淋企业的总经理 X 先生的电话。首先，互致新年祝福。接着，言归正传。总经理先生热情洋溢地跟我分享了他为公司制订的新品上市的计划。

第一，公司将在 2012 年推出新产品，这个产品是桶装的冰淇淋，较之该公司从前的产品定位略高。厂价为 3.5~4 元每桶，终端零售价为 8 元。准备在企业方圆 300 千米之内找一个中等城市，进行试销。试销的计划是这样的，选 20 个大卖场、30 个便利超市和 50 个冷饮批发点同时铺货。同时，在冷饮点、便利店张贴宣传海报，大卖场进驻促销员。促销活动是这样的，五一节期间举办"买一送五"活动，即买一桶新品，送 5 只价值八毛钱的"老冰棍"。X 先生坦言，这样的促销，加上人工与赠品，只能"赚吆喝"。但是他很乐意，因为，借此可以在人人喜闻乐见的老冰棍的基础之上推出 8 块钱的真正高端桶装冰淇淋新品。

第二，经过一个旺季，一个城市的试销，如果这个产品消费者不能接受，则退而求其次，调换配方，将定价拉低到出厂价 2 元每桶，终端零售价 4 元每桶。

本来，听完了 X 总经理的"第一"，我还觉得不错。先拿着产品，带着诚意跟商家和消费者沟通，慢慢地顾客自然会接受，并养成消费习惯，进而不断地重复消费。接着，我听到了"第二"。其实，"第二"就是我们常说的"B 计划"。

诸位看官，企业做事情，若只有一个 A 计划，以目标为导向，大家齐心协力，全力以赴，一点点接近目标。这个时候，A 计划成功的概率通常为80%以上。

坏就坏在这个"B计划"上。据悉，凡是同时制订A计划与B计划的企业，A计划几乎没有胜算，而B计划成功的概率也只有25%而已。若同时再做个C计划——恭喜，您的A计划和B计划成功的概率趋于0，C计划成功的概率也仅有12.5%而已。

为什么会这样？

当你没有后路的时候，目标非常明确，目标即为方向，沿着同一个方向前进，付出努力，总结经验教训，及时调整方法，坚持不懈，怎么可能不成功？

当你制订A计划的同时，又制订了B计划，本质上，你做了两件事情。

第一，两个或两个以上的目标，就会令目标模糊不清——相当于没有目标。没有目标，就谈不上实现目标了。那还干什么呢？不如都回家去种红薯！

第二，古今中外，但凡成功者，都是被逼出来的。你不去逼一下自己，你永远不知道自己有多优秀。既然定了"A计划"，那干吗又给自己留个叫作"B计划"的后路——难道就是为了告诉自己和全世界，因为某种原因你虽然没有实现A计划，但是你还是实现了既定的目标——B计划吗？

永远不要制订B计划——为了你的企业，为了你自己，为了你的家人，也为了中国冰淇淋行业。

（2012年1月）

第七节　一货公司、百货工厂与百货商店

经过数年的统计、调查、研究，龙品锡市场研究中心发现了一条对于企业发展非常实用的规律："把一个产品卖给多个顾客，比把多个产品卖给同一个顾客要容易得多。"

但是，很多企业把这个规律弄反了。

比如，我们调查发现，有多家销售额超过亿元的食品企业，甚至没有一个业务员。从总裁到管理层，再到基层员工，将大把的时间都花在了产品的生产和新产品的开发上。在营销层面，企业花的人力、物力、财力则很少。于是乎，我们看到了，这些企业生产了各种各样的产品——很牛。其实，这只是个表象而已。几百个品种，只卖近一个亿，说明了一切。

老话说，"货卖堆山"。其实，这说的是商业企业。一个商店，你至少要有一百种货物，才能吸引顾客。"百货商店"即是此意。

前述企业，一定是恍惚间把自己的工业企业当成了商业企业，认为只有生产出百种产品，才能"货卖堆山"。我把这类企业叫作"百货工厂"。

实际上，一家企业的产品不需要很多。比如，加多宝公司，用了一个租来的品牌"王老吉"，生产红色铁罐包装的凉茶。就是这一个产品，仅20余年的时间，企业的销售额就超过了每年160亿元。我给这类企业冠了一个名字——"一货公司"。

很显然，"一货公司"用20%~30%的精力去做生产，但是因为只生产一种货物，于是乎产品做得还不错。十数年如一日，总是生产这一种产品，于是，这家"一货公司"的产品，再无出其右者。此时，该"一货公司"再拿出70%~80%的精力去做销售，去跟消费者深度沟通，并在此基础上改进产品。于是，具有王者风范的"一货公司"诞生了。

再说那家"百货工厂"。虽然拿出85%~95%的精力从事生产，但终

因生产的产品有百种之多,平均每种产品投入的人财物力低于1%,不仅产品质量不尽人意,而且,因为只有5%~15%的精力用在销售和与消费者沟通上,平均到每种产品上所投入的时间精力就更是少之又少。于是乎,产品越是卖不动,越从生产上找原因——恶性循环。

"物有本末,事有终始。知所先后,则近道矣。"本,指的是树根,代指"本质"。末,指的是树梢,代指"表象"。任何事物都有表象和本质,但是大多数人都只看表象,因为表象更容易识别。但表象永远是表象,有时候,表象甚至与本质恰恰相反。比如,有个人逼你做一件你自认为不能胜任的事情。你看表象,通常会认为这个人坏透了顶——简直罪大恶极。殊不知,这件事的本质就在于,那个人是在用另一种方法帮你。因为,他深知,"人的潜能是可以无限开发的"。

"一货公司"表象上很简单,一点都不牛,再看看市场上,则是另一番景象。其产品往往占据了各种大卖场、超市、夫妻店、小卖部、校园店、批发市场的柜台,最重要的是占据了消费者的心。"一货公司"通常具有一个极具杀伤力的特点,即"生产简单化与营销精细化"。

做企业,和做人一样。一个人的时间和精力用在什么地方,结果就在什么地方。世界上的任何一件事,都绕不开"因果"二字。

(2012年2月)

第八节 生产能有多简单,就要多简单

刚刚跟一个大型中资冰淇淋企业的市场部经理牛小姐喝茶、聊天。

牛小姐毕业于一家北京的重点大学,专业是国际经济与贸易。她首先在一家世界500强的冰淇淋企业工作了几年,然后,来到了这家中资企业。

彼时在市场部,现在仍是类似的部门。然而,比较之下,却差别很大。

牛小姐说,"500强"的市场部很好很强大。在市场推广方面,从来都是有完善的企划案,并且一步一步地细化执行非常到位。短时间未必有效果,但长远来看,对产品的促销力非常明显,甚至明显到令竞争对手震惊的地步。而且越是往后,威力越大。

而"中资"的做法则不同,市场部显然只是销售部门的一个分支而已,话语权很弱。而且经常走走停停,想做的产品很多,但做好的有限。

对于中资企业的领导层,牛小姐表示了担忧。领导层的绝大部分时间都放在了生产层面。整天盯着行业领先的跨国公司、大企业什么产品卖得好,然后就去请技术专家帮他模仿。企业产品生产得不少,但是大多数卖得不好。对于厂房的建立、机器的采购和安装调试,领导层都乐意为之。至于营销团队,则要弱得多,不仅人少,而且能人少。市场部也不是真正意义上的市场部,只是个销售促进部而已。推广费用也是能省就省,能砍就砍。

其实,根据现代营销学之父菲利普·科特勒的原意,"一家企业的市场部与销售部不可以是同一人主管,更不能是相互隶属关系,只能是平行的"。这是因为,市场部的主要工作,是把无形的品牌推销到消费者的心里;而销售部的工作,是把有形的产品推销到消费者的手里,换成钱。

牛小姐所服务的中资企业,恰恰验证了我发现的一条规律,"一家企业,如果想更快地做大,必须做到:生产简单化,营销精细化"。

我去年用了将近一年时间研究了几十家年销售额几千万到两个亿的食品企业,然后发现了一个问题:这些企业绝大部分是企业主自己管理,而且大部分企业主一门心思扑在生产上,忽视了营销团队的建立和管理。

我曾接触过一家年销售额6000万的企业,其产品居然达400种之多。有些产品,一年只能卖几万块钱。其团队的人数,仅在个位数,工作以安排发货为主。用一句话来形容，这家企业就是"生产复杂化，销售粗放化"。

一个人的时间和精力是有限的。你把时间和精力用在哪里，你的结果就在哪里。企业亦然。因为，企业也是人在管理，当你把绝大部分时间放在生产产品、研发新品上，那结果只能是生产了一堆未必能卖得出去的产品。至于销量，因为你投入的精力过少——可想而知。

生产复杂化，貌似有实力，实则不然。因为一家企业有无竞争力的根本，不是工厂占地多少亩，不是员工数量有多巨大，不是生产有多复杂，也不是品种有多庞大，而是盈利能力如何。

产品少而精，请更多的销售人员，拿着产品跟顾客去沟通，然后在顾客各种意见和建议的基础上，不断动态地改进产品。生产方面，能有多简单，就要多简单。营销方面，则能有多精细，就要多精细。这是我乐于见到的。这也一定是一家强大企业的雏形。

（2012 年 2 月）

第九节 一万小时定律与一个人正确的前进方向

很多人很多时候做决策，都喜欢拍脑袋。

光，就是这样一个人。从小我们就认识。初中毕业 20 年来，光打过工，创过业。复又打工，复又创业。光卖过菜，不是小菜贩，而是大批发，从蔬菜基地，运一大卡车到城里批发。赚过钱，也翻过车。没有两年，觉得风险大，不干了。光还在商场做过皮鞋的生意。在京西某商场，租了一个店面，请了两个导购，先是赚了一两万，后来又赔了七八万。一生气，也不干了。光当过司机，还干过采购。光卖过服装，还倒腾过大米……

光，就是这样一个很勤奋、很本分、20 年换了 12 个行业的男子。

光,就是光。他是一个把变换自己事业的方向,当成家常便饭的人。

光,不是光。因为,几乎每个人身上都有光的影子。其实,很多事情,并不是我们没有能力做成,而是半途而废。

光感觉前途渺茫。我告诉他,每个人最正确省力符合自然规律的方向,只有一个。

首先,一个人取得成功不外乎两个方面,一个是内因,另一个是外因。内因分为两点,第一是自身的优势,第二是自身的劣势。外因也分为两点,第一是外部环境的机会,第二是外部环境的威胁。

其次,人大多时候做判断,只考虑外部环境的机会。其实,你看到的所谓机会,只是别人的机会,对于自己来说,很可能恰恰相反,是威胁。比如说,你是房地产开发商,当你看到王老吉凉茶很火,于是开始上马凉茶项目。此时,王老吉凉茶的市场占有率为80%。一般而言,在同一领域,如果第一品牌的市场占有率超过30%,那么你的机会就不大了。如果第一品牌的市场占有率超过50%,你再进入这个领域就很危险。如果第一品牌的市场占有率超过80%,你若想再进入这个领域就几乎没有胜算的可能。

当然,外因是通过内因起作用。最重要的还是要看内因。用自己长期积累的优势,与对手竞争,自然无可匹敌。

西方有一个"一万小时定律",就是说,一个人,你干一行,专一行,在自己所从事的行业轻车熟路,需要的时间是不打折扣的一万小时。拿中国的事情来验证一下。旧时,师傅带徒弟,一般要三年。三年之后,师傅说,徒儿,你可以学成下山了。须知,旧时是没有礼拜天的。一年365天,每天跟着太阳走,日出而作,日落而息。这样,几乎每天工作10个小时左右。算下来,学艺的这三年时间,就是一万个小时。

如今,每天八小时,每周休息两天。一万小时,则需要五年时间,甚至更多。

这就是说，一个人做一项工作，如果未满一万小时，遇到困难是正常的。如果干够了一万小时，你就无需转行。如果你非要转行，那么你一定要下定决心，在五年之内，遇到任何困难和挫折都不能放弃。因为，熬过五年时间，你就已经成了业内专业人士——熬出头了。

一个人做任何事情，都跟"卖油翁"一样——"我亦无他，唯手熟尔"。其实，办企业，做产品，也都大抵如此。因为，企业也是人在管理，产品也是人在生产。佛经上说，世间有八万四千法门，找到一个跟自己有缘的法门，一门精进，就能修成正果。这正应了中国的一句老话——"三百六十行，行行出状元"。

（2012年4月）

第十节　是让少数几个产品茁壮成长，还是眉毛胡子一把抓

研究了几十家冰淇淋及食品企业后，我发现一个有意思的现象：八成企业不是特别相信自己的产品。于是，陷入一个似乎走不出去的怪圈："抄袭和模仿市场上畅销的产品——自然试卖——不好卖——再抄袭模仿其他畅销产品——再自然试卖——再不好卖"。

犹记得，我在今年3月"沈阳第三届中国冰淇淋论坛"大会总结发言时讲到，"顶天立地一个人，如果想在世界上做成一件大事，首先起心动念一定要正。""当你在做一件事的时候，心中充满正念，人会帮你，神会帮你，鬼也会让路。"当然，我说的神鬼，其实是哲学概念。人助人，即为神；人害人，即为鬼。其实，鬼神都是人幻化成的。

"正心"一词来自《大学》。孔子强调，"古之欲明明德于天下者，

先治其国；欲治其国者，先齐其家；欲齐其家者，先修其身；欲修其身者，先正其心；欲正其心者，先诚其意；欲诚其意者，先致其知，致知在格物。"

再三模仿其他企业畅销的产品，起心动念就不正——抢别人的客户呀！当然，我并不是说因为这件事就否定整个人。他只是在这件事上起心动念不正，这个很好改。你下一步在产品策略这件事上，起心动念正起来就行了。如何为正？用一个产品，最大限度地满足消费者的需求，包括现实的需求和潜在的未被满足的需求。这就叫持正念。

接下来的工作，更简单。把自己公司的所有产品都拿出来，摆在会议桌上。按照统计学的方法，将销量前三名的产品放在优先培育的位置。将数量为80%、销售额仅为20%的产品砍掉。这些产品必须砍掉。因为，这些产品表面上看是个产品，其本质只是成本而已。要投入大量的人力、财力、物力去支持这些消费者不需要、不符合自然规律的产品，这就叫无重点，就叫眉毛胡子一把抓。

人的精力是有限的，企业的精力也是有限的。因为，企业也是人在管理。因此，必须用有限的精力去抓重点，去抓重点产品。保守地讲，砍掉八成的滞销产品，把原来花在这个方面的人财物力转移到重点产品的营销上，总销量直接可以翻番。

众所周知，全球第一个品牌经理出在宝洁公司。而宝洁最新的理念是，"不接受传统产品生命周期观念，相信只要不断进行品牌管理与创新，就能保持消费者忠诚；通过独特的产品经理体制与产品细分策略，把持续竞争优势建立在产品外的消费者价值上。"

什么是"生产简单化，营销精细化"？就是要少生产几个产品，只生产重点产品。然后，将企业更多的人力、物力和财力用在营销之上。依此规律，企业想不做大都难！

（2012年5月）

第十一节 以市场为导向的冰淇淋产品微创新

先说说，为什么一定要做冰淇淋产品的微创新？颠覆式的产品创新有何不可？在市场经济语境下，卖方市场变成了买方市场。此时所说的市场，在某种意义上说就是消费者，是人。产品就是为人服务的。所以，要弄明白这两个问题，就要首先从中国人说起。想了解一个消费群体，就首先要了解他们的文化。因此，了解中国消费者，要从了解中华文化入手。

众所周知，凡是符合《易经》哲学思想的事情，在中国都行得通。反之，则往往事倍功半。尽管很多人未必系统地学习和研究过《易经》。但是，作为群经之首，诸子百家无不与《易经》有莫大的关联。中华上下五千年，《易经》早已渗透到中华文化的骨髓里面去了。孔子说，对于《易经》，常常是"百姓日用而不自知"。

《易经》是讲什么的呢？孔子曰，"一阴一阳谓之道。"当然，阴阳分别是两个符号，代表的东西很多。在这里，阴代表"不变"，阳代表"变化"。"一阴一阳谓之道"，讲的就是，阴阳要同时出现，这件事情才能成功。这是一条规律，是《易经》也是中华文化最核心的一条规律。

很显然，颠覆式的创新，只有"变"，而没有"不变"，或者说不变的成分太少，从而导致了阴阳失衡，故很难成功。而产品的微创新，是个渐进的过程。变和不变，达到平衡，阴阳和谐，因此想不成功都难。

我们从枯燥的哲学思想，回到鲜灵活现的人类空间。

第三届中国冰淇淋论坛的主题叫"生产简单化"，引起了广泛的共鸣。宏宝莱集团执行总裁徐冈跟我对话时说，"宏宝莱在去年刚刚由120个产品砍到了35个。这是销量最大的35个，占了之前销售额的70%"。由眉毛胡子一把抓，改为抓重点产品，很显然，这将是宏宝莱的一个崭新的起点。

抓重点的能力，在很大程度上就是一个人的成功能力。企业亦然，因

第十二章 产品微创新

为企业也是人在管,并且目的是为人服务。无独有偶,德氏冷饮的王桂芬总经理也是对"生产简单化"这个主题大声喝彩,认为耳目一新,让企业决策层在战略层面的思路,刹那间亮堂了起来。

消费者与品牌接触一般为四个步骤:第一步是我知道;第二步是我喜欢;第三步是我购买;第四步是我忠诚。广告解决知道问题;公关解决喜欢问题;销售解决购买问题;品质解决忠诚问题。孔子曰:"与国人交止于信"。这四个步骤总结起来就是——我相信。知道是相信的开始;喜欢是相信的加深;购买是相信的行动;忠诚是相信的持续。

在充分的市场调查基础上,从口味、从包装、从陈列等角度,给企业固有的优势产品锦上添花。"微创新"的产品,在保障既有品质的同时,往往给老顾客带来惊喜,令老顾客对品牌刮目相看,从而,品牌忠诚度大幅提升。一个有着广泛群众基础的产品,其市场工作就是"为有源头活水来"。

(2012年9月)

第十三章 厚利多销

经常看到很多厂家的产品还不错，但价位定得比较低。过分地强调物美价廉，以为惟其如此，才会扩大消费者基数，走的完全是薄利多销的路子。其实，薄利多销不是不好，只是并非长久之计。在物质不丰富时期，能有食品吃就不错了，那时厂家只有拼价格才能抢占更多市场。可是在物质丰富、生产工艺进步的当下，建立产品的技术壁垒、品牌壁垒和渠道壁垒，才是抢占市场的法宝。薄利多销还在，但厚利多销的时代来了。

第一节　从冻柿子到冬季冰淇淋消费习惯的养成

深秋，周末，在京城的山区郊游。几处橘红的色彩，不时映入眼帘。圆圆的，暖暖的，遥挂在枝头。煞是好看，煞是喜人。

这，就是很多中国画家喜欢浓墨重彩的大柿子。

在京西的千年古刹潭柘寺，毗卢阁前西侧，一处知名景点就叫"百事如意"。是一棵柏树跟一株柿子树相伴共生，长在了一起，取其谐音，故此命名。

大柿子不仅好看，好听，还好吃。主要在京津、河北、山西、山东等地生长。

到了大柿子成熟的季节，人们把买来的柿子放在窗台上，让其自然冷冻，冻得硬邦邦的。这样不仅可以长时间保存柿子，而且冻过的柿子无涩味，口感也比没有冻过的要甜许多。要是谁上火嗓子疼，冻柿子则是天然的下火良药。吃的时候把大柿子放在碗里，加入适量冷水，不一会儿，柿子的外面，就被冷水激出一个厚厚的冰壳。此时，柿子已经软了。食之，冰冰凉凉的味道，甜且润。

八成以上的东北人，祖籍山东、河北，是闯关东的那个年代去的。于是，冬季吃冻柿子的消费习惯部分被沿袭。

还有什么能冻呢？梨！东北本身就产梨，老百姓也喜食冻梨。新鲜的梨，硬而脆，冻梨则成了一种完全不同的食物。因为细胞壁的破坏，净是甘甜冰凉的梨汁，滋润着人们的味蕾。

因物产、气候等原因，造就了东北地区消费者对于天然冷冻甜食的消费习惯。由此而顺承为冬季冰淇淋消费习惯的养成，自然而然。此为成因之一。

其二，孔子在《论语》中说，"不时不食"。意思是说，人们一定要按照时令，去食用应季的食物，尤其是蔬菜、水果等，这样对人体的健康才有好处。从这个角度来看，触手可及的美味冰淇淋，不是正好来补充冻柿子、冻梨等应季冰冻水果的不足吗？

其三，喜欢刺激，是东北地区消费者性格的又一特点。至于这个特点从何而来，是祖辈闯关东闯出来的刺激，还是因为喜欢刺激的人，才去闯的关东？还真无从考证。

数九寒天的冬日，室外零下十几度的天气。室内，则是被火炉或暖气或中央空调激发的燥热。此时，来一杯冰淇淋，来一根雪糕，那种冷热反差所带来的感觉，更多的是一种刺激。

记得《骆驼祥子》中有关于吃冻柿子的描述："他买了个冻结实了的柿子，一口下去，满嘴都是冰凌！扎牙根的凉，从口中慢慢凉到胸部，使他全身一颤。几口把它吃完，舌头有些麻木，心中舒服。"没错，就是这个感觉。

其四，"冬至一阳生，夏至一阴生"。大地，冬季干冷，夏天湿热。孔子说，《易经》讲的就是"一阴一阳谓之道"。换成白话，自然界的规律是，阴阳要同时出现。比如，干燥属阳，寒冷属阴；湿气属阴，炎热属阳；室内的燥热属阳，口中的冰品属阴。

您有没有见过，手持一根雪糕在商场逛街的青年？您有没有见过，将雪糕直接放在三轮车上售卖的景象？您有没有见过，在哈尔滨的中央大街排队买冰棍的"长龙"？我说的是冬天。

这是东北特有的风景。

冬季，东北地区冰淇淋的消费需求，就在那里，不来不去。

（2012年11月）

第二节 颠覆式创新还是产品微创新

三个月前，我在青岛举行的第四届中国冰淇淋论坛上初次提出的"亿元冰淇淋技术系统"，至今仍有企业家不断提起、津津乐道。

首先，要从"生产简单化"说起。2012年3月，第三届中国冰淇淋论坛在沈阳举行，主题为"生产简单化"。众所周知，一般人脑子里面思考的问题，大多都停留在"术"的层面，即用什么方法和技巧把这件事情干好。"生产简单化"这一主题，显然是"道"层面的问题，它解决的是要做什么、不要做什么等大方向性的问题。坊间有一句流传很广的话，叫"方向不对，努力白费"，说的就是这个"道"字。会议期间，来自全国各地的300名冰淇淋企业家和企业中高层管理者，共同研讨、互相分享了生产简单化和抓重点产品的重要性。大家清晰地认识到，20%的产品创造80%的价值，而另外80%的产品只创造20%的价值，实际上只是成本和费用而已。

时间过得很快，说话间就到了9月下旬。第四届中国冰淇淋论坛在青岛举行，本届主题为"产品微创新"。微创新者，渐进式创新也，与革命式创新和颠覆式创新相对应。有人问起，"产品微创新"理论出自何方？其实，就出自一条中国道家思想古老的朴素的哲理——"道法自然"。

何为道法自然？就是说，我们人类做事，要按照自然界的规律去做。因为，人类只是自然界的一分子而已。惟其如此，人类才能在心情愉悦的同时，与大自然和谐共生。

举个通俗易懂的例子。人类做事，譬如种树。第一年，由一颗种子，生根、发芽，直至长了半人多高，我们浇水、松土、施肥、看护。第二年，长了一人多高，树干愈发粗矣。第三年，在我们的细心呵护下，长了一房檐子高，树干已经达到婴儿手臂般粗细。十年之后，树木参天，堪为栋梁之材。百年之后，被称为古树，受政府和人民保护。倘若我们一时性起，种了很多树，但三分钟热度之后都不怎么管它了，恐怕会是另外一番景象——即便不是干死，也早被孩童们都撅折了。办企业，做产品，亦然！

"产品微创新"的提出，与"生产简单化"相承接。产品少了，重点突出了，接下来就要在重点产品的基础之上微创新，可以是技术层面的，也可以是包装层面的，更可以是营销和品牌层面的。

（2013年1月）

第三节　你的企业不赚钱，要么远离了员工，要么远离了顾客

岁末年初，除了拜年，还是拜年。

随着通信事业的发展，人们由走家串户的拜年，发展到电话拜年、短信拜年、QQ拜年，最近两年又兴起了视频电话拜年、微博拜年和微信拜年，等等。然而，变换的只是形式，不变的则是内容。

除了人与人之间的相互关心、感情联络外，更多的则是通过拜年这种形式，相互交流，对上一年的学习、工作、事业做出总结，休息好的同时，计划并制定自己内心深处的下一年度目标。

企业家之间的拜年，除了嘘寒问暖之外，少了那些家长里短，更多的则是询问上一年度的收成如何。有的说，还不错。有的说，还成。有的说，就那样。有的说，跟前年差不多。还有的说，马马虎虎。也有人说，一般一般，"全国第三"。

汉语之美，就在于词汇量极其丰富。同样一个意思，再辅之语气、方言，依每个人不同的遣词造句的习惯，可以变幻成数十种说法之多。其实，上述说法都是一个意思，企业过得只是凑合而已，并不是很好。

为什么会这样？世间事，都绕不开"因果"二字。那原因何在呢？

一般原因是这样：员工不努力，客户不买单。

就在腊月二十五这一天，仍然有勤奋的企业家陈总亲自从南方飞到北京，给朋友们提前拜年。

陈总打着拜年的旗号，到我的办公室小坐，气氛自然极好。当然，谈得更多的仍然是工作。当陈总提到他的企业不赚钱时，我有些愕然。这间公司表面上确实有些光鲜，然而，什么事情都不能看表面。我开始给陈总分析，"企业不赚钱，要么远离了顾客，要么远离了市场"。

陈总听完，若有所思。当陈总看到我们的企业价值理念时，他点了点头。一个精致的红边相框，黄底上规规矩矩地写着十数行黑字：

企业价值理念：（1）员工。为员工提供更多的物质与心灵成长的机会。（2）客户。为客户创造价值，客户是亲人，客户满意度至上。（3）社会。通过提供优质的行业传媒服务，为促进行业良性健康的发展做出贡献。（4）股东。实现股东投资的保值增值。

陈总坦言，员工在他的心目中，从前是成本，现在是资本。我告诉他，我们的理念是员工是根本。这就是我们在员工层面的以人为本，不仅让他学东西，更让他赚钱。在客户层面，客户是亲人，而不是高高在上的"上帝"，因为儒家文化背景下的中国人，更爱自己的亲人，这个来得更真切。

悟性极高的陈总，把"顾客是亲人"这句话，居然跟去年第三届中国冰淇淋论坛的主题"生产简单化"联系在了一起，少生产几个产品，生产几个品质过硬、有特色的产品就是把顾客当成了亲人。比如，我们给亲人做饭时，就会遵循此理。

我们翘首以盼的第五届中国冰淇淋论坛的主题——"价格新空间"，正是与前两届的主题——"生产简单化"和"产品微创新"———脉相承。

（2013年3月）

第四节 渠道是个筐，什么都能往里装

今年出奇的冷。阳春三月，关外仍然白茫茫一片。对于冰淇淋这个靠天吃饭的行业，似乎不太乐观。

中国，确实很大。就在此时，我们在伟大的"雄鸡"地图上，以东北为起点，画一条对角线，线的那一头则是另一番景象。

一位不愿具名的重庆冰淇淋经销商喜上眉梢，"最近二三十年，都没有遇到这样的好天气了。连续十几天，太阳都大大的。厂家今年好像都没准备好，并没有想到旺季到得这么快，这么突然。最近一周，一个劲儿地有冷批的店主催货，还威胁说，不给发货，就换个单位合作。呵呵，吓唬人的。有老天爷的照顾，今年一定能有个好收成。"

成都另一位自称是川内领先的刘姓冰淇淋经销商则告诉我，做了十几年的冰淇淋，每年冰淇淋的销售额都停留在一千多万这个水平，就没上去过。最近这些年，速冻水饺、汤圆、速冻蓝莓、速冻玉米等新鲜产品的销售额却是连年攀升。一个亿多一点的销售额，冰淇淋只占一成多。

刘接着说，自己对冰淇淋行业是有感情的。但是，冰淇淋企业大多不太争气，总在低价、同质上绕弯弯，兜圈圈。像那些五毛钱的产品，还不如干脆取缔算了。零售才卖五毛，近两年通货膨胀又那么厉害，里面能有什么好东西，估计冰淇淋厂的领导层是不会给自己的孩子吃的，"己所不欲，勿施于人"。

我向来鼓励我的团队深入群众，跟冰淇淋行业的明白人交朋友，共同做天下文章。因为，这样才更有意义。"闭门造的车，往往走不动"。

敢于说实话，我意识到，刘是一个伟大的商人。他的身上，虽然也飘着几许铜臭的味道，然而更多的是一种对行业、对消费者强烈的责任感。从他身上，我甚至看到了冰淇淋行业的未来。

刘在此时将"他的话匣子的音量"开到最大。他坦陈，这些年，在冰淇淋方面，自己一直没有扩张，是有原因的。本地区的冰淇淋，价格都极为透明，竞争也异常惨烈。产品大多定位在中低端，想赚点钱，真是难上加难。

对于冰淇淋企业500千米的销售半径的"商圈说"，刘甚至嗤之以鼻。便宜货当然有销售半径，否则，你的附加值那么低，连运费都不够。现在物流这么发达，如果一根雪糕卖五块、十块，还不是全国各地都可以卖，哪来什么销售半径啊？老是做些质次价低的产品，你怎么就知道顾客会喜欢？

于是，我告诉刘我的观点，我也认为做低价、大路货，是大企业的事情。因为，它有足够的规模来支撑。对于中小企业，就要做高端，要做就做"小而美"，这样才有意义。而小厂子跟大企业拼低价，是熬不了多久的。企业竞争，譬如"田忌赛马"。当别人仰仗规模优势跟你拼低价时，你只有仰仗船小好调头的优势，跟他拼质优。既然都质优了，那不妨就价高一点。这样，才符合"因果"。至于顾客是否接受，就要看你的品牌及传播，以及销售团队如何去跟顾客沟通了。

听完"小而美"的解释，刘紧皱的眉头绽开了。

（2013年5月）

第五节 营销向远方，还是渠道精细化

毫无疑问，多家冰淇淋企业，正在用高端产品，来突破500千米这个销售半径的限制。于是，高端化了的冰品，再也不担心高昂的冷链运输费用，其营销的触角渐渐伸向远方。

第十三章 厚利多销

就在这个时候，一家来自上海的休闲食品企业，将苏州作为渠道精细化的试点。这家企业的产品，不需要冷冻冷藏，并无冷链与销售半径的羁绊。用江西康怡总经理姜春贵的话说——可以"一大卡车直接拉到乌鲁木齐去"。

但是，他们却将视角由远方拉回到脚下。这家企业的总裁，微信昵称叫作"旺仔"。5 月 7 日，旺仔在朋友圈里发了 9 张照片，来展示他们苏州办事处的"乡镇店"。接着，又一口气发了 27 张照片，都是关于该公司终端的各种产品陈列的。旺仔写道，"我们一个镇好的今年能卖 100 万，80 多个镇，市场潜力有多大？一个店一个月只要 100 多元的费用，随便陈列。"

无独有偶，另一家北京的休闲食品企业，去年干了一件事，就是将京津冀地区的营销渠道，直接下沉到乡镇一级。当年，毫无悬念销售额直接翻番。据称，主导这项工作的经理，不仅被任命为市场总监，还正在成为下一任企业总裁的储备人选。

一位朋友知道我信佛，就问我，对于企业经营管理而言，佛教的启示是什么？我告诉他是佛学辩证法。"只要你的心态调整好了，世界上的任何坏事情都是好事情。当然，世界上的任何好事情，也往往都是坏事情。"

就好比"500 千米销售半径"这件事。囿于产品货值不高、冷链物流费用不低的现状，于是冰淇淋行业有了"销售半径"这个概念。出了这个圈圈，就很可能不赚钱，甚至赔钱。看似坏事，其实是好事。没办法了，你的心只能定了，心定则智慧升腾。这个时候，同一个销售半径的企业，比拼的就是细节，就是渠道深耕的水平。倘若在这一亩三分地，已经深无可挖，你此时真的需要走出去，在另一个 500 千米销售半径建个分厂，复制老厂的辉煌即可。或者，你还可以像篇首所言，拼命高端化你的产品，大大延长你的销售半径。

当企业突破第一个 500 千米销售半径时，看似好事，却很可能是坏事。一间工厂，很简单，你能现场管理即可。到了第二间工厂，就需要企业家有非现场管理能力了。中低端的产品是一个商业模式，高端产品就是另一个商业模式了。前者是生意导向型的，你会管理、算账就行。后者则是品牌导向型的，你除了会管理、算账外，还要懂品牌。

（2013 年 7 月）

第六节　为什么很多企业会"选择式"诚信

2013 年 9 月底第六届中国冰淇淋论坛的水平被评价为"史上最高"。有几位参会嘉宾非常兴奋地告诉我——他们赚了——因为这次是"总裁班"的水平，认为老师的水平很高。我跟几位演讲专家沟通，他们则认为是参会嘉宾的素质大幅提高了，会议组织能力也略胜从前。本届论坛，我有幸受主办方委托，做了主题为《国学与中国企业管理》的演讲。演讲时，我提到"诚信，会让一个企业的'沟通成本'降到最低，迅速将企业做强做大"，现场掌声不断，产生了广泛的共鸣。

我从大学毕业参加工作，一直从事的是"食品传媒"这一行。前前后后采访过的企业家，大概有一两千人。深度沟通，甚至不断保持良性动态沟通的企业家有 200 人左右。我发现，企业发展得快，做得大，一定是讲两个字——诚信。当然我也发现，即便是规模很小的企业，发展很慢的企业，也并不是一点诚信都不讲，而是会"选择式"诚信。

有的人选择首要诚信的对象是经销商。因为经销商给你打款了，你不给他发货，那就再也没有这个客户了。他就四处去嚷嚷，甚至去告你，那就没人肯卖你的产品了。

有的人选择对员工诚信。这都做不到，企业就别干了。其实，对员工不诚信，这是世界上最蠢的事情。凡是员工流动率特别高的企业，或多或少都存在这个问题。

有的人是对消费者诚信。一个冰淇淋行业的资深技术专家提到，有个叫"河南雪汇"的冰淇淋公司，在可可粉等巧克力原料不断涨价、涨价离谱的情况下，就是不做原料替代，也不减少分量。所以雪汇的小脆筒，据说在全国同等档次产品里是卖得最好的。有些企业是搞原料替代，原料贵了就换，一直换，这些东西只是表面上是那个产品，其实已经不是了。我们人类舌头上的味蕾是非常敏感的，换了，马上能够尝出来。所以，过不了多久，人家不买你的产品，那也很正常。

然后，有一部分企业对供应商的诚信就要差一些，结款也不及时，有的找各种理由去克扣人家的费用，或者是不给，或者是少给。其实你把生意往长远看，这么做不好，行业的圈子本来就很小，这么一做谁还和你打交道。

在对投资人的诚信方面，尤其是股东只是参股，而不参与经营，就很可能遇到问题。所以，中国有句老话，叫"买卖好做，合伙难当"。

再有，总是有企业抱怨政府的税负高。其实，大家面临的外部环境都是一样的，如果想一直长期永续地经营发展，那对政府这块一定要诚信。

最后，就是对于竞争对手的诚信。多数企业，愿意跟同行公平竞争，好一些的还能在良性竞争的同时有一些合作。最差的，就是把竞争对手作为最大的敌人，欲除之而后快，甚至不惜用各种不道德的、非法的手段。其实，除了自取其辱、自找麻烦外，没啥意义。试想，即便竞争对手都死干净了，你要是做不好，也未必能活下去。

倘若对于以上几个层面的群体，企业能够持之以恒地保持诚信，那么，想不做大都难。诚信，对企业来说，成本最小，收益却最大。

（2013年11月）

第七节 比武招员工，还来自世界500强，为何不灵

如今很多企业主、人力资源经理招员工，经常会陷入一个误区，就像比武一样，找武艺最高强的，找最有能力的，要找在世界500强干过的，要找在可口可乐、和路雪干过的。

结果呢？高薪往往花了，人最后也没留下。更有甚者，企业主认为企业请来了空降兵，请来了高人，大刀阔斧地改革。于是乎，企业改来改去，改得似乎也不是原来的企业了。钱花了一大堆，效益反而下滑。

解决这个问题，我们得从企业文化说起。

稻盛和夫，日本经营四圣之一，他用中国的哲学思想来管理他的企业，在有生之年创建了两个世界500强企业。还老是来中国讲课，大家都喜欢听，因为说的是中国文化，中国人拿来就能用。稻盛和夫来中国讲课少则几万块钱一堂，企业家们那也是排着队等着去听。现在他岁数大了，80多岁了，到中国讲课也少了，他就是把中国儒家、佛教等传统文化的东西用到了企业管理中。

而我们市面上流行的彼得·德鲁克的《管理的实践》等，其实是来自于西方的哲学体系，在西方是很有用的，有用得不得了。而中国的传统文化其实是儒释道这个哲学体系的，儒家、佛家、道家。所以我们要想管好中国人，一定要用我们自己的文化来管。马云说他用太极文化去管他的公司，也是中国的，这也是国学的东西，西方的那些东西到了中国就是水土不服，毕竟西学到中国只有一百年的时间。

马云在阿里巴巴刚创建的时候，只有十几个人，他就说了一句话，你们这些人，能力也就到这了，我得从外面请一些高人来当我们的各种高管，后来事实证明，他请来的高人都走了，最开始的十几个人大部分都成了高

管。企业请的人首先要认同企业的理念，认同企业的文化，这个比能力重要一百倍。

而在中小企业，什么叫企业理念，什么叫企业文化，其实就是企业主个人的理念、个人的文化、个人的想法在企业上的体现。这就体现在要认同企业主这个人上。我们公司请的人，一定要非常认同我们的企业文化。为什么会有企业的员工在抱怨自己所在的企业、自己企业生产的产品，抱怨这个抱怨那个，因为他不认同你的文化，对于这样的人还不如放开手让他自由飞翔，老圈着人家干吗，这样的人干不好工作，还会影响其他人。企业主一定要请那些认同自己企业文化的人，哪怕能力差点，没问题，你只要给他时间给他平台，都能干好。

（2014年1月）

第八节　成为顶级推销员的三个步骤

"雪糕哥"很健谈，电话里可以滔滔不绝地谈上30分钟，从北京雾霾到杭州房价，从卖冰棍的到中国首富，各种聊。大概我就是为传媒而生的，对于与读者的深度交流，我从骨子里喜欢。

"雪糕哥"是《中国冰淇淋》的一位年轻的"老读者"。他是某新兴冰淇淋企业的创始人。"雪糕哥"三个字，从前是他的QQ名，现在是他的微信昵称。

宗庆后老先生是"雪糕哥"的偶像之一。"雪糕哥"对宗庆后的创业史赞叹不已，宗庆后在42岁时还踩着三轮车，在街头巷尾叫卖冰棍，卖一根赚一分钱。谁能够想象，这个寡言少语的中年人有一天会成为中国的富商。后来，宗庆后说，"（创业较晚，是因为年轻时的挫折比较多）可能这使我有一个比较好的心态，什么东西都能忍受，命运能给我什么机会，我就去做什么。"

"雪糕哥"进一步说，他是做生产出身的，销售似乎是他天然的短板。大家都知道，一间公司，创始人的短板，很可能会成为企业的短板。

"雪糕哥"需要我的鼓励和帮助。于是，我们的交流愈发深入。我开导他，销售其实很简单，就是拿着产品，管它成熟不成熟，完善不完善，先去跟顾客沟通。其实只要张嘴跟顾客说，就有50%成功的机会，如果不张嘴，那么机会就是零。就企业的销售来说，成功与否体现在铺货率上。产品只要上了货架，进了冰柜，销售卖掉的概率就是50%，不去放，就是零。

世界上很多有名的企业家都是做销售出身的，从一个推销员干起。中国有两个首富，一个刚刚说过，内地的。另一个是香港的李嘉诚。全球的华人首富李嘉诚，开始是卖塑料花的，一家一家上门推销。所以销售是世界上最赚钱的职业。那具体到一个人一间企业，怎么样才能成为最赚钱的呢？首先我们要问自己，在最赚钱的销售行业做销售，为什么我们不是最赚钱的那一个？那是因为我们没有做好。企业也是一样，因为没有卖好这个产品。好产品是卖出来的而不是生产出来的，当一个产品卖好了，这个产品就叫作"好产品"。

怎么才能把销售做好，做到最赚钱？首先，要下决心做一个顶级的推销员，下定决心就再也不改了，无论遇上什么艰难险阻，都要扛过去。企业也是这样，企业的某个产品卖得不好，销量不大，是因为企业本身就没有做好这个超级推销员。那如何做成顶级的推销员呢？

第一，是要把"推销"推销给自己。既然想做推销员，就要发自内心地树立一个目标，让周围的人都能感觉到这个气场。所有"假装"的推销员都会为你让路，所有顾客都会向你走来。

第二，是把"自己"推销给自己。什么叫自信？我们自己都不相信自己，怎么可能让别人相信呢？

第三，就是把产品推销给自己。怎么叫把产品推销给自己？明明是卖产品的，让他把产品推销给自己？自己可以买，真的可以买。我们检验自己的产品时，仔细思考一下，自己企业生产的产品自己会不会吃，企业员工和家人、亲戚愿不愿意花钱去买，这个很重要。每个人的智商，其实都差不多，我们能想到的，顾客也都能想到；我们能吃出来的，顾客也都能吃出来。所以，要把产品推销给自己。至于说哪个产品好，经常有推销员抱怨，为什么我卖不好，是因为我们产品不好，看人家产品多好多好。太傻了，人家又没有给你开工资，人家又没给你广告费，人家还是你东家的竞争对手，干吗老替他说好话，是不是犯傻？自己都不相信自己的产品，怎么卖得出去。

所以说做成顶级推销员就是这三条：第一，把"推销"推销给自己；第二，把"自己"推销给自己；第三，把产品推销给自己。

（2014 年 3 月）

第九节　新活路：小企业推高端产品

两年前，我去杭州听了两天以营销为主题的课。主讲是美国房地产推销大王霍普金斯。作为课程的 VIP 学员，两天的费用是 29800 元。现在回想起来，只记住一句最有用的话——"每家企业的定价权都在自己手里"。时至今日，我仍然觉得很值。因为这句话非常有用，而且不是轻易能花钱买到的。

话说有个行业叫果冻业。这个行业的淡旺季跟冰淇淋行业基本一致，大致上是 3 月下旬到 9 月上旬。与冰淇淋不同的是，果冻并不用冷链物流运输，在仓库里还是常温储藏。但是进入消费者的家庭之后，则殊途同归地跟冰淇淋一样被放入冰箱。目前，消费者的共识是"冰了的果冻更好吃"。

果冻行业的领军企业是"喜之郎"，总部位于深圳。我曾数次受邀前去参观交流。喜之郎果冻每年的销售额是35亿元人民币左右。排在第二、三位的是蜡笔小新和亲亲两个品牌，销售规模在10亿元上下。

从前，人们像是商量过似的，蜡笔小新和亲亲的果冻价格比喜之郎要低一些，其他品牌则要比这三家都低。于是乎，"没有最低，只有更低"，价格一路低下来。有时候，我就在想，当价格越来越低的时候，趋近于0，这种思维模式的价格策略是一个很可怕的趋势。

偏偏有"愣头青"闯了进来。这个"愣头青"是我的一位多年好友，姓黄。认识他12年，前8年的身份都是包装设计公司的总经理。到了第九年，黄给了我一张新名片，上面赫然印着"佰蜂食品有限公司"，并随手给了我一盒品名为"果町屋"的果冻。定眼观瞧，包装精致。扯开，食之。发现口感确实不同——里面加了细小的椰果粒。黄告诉我，他并不做生产，只做品牌和营销，定位为机场店、进口食品店的消费群体，价格是当时最贵的，几乎是喜之郎的两倍。又过了一年，黄的交通工具已经由公交车换成了一辆崭新的奔驰。他忆苦思甜地跟我说，当年做果冻，是被逼的。干了那么多年包装设计，一共就赚了5万块钱。于是狠狠心，开了一套包装，找了一家做出口的果冻企业代工。前半年只卖了60箱，现在则一切顺利，年销售额估计能达到3000万元。前几日，再次谋面，黄告诉我，他一个外行，去年做果冻已经超过了1个亿的销售规模。

无独有偶。第二位则是我和黄的一位共同的好友，姓许。许同样不是做食品出身的。他从前是开文具厂的。机缘巧合，进入食品业。先是做小鱼小虾金针菇等为原料的罐头小菜，第二年改推饮料，第三年和佰蜂前后脚做起了果冻生意，同样定位高端。与黄不同，许有工厂，其品牌叫"巧妈妈"。许的一位前骨干员工亲口告诉我，巧妈妈果冻的平均出厂价是十八九块钱一斤，而北京某著名品牌的果冻在大超市也就卖个五六块一斤。第五年，也就是今年，许信心满满地跟我说，今年做 3 个亿的销售规模，应该不成问题。

记得前两届中国冰淇淋论坛上，在演讲的时候，我特别强调过，做中低档的产品，是大企业的事情。因为它们有规模效益。而作为小型甚至微型企业，你一定要差异化，要高档化，这样，才有你存在的价值和意义。从市场环境的角度来看，你的产品越低端，竞争往往越激烈；越高端，往往越不激烈。去抓竞争不激烈的市场，这就叫"蓝海战略"。

（2014 年 5 月）

第十节　旺季不旺，从淡季找原因

早起，睁眼第一件事，看看手机。

微信朋友圈里，广东的一位做食品生意的好朋友吴总发了一张图，叫大家猜成语，字面上，"乱"字很大，但是歪的，"正"字较小，是反的。于是，我在评论时调侃了一句："太简单了，换一个。"

一秒钟的时间，吴总发来两个字的消息："忙不？"

于是，我们的对话就此展开。"还好，您呢？"

吴总说，"淡季很难过。"

脑海里过了一遍吴总的产品，以年货大礼包为主的休闲食品。接着，我顺口说道，"休养生息，筹备规划，为迎接旺季做准备。"

吴总飞速回我，"担心旺季不旺。"

我思忖片刻，答曰："做好淡季该做的事情，旺季就会旺。"

吴总给了我一张"笑脸"。

我鼓励道，"你的忧患意识很好，这是企业成功的前提。"

吴总一本正经的面孔浮现眼前,"该做的事,很难。"

"说说看。"记者的本能就是打破沙锅问到底。

亮点出现了,"市场上什么好卖,我们就出什么产品,跟风。"

我相信,这是很多企业家的想法。一般的当家人,只要养活一家老小,父慈子孝兄友弟恭,就万事大吉。但是,企业家显然不仅仅是这样要求自己,他的"一家老小"四个字往往无限扩张,除了自己的家庭外,还包括企业的员工,上游的供应商,下游的经销商、零售商。因此,他们身上承载着常人难以估量的压力——"鸭梨山大"。

由此,我们不难理解他们的一些离奇想法。比如,幻想着突然跟对一款畅销热卖的产品,从此客户排队打款,现金流如洪水般涌入,于是"亿万富豪诞生了"。

于是,我回复吴总,"这个对,也不对。"

"对,又不对?"显然,吴总听得有些脑袋发懵。

"经销商这样做,就对。厂家这样做,就不对。因为厂家下面的经销商,都在看企业有没有定力。定力外化的表现形式,就是一直下决心花大力气,来抓自己的拳头产品。拳头产品的销量不断增长,进而符号化为品牌。"

对方发来一个"竖大拇指"的符号。

其实,吴总遇到问题后产生的想法,还是非常有代表性的。

淡季的时候,有的企业主在乱想,也有的在蛮干。比如,从前本人无比推崇的淡旺季他类产品调节模式,我现在就认为比较"扯"。例如,糖果旺季是国庆节到农历新年,于是有的企业在淡季开发夏季可以热卖的果冻来调节淡旺季。目的有二,第一养工人,第二占领糖果空出来的货架。冰淇淋企业有一部分是靠速冻食品来调节淡旺季。江西一家两个亿规模的冰淇淋企业总裁指出,公认的冰淇淋淡季,用速冻食品来调节都能干好,只有浙江的五丰和祐康两家。这说明,这个基本上很难。

"只有淡季的思想，没有淡季的市场。"加多宝凉茶就因为成功地开发了餐饮营销渠道，而彻底打破了淡旺季用他类产品调节的"魔咒"。

再回过头来说说吴总，他是希望他的朋友帮助他在战略上"拨乱反正"吗？我希望收到他微信的答复。

（2014年7月）

第十一节 "以销定产"，你学不到

无数个企业的梦想，是能够做到"以销定产"。但是，又有几家能够做到呢？越是做不到，企业往往越是着急——要不然再开发个新品试试？开发什么新品呢？当然是好卖的产品。什么样的产品，才会好卖？透过纷繁复杂的表象，你会发现很简单，企业如果好好去卖他的产品，他的产品就好卖。反之，则表现为，不好卖的产品，往往是因为企业不好好去卖。

我们来看，所有畅销的产品和品牌都是通过如下三种最最普通的方式去卖产品。

第一种，比如和路雪、雀巢、蒙牛、伊利等品牌，他们会在全国的优势媒体上大做广告。可以是央视，也可以是主流的卫视频道的黄金时段。可以是地铁，也可以是巴士车身。可以是晚报都市报，也可以是精品期刊，还可以是各种网络传媒，等等。

第二种，则比如天冰、五丰、祐康、德氏、中街、宏宝莱，等等。他们会在自己具有优势的区域大做广告，给予市场各种费用支持，包括提供冰柜陈列，或者派一批漂亮的姑娘现场试吃、买赠等。

还有一种，企业规模不是很大，从某种程度上甚至不能直接接触到消费者，往往是通过经销商来跟消费者沟通。这个时候，跟经销商的沟通就尤为重要了。而这无非是三种方法。

第一，背个小包，拿点样品或画册，挨个上门拜访。企业初期费用少只能这么做。很累，费用也不低，但效果未必很好。商务谈判双方往往要对等才能合作成功，第一种方式往往给人厂小商大的感觉，人家不太会重视你。

第二，参加冰淇淋行业以厂商对接为目的的论坛或展会。这种情况下，你一定要弄出点动静来，动静越大越好。比如，产品陈列的区域要选最大的，而且搭建的时候一定要舍得花钱；要请最漂亮的礼仪小姐来做试吃活动；企业领导要占据主场争取发言机会；现场的条幅、易拉宝、灯箱、会刊等到处都是你的广告，叫人躲都躲不开。倘若这个时候你还是背个小包，拿点样品或画册，挨个去问，你往往就会被认为没有实力，给动静大的企业做了"陪衬"。还不如静静地在一旁观察、学习，要好得多。

第三，你如果舍得花钱，还可以单独组织招商订货会。在冰淇淋行业，一般在淡季到来的9月份中旬到次年3月份都可以。包个四星级、五星级大酒店，请上两百个经销商，包吃包住，给足了订货政策，比如一次订货300万送一辆某某牌豪华轿车，即使是20万也要送个iPhone6，等等。根据企业规模，还可以分区域，多开几次这样的会议。

现实是这样的，企业很可能不想投广告费，不愿意给促销费用，也不愿意花钱去参加会展论坛。它只愿意花钱请个师傅去模仿某个畅销的单品，而模仿的目的并不是在品质口感和营养上超越这个产品，往往是希望通过原料替代，做一个比畅销品便宜，甚至便宜得多的产品。人跟人的智商都是差不多的。通常是很多家企业都这么干，最后恶性竞争拼低价。大家"齐心协力"做死了一个单品，再去追赶下一个"畅销品"，乐此不疲，最终乱了阵脚。

我们为什么不静下心来，研究一下人家的产品为什么畅销？"做企业，最怕的就是撞大运式的心理"。最近，多家企业的总裁，以及冷冻食品渠道的经销商到我的办公室来做客。这句话，得到了他们的共鸣。

（2014年9月）

第十二节 4元以上高价位冰淇淋市场已经形成

平安夜和冰淇淋圈内的几个朋友聊天。

一个朋友问我，对于高价位冰淇淋市场怎么看？

我回了一句，价格不是决定因素，关键是消费者觉得你的产品值不值。只要消费者觉得你的产品值这个价，卖出天价去，都有人买。

他回了一个大拇指，表示同意。

在冰淇淋市场，高价位的产品一般是指4元以上的产品，去年中国的冰淇淋市场容量已经超过了1000个亿，其中4元的产品占比有多大呢？很多朋友会给我一个大概的数据，一成、二成，或者三成，数据总是不大一样，其原因是这些朋友在市场的角色不同，有的朋友已经在做高价位的产品了，他会夸大市场份额，有的朋友还在做一元、二元的产品，他会压低市场份额。

每次到公司楼下便利店，看到1.5元、2元、3元的产品还是占了大半个冰柜，4元钱的产品很少，我都在反思，现在白菜都卖出猪肉价了，为什么这么好吃的、能给消费者带来愉悦享受的冰淇淋却卖得这么便宜呢？

在同一家小店，看到立体冰柜中的饮料价格大多在3元以上，其中4元以上的功能性饮料占据了大半个冰柜。不，是绝大部分冰柜！

我看到一瓶4元钱的功能性饮料，上面的广告语叫"随时随地，脉动回来"。在我的印象里，这是一瓶运动时喝的补充体力的功能性饮料。

我一直在想饮料无非就是一瓶糖水而已，远远比不了冰淇淋的生产工艺复杂，却卖得比冰淇淋要贵，本来是猪肉身价的冰淇淋却一直卖成了白菜价。仔细琢磨一下，这里面其实牵扯到消费者对于产品品牌的认同感，而品牌的认同感在冰淇淋行业普遍很低。

品牌的认同感，换句话说就是消费者强调的是自我内心对产品的价值认知，也就是要给消费者一个非买你产品不可的理由，如果有这样的理由，产品就能够获得市场的成功，反之则败。

值得庆幸的是，冰淇淋市场也越来越多地出现了这样的产品，使消费者的价值认知和产品的品牌价值等同起来，获得了市场的丰收。去年的一款名叫"一统世加"的老式雪糕红遍了北京的大街小巷，打的就是怀旧牌，老式包装，童年口味，限量供应，每一个招式都点中了大都市男男女女的死穴。价格从 3 元一直跳到 4 元、4.5 元，市场销量依然火爆，并在夏天引发了 20 多家企业竞相模仿跟进。

由此可见，冰淇淋的 4 元高价位市场已经成熟，只是企业提高的产品的品牌价值难以满足消费者对于高价位产品的需求，这种需求被压抑久了，就转化成了对其他产品的消费，这对于冰淇淋企业来说，是件非常冤枉的事情。

很多企业认为消费者的消费理念还不成熟，高价位的冰淇淋依然是小众消费，但是一件又一件的具体案例摆在面前——我们认为的高价位的食品已经遍布大众市场了。话说得狠一点，其实是企业的消费理念太过落后了。现在的消费者对于品牌已经停止了过去的盲目崇拜，而开始注重产品的真实价值——真实的品质价值，真实的品牌价值。那些品质低劣、只知道琢磨原料替代或者编故事的产品，必将被市场淘汰。

而将产品最终卖火，除了厂家生产出好产品，经销商的铺市也是十分重要的环节。给足经销商渠道利润，经销商朋友自然会卷起袖子，甩开膀子卖力地干活，将产品铺到一切可能有商机的地方。

（2015年1月）

第十三节 迎来"厚利多销"时代

因为工作便利，我经常有机会和冰淇淋厂商朋友进行沟通。前两年沟通，报喜的较多，规模又扩大了，利润又增加了。但是最近一两年，报忧的开始多了起来。至于怎么报忧，呵呵，不幸的人们各有各的不幸，但透过纷繁复杂的表象，这些不幸似乎都跟"原以为会薄利多销，但实际上薄利不多销"有关。于是，有的人选择了——转行。

我们知道，一个人要想成功，不外乎两个途径。一个是，做自己擅长的事情。什么叫自己擅长的？——一般人弄半天，也弄不成。换个人，人家闭着眼睛就干成了。

另一个途径，就是做自己喜欢的事情。什么叫自己喜欢的事情？就是不吃不喝不赚钱，我乐意！！！您想，有这样的劲头，能干不好吗？

转行，显然违背了第一条法则。至于是否符合第二条法则——天知道。

不能转行，怎么办？

记得前两年，在中国冰淇淋论坛上，我跟企业家们交流，就提出薄利多销是大企业的事情。因为人家有集约化、规模化效应，所以，有薄利多销的可能。

至于中小型企业，规模本来就不大，你还老是去生产便宜货，那你的价值何在？你什么时候才会有出头之日？不如做点高品质产品。

第一位听懂的老兄姓邱，来自长沙。他回去之后，就马上找了策划专家，策划了一个品牌，叫"雪帝"。定位单品零售价在4块钱以上的产品。

邱总告诉我：我舍得用好料，卖个好价钱是应该的。拿那个钱，我不烫手！刚刚策划出来，刚刚有样品，他马上开了订货会。一个新品牌，光请了本省的客户，订货额就达 1500 万元。在我们冰淇淋行业，还是多少有些令人吃惊的。这已经是一年多前的事情了。一个半月以前，老邱的雪帝冰淇淋已经年满周岁。他特地请我前往长沙见证奇迹，并做了个演讲，跟大家交流了 2014-2015 年中国冰淇淋市场的发展趋势。在这次会上，我第一次提出"中国冰淇淋行业已经进入厚利多销时代"，掌声如雷。我深知，这一理念，得到了与会的全体冰淇淋经销商的认可。

无独有偶，就在老邱在长沙研究雪帝中高端冰淇淋的时候，温州的老陈也做了几款好吃的冰淇淋，叫爱的味道。主打 3～10 元的冰淇淋。今年年初，还请龙品锡团队帮助他开了一个新品发布会，据称订货额将近两千万。

连业外人士都在津津乐道的三块钱一支的红宝石东北大板，风靡全国，打破了雪糕只能卖一块两块的窠臼。151 的绿色小冰柜成了夏天街头一道独特的景色。

老家峨眉山的罗总和侄女先后两次到北京座谈，跟我研究他的"全球最好吃的冰淇淋"——香港新港湾。我发现，不光产品不错，包装也跳出了冰淇淋行业的固有模式，堪称惊艳。

"薄利多销"曾经是中国企业坚守的一个经营理念。但是，对于当前商品过剩大环境下的企业，如果以此为目标，其结果只有一个，就是停滞不前，乃至缩小和消亡。随着社会生产力的发展，广大消费者的购买力逐渐提高。抱着几根含奶量极低的冰棍大吃特吃的年代，已经渐行渐远了。现在人们越来越倾向于吃少一点，吃好一点。我跟一些高端消费群体交流，他们总是希望我们的冰淇淋含奶多一点，或者水果多一点，巧克力多一点，包装好一点，等等。价钱——当然不是问题。

（2015 年 3 月）

第十四章 精进法则

聚焦，还是聚焦。王老吉只做凉茶，可口可乐历经百年而不衰。任何企业要想长久立足市场，总要给自己一个鲜明的定位，倘若能够将品类和品牌划上等号，无疑稳坐市场。品类越多，越难兼顾。更何况每增加一个品类都面临一个新的竞争对手，丰富的产品线看上去很美，但你真知道这家企业是做什么的吗？

第一节　从王菲经纪人，到"精进产品战略"

最近，在中国的各大城市，"专车"是一个很热的话题。车的硬件不仅越来越好，连奔驰、宝马和奥迪等豪车都出现了。司机的服务水平也越来越高，感觉好像大企业里面专职司机的水准。而价格似乎也不贵，滴滴快车、人民优步比出租车似乎还便宜一些——当然招人待见！

如果说滴滴专车、一号专车、神州专车和易到用车越来越向出租车公司靠拢的话，那么来自美国的专车始创者优步（Uber），更像一个全城交友平台。我最近坐车，就用 Uber 叫到一位华谊兄弟公司的制片人朋友。聊了一路，还加了微信。

制片人跟我聊到王菲，聊到陈奕迅，聊到了他们的经纪人陈家瑛。陈家瑛（Katie），香港著名的艺人经理人。迄今为止只带过三个艺人：第一个带的艺人是陈百强，1992 年之后是王菲，王菲隐退后签约陈奕迅。陈家瑛是不折不扣的女强人，不仅帮助艺人登上事业高峰，而且私底下细心又会照顾人，艺人都亲昵地叫她"阿妈"。从某种意义上说，经纪人的"产品"就是艺人。陈家瑛带的艺人，个个都能培养成明星，进而成为吸金高手。有一种说法，陈家瑛是带的艺人最少的经纪人，却是赚钱最多的一位。其他经纪人大多担心只带一个艺人培养不出来就没钱赚，于是，所带的艺人越来越多。但是，照样不容易赚钱。

"他山之石，可以攻玉。"如果说在演艺圈经纪人在带艺人的过程中不够聚焦的话，带不出能吸金的明星，那么，在冰淇淋行业，也是如此。

这进一步让我回想起，我们主办的两届"中国冰淇淋论坛"主题。第三届叫"生产简单化"，第四届叫"产品微创新"。一个教企业做减法，轻装上阵。一个教企业坚持自己的核心产品，在这个基础上做"微创新"。这两届论坛一办下去，可是不得了。企业老总们纷纷到"中国冰淇淋"来做客，希望我们帮助他们把企业做好。

在十几年的食品传媒与会展工作当中，我们面对面地接触了大大小小的食品工业和商业企业上千家，重点动态关注的企业也有近百家。我发现：企业在产品规划层面，大多随意性较强，普遍存在跟风行为，缺少长期的产品战略规划。更有甚者，不少企业在产品跟风的过程中，不断放弃自己还稍微有点优势的产品，迷失方向。情况严重的，甚至因为盲目的产品战术的问题，影响到了企业全局，令企业一败涂地。

如何解决这个问题呢？如何帮助企业从科学的"产品"规划入手，先做强，然后做大？我给出的答案，叫"精进产品战略"。所谓"精进"，是"佛学"的一个核心概念。精，指的是不杂。进，指的是不退。精进，就是"沿着一个方向，不断努力，不断努力"的做事和修行方法。把"产品"从企业的"战术层面"提高到"战略层面"，也就意味着产品这件事不再只是研发部或者生产部的工作。"产品战略"是企业的一把手工程。企业存在的唯一理由，就是有客户需要。而客户需要企业干吗呢？唯一的答案就是企业可以提供符合顾客需求的产品。"精进产品战略"，讲的就是"少而精"的产品战略，讲的就是"百年"产品战略。

（2015年5月）

第二节　这个展览会为何能成为天津商业大学教学案例

至今，我仍然记得五年前的3月，第一届中国冰淇淋论坛在沈阳开办，我们请来了著名冰淇淋专家、天津商业大学刘爱国教授为企业家和经理们授课时，受人欢迎的场景。一直想亲自前往学校道谢，一来二去，琐事耽搁，未能成行。

2015年10月30日，我终于有缘第一次出现在天津商业大学，这家全国知名的商业高等学府。此行的任务是代表中国冰淇淋论坛暨展览会和北京龙品锡展览有限公司，给200余名会展专业的大学生，进行一场主题为"全球三大会展商业模式与中国展览公司的实践"的案例式教学培训。有同学称，这个教室只能容纳150人，不少来晚的学生是站着听完这堂长达90分钟的"大课"的。

课程一开始，我跟大家讲起了刘爱国教授与中国冰淇淋论坛的这段缘分，以及刘教授带病坚持参加2013中国冰淇淋论坛并授课的真实故事，同学们报以热烈的掌声。

接下来，我给同学们从中国集市庙会式的消费型展览会、美国财富年会式的高端论坛和以展览会之母——莱比锡博览会为代表的德国式贸易展览会等方面，分享了"全球三大会展商业模式"。在"中国展览公司的实践"这一部分，将五年来"中国冰淇淋论坛暨展览会"，从技术培训，到营销培训，再到冰淇淋制成品的展览等三个阶段的"进化过程"，做了详细的阐述。天津商业大学公共管理学院副院长李增田先生表示，"由论坛到展览会，发现客户需求，并更务实地去解决这一需求，中国冰淇淋论坛暨展览会的发展，是一场美丽的蝶变过程。"

当我讲到中国冰淇淋论坛暨展览会发布的"生产简单化""产品微创新""营销精细化"等观点，以及"中国冰淇淋及冷冻食品经销商50强"等榜单，把很多中小型企业由"生产导向型"逐渐拉向"市场导向型"，对于行业和企业影响深远时，同学们听得愈发认真。会后，好多同学找我交流，这堂课坚定了他们学好会展专业的决心——"原来是这么有意义的一个专业"。同学们纷纷表示，愿意在2016年3月10～12日，前往中国国际展览中心（北京静安庄）第十届中国冰淇淋论坛暨冷冻冷藏食品展览会的现场观摩学习。李增田副院长告诉我，将输送优秀应届毕业生到中国冰淇淋论坛暨展览会工作，以期服务好更多的冰淇淋展商和观众。

课余时间，在刘爱国教授的陪同下，参观了天津商业大学冰淇淋实验室。刘教授表示，该实验室将作为中国冰淇淋论坛暨展览会的坚强后盾，为我们的会员企业研发更多优质的冰淇淋产品。

（2015年11月）

第三节 关于"食品资本圈"的故事

一个好汉三个帮。人脉关系，对于企业家来讲是一等一重要的事情。但是，如何积累人脉关系呢？很简单，钻到他们的圈子里去。最近几年，江湖上有一个圈子，就叫"食品资本圈"。他们每年聚会一次，低调而不张扬，务实而不盲从，已经帮助了很多创业者和企业家以及他们创建的企业快速成长。

日前，2015第四届食品资本中国年会在北京成功举办。由于参会企业与投资基金不仅规模大，而且数量多等原因，本届年会被誉为"史上钱最多的食品投融资论坛"。近百位来自风险投资、天使基金、券商、会计所、律所的资本大咖、投融资上市辅导专家与两三百位来自全国各地的食品企业创始人、董事长、总裁、副总裁等出席本届年会。年会的主办方为龙品锡传媒及其旗下新媒体《食品资本》。

作为主办方负责人，大会邀请我致开幕辞，并为全体与会代表做了题为"为食品企业插上资本的翅膀"的主题演讲。其实，从资本方来看，很多资金都在寻找出路。于是，有一部分资金成立了天使基金和风险投资机构等，希望投资创业者，投资企业，跟企业一同成长，让资本创造价值。

我曾跟一位资深投资人交流，他告诉我，风险投资这一行的门道，在于"以高回报来掩盖各种投资失败"。通常投资人期望的回报率是多少呢？一个不成文的说法是——"三年五倍的回报"。打个比方，将一笔2亿元的资金投资到某企业，持有股权。企业在资金的助力下，规范管理、打造品牌、扩张渠道，进而兼并同行，IPO上市，公开发行股票。然后，接下来就是投资人的资本退出。三年能获得五倍的增长回报，自然是个平均希冀，实则有高有低。

《食品资本》一方面是帮助食品企业家寻找资金，另外一方面也是帮助资金找出路。直到现在，仍然不时有企业家提出疑问，某甲公司凭什么用20%股份融了那么多钱？某乙公司的股票真的值这个价钱吗？

我通常会这样回答，企业融资上市之所以回报惊人，是因为这意味着可以将企业未来20年、30年，甚至更长时间的收益预期提前兑现。接下来，上市公司伴随着资金的充裕、管理的规范化和知名度的提高，可以做很多以前想做而做不成的事情，比如并购整合、冲出亚洲走向世界，等等。

《食品资本》新媒体，源于龙品锡传媒创立于2011年的中华食品投融资论坛，致力于为食品行业的投融资、IPO上市、并购提供专业的平台及服务。龙品锡还是亚洲领先的"中国糖果零食展"和全国领先的"中国冰淇淋冷食展"的主办方，有着数量庞大的食品企业资源和经销商会员等。而其旗下的《食品资本》，则有着数以千计的天使基金、风险投资、投行、券商、会计所、律所等投融资领域的专业人士作为会员。多名与会代表认为，在《食品资本》中国年会的推动下，将有越来越多的资本大咖瞩目食品领域，中国食品行业正式开启"多金时代"。像食品这种人类永远的朝阳产业，优秀的股权投资案例会越来越多，多到难以想象。

食品资本圈的故事，仍在继续。

（2016年1月）

第四节 如何成为 200 岁的企业

最近，参加了几次食品行业的大型活动。现场分享"如何成为 200 岁的企业"这样一个话题，每次都能引起现场厂商的深度共鸣。早在 8 年前，韩国中央银行做了一项调查发现，全世界 200 岁以上的企业，一共有 5000 余家。其中日本占了 60%，达到 3000 家。

我们现在的大专院校，用的经济类、管理类和营销类的课本，几乎统统来自美国的理论。而我们研究发现，日本的长寿企业，并非源于对欧美企业管理理论的亦步亦趋。这些企业的总裁大部分认为，企业的理念和管理方法是来自于对中国传统文化的继承和商业应用。这里面有孔孟之道，也有佛家和道家思想。

第一，首先是家文化。企业就是一个大家庭。总裁是这个大家庭的家长，或者叫当家的。每个员工都是企业大家庭的家人。在这个大前提下，员工的归属感就会非常强，不会频繁地跳槽。而频繁跳槽，常常会导致年轻人无一技之长，什么都干不了，干不好。当然，企业大家庭的维系和发展，也恰恰需要这些因工作缘分而聚在一起的"家人"。日本企业大多是终身雇佣制。在这个背景下，被一家公司辞退，将很难找到工作，因而必须加倍努力。我们新的劳动合同法也提出了终身雇佣的概念，我看到了抱怨的人里面既有雇员也有雇主。其实，是因为他们没看懂，没看懂其中的深意。

第二，讲究诚信。很多企业的老总只是根据自己的需要选择式地诚信。有的选择对员工诚信，有的对经销商诚信，有的对股东诚信。比如，原料替代，就是一种对消费者的不诚信，因而被消费者抛弃。实际上，诚信是一个最低成本的沟通方式，不仅对上述群体，对供应商、对政府等，都需要诚信。到目前为止，我并没有见到一家企业因为诚信而把自己拖垮的，相反，干不下去的，往往是因为不诚信，没有人愿意帮助他。

第三，较为保守的财务制度。最近七八年，就是这个经常有人说大环境不好的七八年，我发现倒掉的厂家也好，经销商也罢，95%是因为炒房，或者是炒股。无论是炒单元房还是厂房，总之花了很多钱去买了自己不需要的房子。无论是到股市炒股，还是入股自己不熟悉的企业和行业，总之花了很多钱去炒股。而这部分钱还很可能是加了杠杆融资来的。我至今还没见到一家厂商，是因为把钱投到主业，因为好好干而干不下去的。

第四，师徒的传承。"教会徒弟，饿死师父"是旧社会信息不透明时代的思想。自古及今，师徒传帮带的方法，都是一种最好的学习手艺的方法。时代在变，其实任何工种仍然是个手艺。人的生命有限，但是通过传帮带，师父的理念和文化是可以得到永续传承的。我们人类最值钱的并不是那个躯壳，而是精神和文化。2500年过去了，不停地有人提到孔夫子，为什么？因为他带了72个徒弟，并且著书立传，得以让后世更多的人汲取文化营养。企业内部，从创始人到总裁，再到总监、经理，以及基层员工，每个岗位都是一门手艺，每个手艺都是可以传承的。老带新，新帮老，一家企业想不长寿，都难！

将来，一定会有一批人，以领导或供职于200岁长寿企业为荣。你的理念和文化，也将与企业一同永续传承。这实在是一件幸事，一件对自己、对家庭、对公司、对社会都非常有意义的幸事。

（2016年7月）

第五节　两国元首开启中国冰淇淋大市场

2016年9月，G20二十国集团领导人杭州峰会，吸引了几乎所有人的目光。大人物关心的是国家大事，比如G20后时代，未来5~10年的经济走势如何等。"吃瓜群众"则不同,他们关心的是贴近自己并且有趣的消息。

就在这个时候,俄罗斯总统普京先生给习主席送来一份非常有趣的礼物———一箱俄罗斯冰淇淋。这下子,吃瓜群众可真是开心极了。简直太有趣了,冰淇淋成了国礼!于是乎,纷纷扔下手中的西瓜,跑向街边的冷饮摊——给我来一个冰淇淋。

嚯!街上开始流行冰淇淋。

对,没错。就是冰——淇——淋!

两国领导人都喜欢吃冰淇淋,太棒了!我也喜欢吃!九月份,天气渐凉的时候,却开始流行冰淇淋,流行好吃的冰淇淋。

故事是这样的———前几天,在俄罗斯符拉迪沃斯托克举办了一场"东方经济论坛",邀请了中日韩等国的领导人及企业家一同探讨俄罗斯远东投资开发的问题。其中一场会议上,普京接见了各国企业家,一位来自中国的企业家陶然先生向普京汇报工作时说到了一个问题:很多中国人非常喜欢俄罗斯冰淇淋,但俄罗斯冰淇淋向中国出口却有很多限制。

普京得知后说:"对于冰淇淋禁止携带出境,就好像这是国家财富和文化瑰宝一样,我还是第一次听说。下次有机会一定给习主席带一份,作为特别礼物。"就这样,普京真的给习主席带来了一箱俄罗斯冰淇淋。

有趣的是,普京自己也特别爱吃冰淇淋,这在俄罗斯并不是秘密。普京曾亲口说过:"除冰淇淋外,我对其他甜食基本不感兴趣。"

早在 1972 年,周恩来总理将大白兔奶糖馈赠给前来访华的美国总统尼克松。于是,在领导人的示范效应下,老百姓纷纷将吃奶糖作为营养健康和时尚生活的一个符号,开启了奶糖"排队"购买的十年。从此以后,中国糖果业更是迎来了将近 40 多年的持续快速增长,乃至成为全球最大的糖果市场之一。

"查历史可以知未来"。冰淇淋国礼作为一个崭新的契机,必将把中国冰淇淋市场推向蓬勃发展的新高潮。第一，从表面上看，普京面向中国老百姓，为俄罗斯冰淇淋做了一个广告；第二，为中国冰淇淋市场的产品消费升级再添一把火，包括俄罗斯进口冰淇淋在内的，高附加值、中高端的冰淇淋将大行其道；第三，中国市场日益国际化，已然成为不可逆转的历史潮流。外国品牌的冰淇淋进入中国市场，必将刺激中国本土冰淇淋产品的更新换代。

对于冰淇淋企业而言，如果能借此机会，师夷长技，则反而变成了好事情。

随着人们生活水平的逐渐提高，冰淇淋已经不再是夏天的专属产品。尤其近些年，冷链物流的快速发展，使得冰淇淋品牌的传播不再受地域空间的限制。在未来，人们甚至可以足不出户，就能享受到不同品牌所带来的不同口味的冰淇淋。随着90后和00后消费群体的崛起，他们对冰淇淋口味的选择越来越多样化、专属化，这将迫使冰淇淋生产企业研发更加贴近年轻人口味的产品，私人订制将不再是梦。

从冰淇淋行业发展来看，目前消费者购买冰淇淋的动机不再是为了防暑降温，更多的是偏重于社交、休闲娱乐以及满足自己味蕾的一种奖励，今后冰淇淋将代表一种高品质的生活方式。普京送来的冰淇淋国礼，将成为催化剂，令需求进一步被激发和释放。未来的中国冰淇淋市场，将迎来新一轮的高速发展期。

（2016年9月）

第六节 "天时、地利、人和"与企业迅速崛起之路

亚圣孟夫子在 2500 年前，就发现了这样一条规律，他讲"天时不如地利，地利不如人和"。最近五年，我在举办中国冰淇淋论坛暨冷冻冷藏食品展的过程当中，深刻地体会到，这句话是哲理，更是"方法论"，完全可以指导我们的企业迅速崛起。古人说，半部《论语》治天下。我们说，"孟子一句话可以助企业崛起"。

接下来，我就以第十届中国冰淇淋论坛暨冷冻冷藏食品展（2016 春季冰展）为例，来跟您分享一下"天时、地利、人和"与企业发展的关系。"镜头"拉回到 3 月 10~12 日，北京老国展。2016 春季冰展正在这里举行，展厅规模达到 1000 平方米，来自亚洲及东欧地区的 150 余家企业参展，亲临现场的观众达 20063 人次。这是史上首场两万人规模的冰淇淋厂商对接大会。

首先，我们讲讲天时。时间上，我们选择在了 3 月中上旬，是因为每年的 3 月到 9 月是冰淇淋的销售旺季。在旺季到来之前，来自企业、经销商等单位的专业人士，才有时间出来交流。为什么是 2016 年，而不是早两年，或者是晚两年呢？因为，再早的话，冷链发展还不够成熟，消费者对于高端食品的需求度也不高，冰淇淋企业不需要，也没有办法大面积去开拓全国市场，现在则不同。再晚的话，冰淇淋展的市场可能会被别人占领。理论上，有人服务的市场，我们也没必要争来争去。

另外，再早的话，我们自身的积累也不够，所谓打铁还需自身硬。从 2011 年到 2015 年，我们先后在沈阳、青岛、北京、宁波等地，连续举办过 9 届"中国冰淇淋论坛暨冷冻冷藏食品展"。从 2015 年 3 月，在沈阳举办的第八届中国冰淇淋论坛暨新品订货会开始，就已经有 15 家冰淇淋和冷食企业前来参展，2500 人次经销商前来参观采购。当年 9 月，宁波第

九届中国冰淇淋论坛暨冷冻冷藏食品展(秋季冰展),80余家企业参展,成为史上首场万人规模的冰淇淋厂商对接大会。我之所以愿意以第十届为例,是因为冰淇淋厂商普遍认为,这届冰淇淋展,彻底奠定了中国冰淇淋论坛暨冷冻冷藏食品展的"行业地位"。数以十万计的冰淇淋和冷冻食品厂商从中受益,正所谓"春秋两季中冰展,助力厂商大发展"。

接下来讲讲地利,办展地点为什么选择北京呢?广义地说,北京是北方的一个中心城市。第一,中国冰淇淋的主要市场在华北、西北、东北、中原和华东一带,更多的区域是在北方。第二,我要选一个交通便利的地方,方便厂商参会。

在人和方面,孟子讲"天时不如地利,地利不如人和"。这就是说,实际上,"人和"是更重要的。在"人和"方面,我们做了哪些工作呢?

首先,龙品锡展览是主办单位,还需要支持单位,当时我找到了中国副食流通协会何继红会长。何会长赞成、支持,并给了很多专业指导意见。在经销商层面,我们评选"中国冰淇淋冷食经销商100强",然后为600家经销商会员安排两个晚上免费的精品酒店住宿。为什么一定要照顾好经销商?因为,我们的理念是"客户是亲人,客户满意度至上",经销商是我们参展商的客户,客户的客户,不是更重要吗?在媒体层面,我们选定了全国200家支持媒体。在员工层面(供应商是广义的员工团队的成员),我们的价值理念是"为员工创造更多物质与心灵成长的机会"。然后在薪水、奖金、福利等方面,我们做了很多改善。这样一来,把大家的积极性都调动起来了。

任何事物都是可以生长的。接下来,大家已经看到了,2016宁波秋季冰展,规模增加到两个馆。2017年1月9~11日,在济南国际会展中心,下一届春季冰展的面积将增加到三个馆。

我喜欢独立思考。我曾经思索,为什么"人和"更重要?——因为企业是人创建的，人在管理，并且是为人类服务的。如果"人和"都不重要了，那我们做企业的意义何在？

（2016年11月）

第七节 我发明了一个"最佳工作态度奖"

年假前，我们全体员工用两天时间，"总结过去展望未来"。换成大家能听懂的话，就是给大家一天时间准备述职并进行评优，一天时间表彰发福利，吃团圆饭，娱乐！

自高管至实习生，逐一述职，总结经验教训，为下一步更好地开展工作打下基础。接下来，评选优秀员工。如何评选？今年我在这方面做了一些大胆的创新。除了销售和招商岗位的奖项靠数据说话，其他奖项都是部门推荐与员工自荐相结合，全员不记名投票。过半数，即可获评优秀员工。获奖率57%多一点，以鼓励为主。有证书，有奖金，有表彰。

我要说，在述职环节，我们的员工把自己最真的一面都表现出来了，一方面跟全体同事汇报自己过去一年的工作，另一方面指出自己在工作中的不足，并提出在新一年的改进方向和方法。公司副总提出要在自己管理的部门"转变工作作风"，我当时就带头鼓掌喝彩。毛主席就曾经指出党的三大优良作风，"理论联系实际，密切联系群众，批评和自我批评"，是的，这句话到今天仍然有用。而且，就像一壶老酒，醇香四溢，历久弥新。

在过去的一年里，我们取得了一些成绩，比如固定印刷品和新媒体的影响力与日俱增，经历了改期风波的中国糖果零食展和中国冰淇淋冷食展仍然大获成功，客户满意度节节攀升。这里面，一方面有员工的努力，另一方面有客户的支持和社会各界的帮助，感恩他们。

总结之后，我们开始评优环节。往年，我们都是各部门推选，总经理

营销十年 10 YEARS IN MARKETING

办公会评审。今年变了,我们也来个票选。最佳采编创新奖,一共两个名额,8 名员工申报。怎么办? 8 选 4,4 选 2。但是,就在 8 选 4 的环节,第四名是 4 个票数一样,都是 8 票,怎么办?接着投票,加一个 4 选 1 的环节。热闹了,这次选出的又有两名票数相同,加一个 2 选 1 环节,终于选出 4 名候选人。4 选 2,两名票数最多的员工,最终获得"最佳采编创新奖"。

尘埃落定。最终 12 个奖项,由 10 名优秀员工获得。

我这次发明了一个新的奖项"最佳工作态度奖"。这个奖项从何而来?来自于龙品锡传媒的行为准则第一条"成功 = 努力 × 能力 × 态度"。还记得有一本书叫《态度决定一切》吗?是的,在我这里,态度决定你能否获此殊荣!谁获得了呢?就是表态要改变他部门工作作风的副总。说到这里,大家有没有觉得,我们的述职报告,更像一个优秀员工竞选演说呢?是的,我们要的就是这个效果。学过"人力资源管理"的朋友,有没有觉得我们的评优,就是另一种"360 度考评"呢?是的,这也正是我们想要的。你的付出,不光领导、客户能看在眼里,你身边每一个同事都能看到——包括刚刚入职两个月的实习生。

还有几个奖项,就不逐一评述了。此时此刻,在总经理眼里,每一个员工在过去的一年里都做得非常棒,都是优秀员工,都应该受到表彰。

接下来就是福利环节。给每人发了一张某东购物卡,公司给大家准备了从 iPhone 7 到 iPad mini,到烤箱、挂烫机、电火锅和电吹风等各种奖品。来吧!每个人抽个奖,娱乐一把。今天,你们是全世界最幸福的人,要叫你们开心到底。中午,请大家吃了一顿烤鸭团圆饭。推杯换盏,亲如一家。

另外,我们今年新增一项福利。春节期间,老家在外省市的员工需要回家探亲的,工作一年以上的报销往返车票。不到一年的,报销单程车票。

(2016 年 3 月)

第八节　中小型企业迅速成长的"250法则"

美国汽车销售大王乔·吉拉德有一句销售名言：你的产品或服务，如果让一个顾客满意，他会告诉身边的250个人；你如果让一个顾客不满意，他也会告诉身边的250个人。这就是"250法则"。

时至今日，中国已经进入移动互联网时代。每个人都是自媒体，可以在微信、微博、论坛、贴吧等各种公共领域中发出声音，表达观点，并被越来越多的人看到，一个人的影响力早已超越250人的范畴。放到商业来说，顾客满意度的重要性愈发突显。

早在20世纪80年代，美国市场竞争环境日趋恶劣，美国电报公司为了使自己处于有利的竞争优势，开始尝试性地了解顾客对目前企业所提供服务的满意情况，并以此作为服务质量改进的依据，取得了一定的效果。与此同时，日本本田汽车公司也开始通过顾客满意度作为自己了解情况的一种手段，并且更加完善了这种经营战略。

提高顾客满意度的措施可能有很多方面，但万变不离其宗，均可归纳为售前服务、售中服务和售后服务三部分。

销售经理往往重视售中服务，因为在售中服务过程中，他可以嗅到顾客兜中金钱的味道——诱人至极。因此，做好售中服务，几乎是每一个销售经理的本能，自不必赘言。

然而，企业之间销售规模的大小差异的关键，并不在于此。在哪里呢？在售前服务环节。"机会是给有准备的人的"。

当前产品同质化严重，要想在诸多同类竞品之中脱颖而出，在产品正式推出之前，就要和别人"不一样"，这就要回到"消费者需求"。只有充分调研消费者需求，确定消费者人群和消费场景，倒推回产品的研发设计和营销推广，才能搞出点大不同。当产品做不到差异化时，营销手段是可以做到的。通过实地走访，市场调查，获得第一手资料，了解消费者最真实的需求，并推出能够切实满足消费者需求的产品，这就是在做售前服务。这看似简单，其实并不容易。市面上"没必要"的产品难以计数，看着竞争对手做什么，自己赶紧跟着做什么，在终端上以低价战竞争，搞得大家都没饭吃。有些企业家常年坐办公室，一年下来，也没跟现在的主流消费群体——80后、90后甚至00后聊过几回，压根不懂消费者需求，更别提售前服务了。

大多数中小型冰淇淋企业，其实是不直接面对消费者的。他们面对的是一个中间阶层——经销商。针对经销商如何做售前服务呢？最好的方式就是通过媒体告知最新的产品信息。如果再通过产品发布会、订货会、大型行业展览会，拿着产品面对面地沟通，则再好不过。如果不能直接接触消费者，那就要跟经销商交流得通通透透。

说时迟，那时快，马上销售完毕，轮到售后服务了。提到售后服务，很多销售经理直挠头，认为这只是额外增加销售费用，能省则省，能减则减。殊不知，这次的售后服务，正是经销商和消费者跟你再次合作的售前服务。毕竟，一个顾客满意，会告诉250个人。250个人里面，根据自然概率，有一半可以成为你的新顾客。他们满意之后，又会告诉250个人。如此循环往复，直至无数个顾客跟你合作。小企业，会变成中型企业；中型企业，会变成大企业。

（2017年7月）

第九节　从股权投资看企业迅速做大的逻辑

前两天，我跟几位投资专家小聚，话题从龙品锡资本专注于食品资本领域谈起，一直谈到某家20亿销售规模的北方家族食品企业如何在3年内实现50个亿的销售额。

第十四章 精进法则

列位看官可能在想，一年都 20 亿了，只要不犯战略错误，达成 50 亿规模是早晚的事情。是的，在这个世界上，只要你给一个人足够多的时间，我相信，任何人都可以干成任何事。今天这个话题之所以令人兴奋，就在于有个时间的限制——3 年内，要增加 150% 的销售额，并非易事。

惯常的思路大致是这样——目前做什么产品我能干到 20 亿，那么，我直接再开发 1.5 倍于现有畅销产品数量的"新品"就可以了。事实上，这样做的企业很可能三年后仍在 20 亿上徘徊，因为，此消彼长。这个，我们称之为"下策"。

那么，"中策"呢？聚焦做减法，往往是一个企业真正做大做强的开始。至于究竟该怎么减，则需要智慧。能够绕地球多少圈的香飘飘奶茶如今似乎已经家喻户晓。鲜为人知的是，香飘飘当年为做大规模，选择了聚焦杯装奶茶，于是忍痛割爱砍掉了两个营收 1000 万元的奶茶店。然而，中策只是为了突破瓶颈，让企业继续增长，每年 15% 的增幅是可以期待的，算起来 3 年增幅可以达到 52%，但离目标仍有距离。

"上策"闪亮登场。投资专家告诉我，可以通过股权投融资的路径，引进战略投资者，先拿出五六个亿给北方家族企业去收购一个产品线互补且在华东区强势的食品企业，只需占 51% 的控股权即可，输出企业文化和品牌经理制度，仍然沿用原有团队、原有品牌，加大品牌、渠道和团队的投入力度，补足北方家族企业在华东的产品线和渠道短板，这样，北方家族企业的产品可以迅速利用华东企业的渠道占领市场。于是，目标顺利实现。

今年下半年，龙品锡传媒发起成立了"龙品锡资本"，正式进入投资领域。有人说，这是一个流行趋势——"传媒资本化和资本传媒化"。但是，龙品锡传媒创建 14 年来，从来没有去追逐过什么流行，更多的是把自己熟悉和擅长的食品传媒领域做好：一方面，服务好我们的客户；另一方面，服务好们我的员工。仅此而已。

　　之所以成立龙品锡资本，第一，这符合"龙品锡，让食品业没有难做的生意"这一企业愿景，龙品锡资本仍然是仅仅围绕"食品资本"这一领域进行股权投资，以此来解决企业融资难的问题。我们已经定下一个目标——用十年时间推动20~30家食品企业上市；第二，龙品锡传媒从公司到团队以及我们身边的很多企业家都面临投资难的问题，积蓄、资金，没有好的出路。股市一投就亏，房价面临下降压力，存款没有几个利息，好不容易有个余额宝利息高点儿，还出台了限制10万元投资的规定。因此，龙品锡资本的成立，从另一方面讲，也解决了人们资金没有出路的问题。第三，龙品锡利用十几年时间，成功地打造了7家食品传媒组成的矩阵、5家食品会展组成的矩阵以及9个超级食品经销商榜单组成的矩阵。如今，借助资本的力量，并依托上述行业资源，再利用十年时间，龙品锡资本打造一个20～30家食品企业组成的食品上市公司矩阵，未尝不可。

　　一个形成闭环的龙品锡食品行业生态链呼之欲出。

（2017年9月）

PART 3
【彩蛋】

营销十年 10 YEARS IN MARKETING

85 岁高龄的中国糖果终身成就奖获得者左德林先生发来亲笔寄语：

> 我已是笔耕三年85岁高龄。90年代初，我在扬州参加中国糖果协会的初期创建。1999年在山东与王海宁初次相见，当时我发现他不仅爱交朋友，而且发现他思想的活跃，心灵的勤奋，就表现他对行业薄弱环节的发掘，目标直指行业的营销。2002年天津糖果年会时，我邀请王海宁发表演讲"营销成败决定终端"讲得非常接地气，讲完后很多企业家纷纷围拢来同他交换名片交朋友。2004年王海宁正式创办《中国糖果》，2011年开始举办中国糖果市场大会，2014年开始举办中国糖果零食展览会，几年时间办成亚洲最大，向下扎根，向上生长，一步一个脚印。王海宁扎根食品业，充分发挥自己的营销特长，为自己的媒体营销，为服务的企业营销，为整个行业营销，打出一片天地，越干越精彩。《华严经》上说，一个法门即一切法门，一切法门即一个法门。我们讲，要跟有结果的人学习。他的新书《营销十年》即将出版，我是非常期待。左德林

海宁上大学填报志愿，选择市场营销这个专业是在他爸指导下的自主选择。我相信兴趣是最好的老师。

——母亲宗慧香

海宁在读书时就非常注重营销实践。十多年来，海宁在自己创建的公司把员工当成企业的第一顾客，这是营销理念在企业管理层面的深刻落地。支持《营销十年》。

——河北经贸大学商学院教授 忻红

营销十年是积累的十年，也是精进的十年。海宁将自己从业多年的经验集于一册，站在行业高度为食品业发展献计献策，是企业决策者、高管们实践营销的必读之册。期待下一个十年，海宁能分享更多宝贵的经验！

——中国副食流通协会会长 何继红

王海宁在大学一年级暑期在我们单位实习过，当时就是销售冠军。后来他在北京创业后也是不断进步。一路从销售冠军成长为销冠导师。支持他。

——《新食品》社长 李强

营销十年是成长的十年、认知的十年。未来十年，是智慧简营销的十年。智能化、数据化的浪潮正在席卷全球，对全面拥抱新零售和应用智能化简营销的企业而言，这是一本值得借鉴的可操作性极强的执行手册。

——著名电子商务专家、品牌运营专家 潇彧

《营销十年》这本书不止于营销层面的知识，是王海宁先生集现代营销理念、行业发展趋势、媒体传播途径、传统儒家思想于大成的一本营销

营销十年 10 YEARS IN MARKETING

宝典,赋能中国食品营销界知识,驱动更多优秀企业高速发展!

——落地式营销体系专家、厦门连庆裕营销咨询公司创始人 连庆裕

《营销十年》既有理论高度,又有实践经验,是企业领导者、管理层、营销人员的案头必备书目。

——乳制品产业发展营销战略专家 侯军伟

每个人都有自己念念难忘的一个十年。海宁兄的这个十年是潜心修行的十年,是不断助人开悟的十年,也是为行业做出巨大推动的十年。十年之路,汇于一卷。

——上海盛治广告有限公司总经理 林盛

营销就是如何将产品及服务有策略地快速带入目标市场的过程,《营销十年》是一本让企业实践"做中学,学中做"的工具书。

——上海目易企业咨询合伙人及品牌战略顾问 沈博元

用脚步丈量市场,用夜灯投射未来。王海宁的营销十年,是思考、践行、融合的十年。

——美思美誉董事长、新营销社交维商模式缔造者 陈崖枫

波澜壮阔,开启"营销十年";活学活用,通达自家天地。

——曲成管理咨询董事长 苏元辉

品十年结晶,助商业升华。

——天津商业大学教授 刘爱国

彩蛋

海宁的《营销十年》是一本很接地气的书,实在、实战、实用,没有花哨的互联网时代的标题党,也没有哗众取宠的新理论,就是从实践中来到实践中去,踏踏实实的感觉。令人喜欢!

——深圳市采纳品牌营销顾问有限公司总经理 朱玉童

十几年来海宁从一名记者到杂志总编、公司老总、大型展会总策划,一路走来他的营销功力日渐提升,为很多企业的产品推向市场做出了积极的贡献。相信这本书的出版将在营销界引起轰动!企业界争相传颂!文化界产生共鸣!

——《我就是个卖糖的》作者 郭树良

人生一世,书传万代。

——成都乐客食品技术开发有限公司技术总裁 斯波

书中一分钟,营销十年功。

——品牌营销人 余小军

移动互联网时代,消费者的需求变化显著加快。这对营销人提出了更高的挑战。王海宁先生致力于行业理论结合实践,倾心打造《营销十年》。在更高的认知层面提出更科学、更接地气的新时代营销方略。

——厦门脸谱品牌管理有限公司创始人 赵府

营术书中,谋略万种。十年营销之路,领略营销魅力!

——东奕品牌策划有限公司创始人 郭奕财

商场如战场，好的营销战略就是打胜仗的首要要素。优秀的企业领导人，是在战前充分考虑内外环境，选择对自身可行、能以最小代价获得最大结果的方案。王海宁的《营销十年》，十年的经验得失，无疑是最合算的投资。

——著名营销策划人 赵杨

海宁的《营销十年》是用科班出身的底子通过践行经验谱写的，整书章法都围绕行业经营痛点直接切入剖析解答，阅读这本书好比看《十万个为什么》一样有趣易懂，值得分享！

——厦门大格局广告有限公司创始人 郑正辉

不浮于世态，不困于生态，不变于心态！海宁如此执着十年，之于历史为一瞬，之于人生为成就，之于行业为大爱！

——隆中谏策品牌管理机构创始人 于维民

格局决定趋势。营销十年，市场见证，砥砺前行，与时俱进。

——上海金橙设计有限公司 张新红

十年，不仅是一个轮回，是蓄势待发，更是厚积薄发。王海宁先生的《营销十年》正是如此，营销十年更是未来的十年营销。

——观峰咨询董事长 杨永华

营销十年，助力企业十年赢销。

——目易咨询 潘灿强

彩蛋

因价值而营销,因梦想而十年!

——**火太阳设计 杜晓东**

讲台上出口成章解企业之危困,俯案时提笔千言道营销之精髓。战略高度之《营销十年》对行业新兵是增见识强技能之秘籍,对营销高管和创业者是案头必备之素材。

——**上海异同战略 万剑啸**

一个平台、千般企业、万家经销商。营销十年,懂企业,懂产品。

——**东晨视界 朱永明**

深谙中国市场,精耕行业特性。熟知企业需求,探索成长路径。打造共享平台,建立生态链条,解决痛点难点。十年如同一日,专注专业专心!

——**中国食品产业分析师 朱丹蓬**

从平台助力、资本助力到思想助力,从龙品锡展览、龙品锡资本再到《营销十年》,海宁兄砥砺十年,知行合一,坚守初心,浓缩他实践感悟的《营销十年》必将再次从思想层面助力中国快消品行业的发展实践!

——**成都智美品牌营销策略机构创始人 罗勇**

十年,不仅仅是一本书;书中,不仅仅有黄金屋;《营销十年》,不仅仅是营销论,更是一种营销人所需的"踏实",是一种企业所需的"食粮"。

——**上海异同战略总经理、winnow 咨询创始人 郝林**

营销十年 10 YEARS IN MARKETING

科班理论学术精，实战营销品牌论。难得十载磨一书，一举成名天下知。

——弘一品牌策划设计　黄锦潮

单单看一眼目录，就知道这是一本从实践和细微处告诉你如何真正做好营销的非常实用、非常值得一读的营销著作。

——天津商业大学公共管理学院　李增田

营销十年，是我们一起亲历的重大变革十年，也是由此出发、预见未来的起点。从而立到不惑，海宁兄的总结可以让我们站在山巅，看清新时代营销的蜿蜒发展之路，更好地拥抱未来。值得祝贺！

——北京志起未来咨询集团创始人、首农电商 CEO　李志起

与海宁兄相识十数载，见证了海宁兄十年如一日，以工匠精神在营销行业执着坚守，追求完美极致，集大成为《营销十年》。该书凝聚了作者很多独到的、极具价值的见解，接地气、具有实战意义，值得品鉴。

——北京市德润律师事务所合伙人　张祥元

桃李春风一杯酒，江湖夜雨十年灯。做营销的十年，是一边享受，一边泪流的过程。营销人都在追逐着消费者，而消费者不变的就是变化，掌握了消费者的变化，就掌握了营销的变迁。

——北京正一堂战略咨询机构董事长　杨光

彩蛋

海宁用十年光阴,将他在品牌传播和营销行业的实战经验,积跬步以至千里,一篇篇汇总成一本书。越读越有感触,越读越有共鸣。实践出真知,于我心有戚戚焉。

——爱鲜蜂在楼下创始人 张赢

中国消费品市场在过去十多年间,消费者、品牌商、零售商之间的关系,时刻经历着各种变化和挑战,而一系列变化背后,隐藏着诸多朴素的规律和道理。这本《营销十年》,是海宁在同时期的营销生涯中,对亲历和观察到的品牌营销点滴的适时总结,对大家当有所启发。

——方和资本创始合伙人 张岱博士

营销术的十年积累,公司策划奉行的圭臬。贺王海宁先生《营销十年》新书发行。

——上海祖香食品有限公司董事长 陈世宝

《营销十年》是王总在营销方面十年所亲身经历和见闻的要义总结和呈现。在这个销售市场日新月异的时代,看这本书对了解和摸清营销市场的发展规律会有更清晰的方向和总结。

——巧妈妈食品公司总经理 许树

海宁的《营销十年》不仅是一本做好营销的指导性用书,更能展示作者本人对营销工作极大的热爱和专注。愿海宁为营销多注入新思维、新方法,十年再磨一剑。

——天津糖果巧克力专业委员会秘书长 杨凤利

营销十年 10 YEARS IN MARKETING

　　十年间，中国经济跨入了新经济、新零售时代，有许多新课题需要总结研究。海宁先生既有深厚的专业学养，又有长期深入的管理营销实践，在一颗勤学善思的超强大脑中不断生发出对品牌传播、对营销实战的及时反思与探索。

　　——西安曲江国际会展集团党总支书记、执行董事、总经理　许英姿

　　海宁先生是我相当敬佩的一位忠厚、实干，有脑筋、有胸怀的青壮领导。现在营销模式一直随着时代蜕变，从传统商铺到今天的网联，早已在中国的市场萌芽蜕变。对于食品厂商的营销事业，海宁先生付出了心血，也得到了肯定和取得了成就。

　　——中国台湾宜农食品集团董事长　张梅莲

　　《营销十年》将自身的万里路与万卷书相结合，关于营销、关于管理，洞若观火，融会贯通，具有极大的实用价值。

　　——江苏冷恋食品有限公司总经理　赵灿灿

　　营销行业的新星！贺：王海宁先生《营销十年》新书发行。

　　——中国糖果委员会副会长、天津市黑金刚食品公司董事长　邓金刚

　　营销的实践，行业的沉淀。前行的历练，十年磨一剑。

　　——广东华馨香料有限公司总经理　陈春明

　　王海宁老师为我的团队做过营销培训。不愧是销售冠军导师，他培训后我们团队无论是新人还是前三名都有很大进步。

　　——《酒业家》创始人　林向

海宁是会展人里面最懂营销的,是营销人里面最会办展的。我请他在中国会展业年会做演讲,大家眼睛都睁得大大的,每个人都不愿意错过他讲的营销干货。

——《第一会展》总编 肖刚

海宁刚来西安跟我签署战略合作协议,从今年第四届开始合办西部冷冻冷藏食品展览会。我们看中的就是王海宁老师懂营销,懂展览,客户服务水准高。预祝大会成功,预祝《营销十年》大卖。

——陕西冷冻冷藏食品企业协会会长 陈苏文

王海宁营销十年,集"营销、资本、论坛、展会"多头并进,成为中国快速消费品营销模式创新、营销拓展渠道多元合作、产业资本融合发展、人才交流聚集平台,为中国食品产业快速发展作出了不可磨灭的贡献!

——广东潮州食品行业协会会长、广东康辉集团有限公司总裁 郭卓钊

王海宁跟我们的合作已经有四年多时间。他能在如此短的时间内把中国糖果零食展从无到有办成一个4.5万平方米规模的亚洲第一大糖果零食展,令人耳目一新。这是客户满意度的胜利,也是营销专业的胜利。

——宁波国际会展中心总经理 苏峰

从理论到实践,从传媒到会展,把营销理念运用于展会实践,把展会实践总结到书本中,所以《营销十年》是一本实操性、针对性很强的书籍,值得学习借鉴。

——中国会展经济研究会副会长、广东会展组展企业协会会长、
广州大学教授博士 刘松萍

营销十年 10 YEARS IN MARKETING

  一本好的营销书，一定是实战出来的。海宁兄弟的《营销十年》的诸多心得，不是写出来的，而是这十年来耕耘在市场一线悟出来的，是他这十年来与中国快消品行业大江南北成百上千的企业家们交流、碰撞、提炼出来的，相信一定可以为各企业经营者、营销经理人们带来很多的启发。

    ——祐康食品（杭州）有限公司总经理　朱青平

  海纳百川、宁静致远。作为食品界的媒体领航人，海宁用十年时间成就的这一著作，句句真知、字字灼言，实用性强，是食品人不可多得的工具。

    ——中国果冻专业委员会会长、广东喜之郎集团有限公司　黄湛深

  海宁总跟我是多年的至交，非常感谢他将丰硕的职场成长生涯，以及见证中国休闲食品飞跃发展的十年，以集结成书的方式无私分享，可敬可佩！

    ——加州原野（北京）食品有限责任公司总经理　陈俊兴

  我与海宁兄相识数载，亦师亦友，无论是企业还是本人都受益匪浅！《营销十年》是海宁的经验和总结，愿其中的精华化作财富，为当代营销界更多的人造福！

    ——沈阳百邻香食品有限公司总经理　邓铁钧

  高山上的人总比平原上的人先看到日出，祝贺明天的宏图如鲲鹏展翅，一飞冲天。

    ——中国香港富卫人寿高级经理　陈景青

彩蛋

十年磨一剑，今朝试锋芒。海宁将十年营销的心得感悟，毫无保留地与众分享，是大智慧，大感悟！必将为食品行业下一个十年的发展画龙点睛。

——福建雅客食品有限公司董事长　陈天奖

激烈的竞争、瞬息万变的市场让人们深信不疑营销的重要性，但关键问题是该如何进行营销？这就是海宁在《营销十年》中为我们揭示的重点。本书记录了海宁十年营销之路的心得体会，行文或犀利、或幽默，坦诚亲切，娓娓道来，好像一个智者和你面对面交谈，帮助你用最少的时间获得他的营销精髓和人生智慧。

——澳柯玛股份有限公司副总经理　刘金彬

认识海宁是在第四届食品资本中国年会上，记得我还是交了钱买了票进去听的。温文儒雅的他让我很难相信他是在快消这个行业内拥有着十年战地经验的前辈，在他的身上你可以感受到比年轻创业者更多的激情。《营销十年》述说十年快消起伏动荡，更是预见未来十年的"新营销"。

——福建卡尔顿食品有限公司董事长　黄秋平

海宁兄，营销路上的坚持，铸就今天的境界。分享是一种快乐，感恩您带来的文章，望今后营销路上更上一层楼。

——诚泰食品首席运营官　许明阳

快消行业变化迅速，精彩纷呈，我热爱这个行业，但有时也备感焦虑。海宁兄的《营销十年》跨越经纬，内外兼修，格局广而不失细节，给快消人指点迷津。

——佛山市顶华珍珍饮料有限公司董事总经理　朱敏能

授人以鱼不如授人以渔，王海宁先生在《营销十年》里所写下的每一篇文章都是十年以来对"营销之道"的经验之谈。这本书里，"管"与"理"的职责分工，以及广告传播的实用技巧，都围绕着市场营销进行深度思考。它们各得其所，又浑然一体，真是"功夫在招数之外"。

——金麟（福建）食品有限公司诺贝达事业部总经理 曾博艺

海宁兄与我，亦师亦友。同为保定人的我和海宁兄有着骨子里的亲近。欣闻海宁兄新书《营销十年》即将上市，特别为他高兴。他有信仰、有悟性、有能力，在短短几年用非凡的智慧带领自己的公司成为会展业黑马。感谢海宁兄将过往十年的成功营销心得与大家分享。大爱之人必有大福报！

——深圳市仙之宝食品有限公司总经理 魏艳超

王总宝剑锋从磨砺出。分享十年营销经历，收获超乎寻常的坚毅品格。一本好书，蓄势待发！

——青岛海信商用冷链股份有限公司销售副总经理 谢海君

王海宁在过去超过十年的创业历程中积累了丰富的营销实战经验，他用笔将这些宝贵的经验变为文字形成营销思想。感谢王海宁为中国食品业做出的贡献！

——联想控股佳沃集团 谭志旺

品牌的核心竞争力永远是产品，企业解决的不只是"怎么卖"，而是要研究消费者"为什么买"，海宁总新书《营销十年》值得期待！值得学习！

——溜溜果园集团董事长 杨帆

彩蛋

左手儒释道，右手营销术。王海宁在践行"中学为体西学为用"方面，蹚出了一条新路子。

——**红杉资本中国基金合伙人　王岑**

12年前相识，海宁兄开始创业，我刚刚大学毕业。现在，他从最初的媒体人，到会展人，再到资本人，经历并见证了食品行业的变迁和发展。海宁兄将自己成长、成功的心路思考，总结为《营销十年》，相信能够给行业和企业的发展，带来更多的借鉴。

——**北京马大姐食品集团执行总经理　马立凯**

十年营销路，风雨见成长。《营销十年》以时间为轴线，汇集十年营销心得与实战案例精华，堪称中国快消品市场的时代印记！今拜读领略海宁兄之大智慧，愿未来十年一路同行，共同见证食品行业之盛世繁荣。

——**沈阳德氏集团营销总监　孟杰**

王海宁先生是中国休闲食品发展的权威观察员，他用十年的时间与中国本土化的品牌商、渠道商，共同面对着企业发展过程中、行业转型进程中的各类问题，并从实践中找出解决这些问题的方法，每一个话题独立成章，但通览融会贯通之后，一部中国式营销宝典跃然胸中。

——**蒙牛集团冰品事业部总经理　李贺**

海宁兄，十年磨一剑，炼就《营销十年》。《营销十年》中的"天龙八部"，步步皆绝招。从此，"让天下食业没有难做的生意"！

——**天冰冷饮集团　张海波**

营销十年 10 YEARS IN MARKETING

海宁兄的大作《营销十年》，虽然叫作"十年"，但实际却聚集了他不下 20 年的消费品行业实践经验。海宁兄将多年心血溶于此书中，以温和的文笔娓娓道来，正所谓心有猛虎，细嗅蔷薇。

——北京茶煮 CEO 骆凡

平时与海宁总论及行业话题时，他总能恰到好处地提出建设性意见，其知识的渊博让人折服，期待《营销十年》新书出版。

——宏宝莱集团市场部总监 王劲

海宁搭建的传媒和会展平台对于中国企业在营销上的成长，起到了非常积极的作用。《营销十年》更是延续工匠精神，成就营销典范之作。

——上海至汇咨询有限公司总经理 张戟

我和海宁认识 15 年了，见证了海宁将《中国糖果》从 0 到 1 做大的过程，《营销十年》也是我对海宁加深认识和重新学习的一个起点。

——中粮酒业黄酒事业部市场部 & 电商部总监 赵峰

营销十年，王海宁见证了中国食品行业的高速发展时期，从市场、品牌、渠道等多个角度深度分析市场，帮助食品营销人快速了解行业、了解市场，乃是匠心之作！

——上海喔喔集团董事长 戴明顺

整本书让我记忆深刻的一句话是："产品简单化，营销精细化"。

——北京朝批商贸集团副总经理 孙文辉